全球化与教育变革译丛

主编 杨启光

全球化与比较教育：
范式的转变

【澳】约瑟夫·佐伊道 （Joseph Zajda）
【美】瓦尔·鲁斯特 （Val Rust） 著
杨启光 陆胜蓝 王 明 等 译

Globalisation and Comparative Education：

Changing Paradigms

上海交通大学出版社
SHANGHAI JIAO TONG UNIVERSITY PRESS

内容提要

本书为"全球化与教育变革译丛"第二部,聚焦全球化时代比较教育研究方法论层面的范式变革问题,涵盖了全球化与比较教育、全球化的多维结构、比较教育中的理论与方法论、后结构主义的道德基础以及全球化时代学校改革等主题。同时,本书还对全球高等教育改革政策,以及全球文化背景下的跨文化教育、全球人权教育等问题进行了批判性分析,展示了全球化、意识形态与比较教育研究之间错综复杂的联系。

本书适合比较教育研究人员、教育决策者以及对教育全球化感兴趣的读者阅读。

First published in English under the title
Globalisation and Comparative Education：Changing Paradigms
by Joseph Zajda and Val Rust，edition：1
Copyright © Springer Nature B. V.，2021
This edition has been translated and published under licence from Springer Nature B. V.．
Springer Nature B. V，takes no responsibility and shall not be made liable for the accuracy of the translation.
上海市版权局著作权合同登记号：09－2024－806

图书在版编目（CIP）数据

全球化与比较教育：范式的转变/（澳）约瑟夫·
佐伊道（Joseph Zajda），（美）瓦尔·鲁斯特
（Val Rust）著；杨启光等译. —上海：上海交通大学
出版社，2025.2. —（全球化与教育变革译丛）. —ISBN
978－7－313－31958－6

Ⅰ. G40－059.3

中国国家版本馆 CIP 数据核字第 20255F2D36 号

全球化与比较教育：范式的转变
QUANQIUHUA YU BIJIAO JIAOYU：FANSHI DE ZHUANBIAN

著　　者：[澳]约瑟夫·佐伊道（Joseph Zajda）				
[美]瓦尔·鲁斯特（Val Rust）		译　　者：杨启光　陆胜蓝　王　明等		
出版发行：上海交通大学出版社		地　　址：上海市番禺路 951 号		
邮政编码：200030		电　　话：021－64071208		
印　　制：上海景条印刷有限公司		经　　销：全国新华书店		
开　　本：710mm×1000mm　1/16		印　　张：16		
字　　数：270 千字				
版　　次：2025 年 2 月第 1 版		印　　次：2025 年 2 月第 1 次印刷		
书　　号：ISBN 978－7－313－31958－6				
定　　价：78.00 元				

版权所有　侵权必究
告读者：如发现本书有印装质量问题请与印刷厂质量科联系
联系电话：021－59815621

译 者 序

　　在比较教育学的学科发展历程中，自 20 世纪 60 年代起，比较教育的研究话语体系与范式经历了重要的历史转变，从定义和传播单一主体、单一身份的结构功能主义影响，转向后结构主义与后现代主义研究范式。以新马克思主义、依附论与世界体系为代表的理论，逐步形成了打破民族国家为基本分析单位的全球主义认识的路径，快速推动了比较教育研究朝向全球维度的发展，特别是在全球教育中涉及的不平等问题与新殖民主义问题得到了广泛关注。随着 20 世纪 80 年代多维度的全球化全面深刻影响了当代人类的生产与生活，教育与全球化之间的理论、实践与政策问题自然成为比较教育学科转向全球视野的焦点。

　　在这种背景下，关于全球化与教育的研究通过凝聚跨学科力量，逐步演化成一种全球教育研究（Global Studies in Education）的特别范式，正在努力发展成为比较教育学中一种新的研究框架。这种新范式必然对比较教育研究的本质产生冲击，包括比较教育研究的对象、知识体系与研究方法等。著名比较教育研究者瓦尔·鲁斯特（Val Rust）曾在《教育改革中的外国影响》（*Foreign Influences in Educational Reform*）一书中，提出了比较教育领域的研究是否能够跟上全球化的快速发展的质疑。* 他指出，全球化与比较教育学科研究不是单向的影响关系，而是双向的相互作用关系。在全球化给比较教育学科与研究范式带来变化的同时，比较教育研究也会对全球化诸因素产生推动和塑

---

* Rust, V. D.（2004）. Foreign influences in educational reform. In H. Ertl (Ed.), *Cross-national attraction in education*. Oxford: Symposium Books.

造的重要影响。

在当代西方的比较教育学界,许多研究者积极投身全球化与教育的研究领域,并关注其中蕴含的丰富生动的研究主题,形成了一系列有影响的研究成果。如澳大利亚天主教大学教育与艺术学院(墨尔本校区)的约瑟夫·佐伊道(Joseph Zajda)博士,多年来他专注于全球化与教育政策改革、社会公平、高等教育和课程改革等领域的研究。其中,最令人瞩目的是,他陆续组织撰写了 24 卷的"全球化、比较教育与政策研究"(*Globalisation, Comparative Education and Policy Research*)丛书,三卷的"全球化、教育与政策研究"(*International Handbook of Globalisation, Education and Policy Research*),还有"全球化、意识形态与新自由主义高等教育改革"(*Globalisation, Ideology and Neo-Liberal Higher Education Reform*)以及"全球化与教育改革:范式与意识形态"(*Globalisation and Education Reforms: Paradigms and Ideologies*)等重要研究书系。不难看出,他所组织撰写的这些卷帙浩繁的系列著作,为深入理解与把握全球化与教育这一领域的研究成果提供了宝贵的资源,无疑是不容忽视的。

目前,约瑟夫·佐伊道博士的著作在中国尚未有正式的出版。正如他个人所言,其著作已经被翻译为四种语言并在全球出版发行,其作品分布在全球 10 987 个大学图书馆中,但唯独没有中文版著作。作为我们策划的"全球化与教育变革译丛"的第二本,《全球化与比较教育:范式的转变》(*Globalisation and Comparative Education: Changing Paradigms*)是约瑟夫·佐伊道博士的 24 卷丛书"全球化、比较教育与政策研究"的第 24 册,由他与美国加利福尼亚大学教育学教授瓦尔·鲁斯特共同完成。选择翻译出版这部著作,主要原因在于该书关注到了全球化与比较教育研究这一值得深入探索的问题。

正如其书名所表达的,《全球化与比较教育:范式的转变》主要就比较教育话语体系中的全球化和教育改革问题展开论述。本书分析和评估了全球化和教育改革在方法论层面的转变,尤其是比较教育研究及其对教育政策和教学的影响。全书涵盖了诸如全球化与比较教育、全球化的多维结构、比较教育中的理论与方法论、后结构主义的道德基础,以及全球化时代学校改革等主题。本书将全球化视为一个动态、多维的过程,为读者与研究者提供了分析全球化、比较教育研究和教育改革三者之间关系的主要理论视角、概念框架与方法论。同时,本书也对全球高等教育改革政策,以及全球文化背景下的跨文化教育、全球人权教育等问题进行了批判性分析,展示了全球化、意识形态和比较教育研究之间错综复杂的联系。本书是了解与把握全球化与比较教育研究的一部重要作品,将为比较教育研究人员、教育决策者和对全球化感兴趣的人士提供丰富、及时与有效的学术信息资料,必将促进更多的研究人员参与到全球教育研究中。

此书有些部分,如引述韦伯、维特根斯坦对马克思评估、谈论穆斯林教育等,其视角和看法或与我们有不同之处,不妨可作我们参考借鉴。

杨启光

2024 年 12 月 10 日

前　言

　　《全球化与比较教育：范式的转变》是 24 卷丛书"全球化、比较教育与政策研究"中的第 24 册，主要聚焦于全球化与教育改革。本书探讨了比较教育研究及其对多维度全球化的各种不同和相互竞争的文化、社会、经济和政治层面的影响。全球化作为一种认识论和本体论的建构，意味着由于全球社会、经济和文化关系的加强，发生了类似于量子式的时间和空间转变，这些关系以这种转变方式使得遥远地区之间建立联系，从而促使地方事件受到本土和全球事件的共同影响。

　　本书讨论了比较教育研究中关于全球化的一些关键特征，包括课程标准化、全球卓越标准、全球学业成就评估（经合组织、世界银行）、全球学术精英主义以及日益加剧的全球不平等问题。

　　同时，本书还探讨了一些学者对处于发展中的全球化现象的强烈抵制，考察了理论在比较教育中的地位，至少一部分在研究期刊上发表论文的比较教育工作者是如此。这些讨论均基于全球化和比较教育研究的背景展开。比较教育领域存在重要的理论差异，尤其是在全球化时期。后现代主义和后结构主义的范式转变作为后基础主义的一部分，也被列为本书的讨论对象之一。此外，本书还探讨了全球化时代的学校改革，涉及结构调整和教育改革、高等教育的商品化、教育分权、教育选择、教育私有化以及多元文化和教育的问题。重点分析了全球化和教育改革、高等教育改革和新自由主义、跨文化对话以及人权教育研究。

约瑟夫·佐伊道（Joseph Zajda）

澳大利亚维多利亚州，墨尔本

瓦尔·鲁斯特（Val Rust）

美国加利福尼亚州，洛杉矶

关于本书作者

约瑟夫·佐伊道

约瑟夫·佐伊道，澳大利亚天主教大学（墨尔本校区）教育与艺术学院教授，承担教育硕士 EDFD546、EDFX522 和 EDSS503 课程，拥有荣誉文学学士学位，教育学硕士学位、文学硕士学位与哲学博士学位，并荣获莫纳什大学奖学金。佐伊道博士专注于研究全球化和教育政策改革、社会教育、历史教育以及价值观教育。他出版了 45 本关于全球化和教育政策、高等教育和课程改革主题的专著，撰写了超过 150 篇著作章节和文章。佐伊道博士还是 24 卷丛书"全球化、比较教育和政策研究"的编辑（Springer 2009 & 2021）。其近期的出版物包括：佐伊道和马哈诺维奇（合著）《全球化、文化认同和国家建设：不断变化的范式》（2021）；佐伊道（主编）《全球化、意识形态和新自由主义高等教育改革》（2020a）；佐伊道（主编）《全球人权教育》（2020b）；佐伊道（主编）《全球化、意识形态和教育改革：新兴范式》（2020c）；佐伊道《全球化和教育改革：范式与意识形态》（2018）；佐伊道《历史文本中的全球化与国家认同》（2017）；佐伊道和鲁斯特（主编）《全球化与高等教育改革》（2016）；佐伊道（主编）《全球化、教育和政策研究国际手册二》（2015）。

佐伊道博士获得了众多荣誉，包括 2012 年彼得·希恩卓越研究奖（Peter Sheehan Excellence in Research Award），该奖项表彰了他高质量的研究活动，特别是对在澳大利亚国内和国际产生实质性影响的持续性研究（澳大利亚天主教大学教育学院）；澳大利亚大学教学奖（Australian Award for University Teaching）——该奖项表彰他在 2011 年 7 月对学生学习作出的杰出贡献①。澳大利亚天主教大学校长卓越教学奖（Vice Chancellor's Award for Excellence in Teaching），该奖项于 2005 年 4 月在墨尔本市政厅举行的毕业典礼上颁发，他是整个大学及其 6 个校区唯一的获奖者。

2009 年 7 月 6 日至 7 日，佐伊道博士在中国台湾师范大学举行的教育范式与地方治理国际会议上发表了主题演讲《教育的集中与分散：对标准和质量的影响》。这次主旨演讲被翻译成中文，并发表在会议论文集上。佐伊道博士的外出访问由澳大利亚教育部、国家科学委员会赞助，他作为俄罗斯大学教育学院的客座教授，用俄语发表了关于全球化、社会不平等和对社会公正的影响的相关著作（2011 年 9 月 20 日）。此时，他还是伦敦大学、赫尔辛基大学、斯德哥尔摩大学（2005 年 1 月）和俄罗斯教育学院（1990—2011 年）的客座教授。

佐伊道博士是世界教育研究协会国际研究网络（WERA - IRN）"全球化对高等教育的影响"（2013—2015 年）的主席。

他完成了联合国教科文组织的报告（与赫尔辛基大学弗雷德·德文教授合作）《教育治理：多样性和有效性——金砖国家》（巴黎：联合国教科文组织，2021）。

他曾担任 2012 年教育研究协会（ERA）评审员（评审了澳大利亚 6 所大学的教育研究成果）和 2015—2020 年的澳大利亚研究理事会（ARC）助学金评审员。

佐伊道博士的学术著作在全球被翻译成 4 种语言，有多达 480 种出版物，并可以在 10 987 所大学图书馆馆藏中找到。他还获得了澳大利亚研究理事会发现资金（315 000 美元），用于历史教育政治学的全球化研究：俄罗斯和澳大利亚历史国家课程实施的比较分析（与莫纳什大学合作，2011—2015 年）。此外，他还是澳大利亚教育学院（FACE）的当选院士，以及澳大利亚人权教育委员会（ACHRE）的秘书。

瓦尔·鲁斯特

瓦尔·鲁斯特是洛杉矶加利福尼亚大学的教育学教授，他从密歇根大学获得博士学位，并在德国法兰克福国际教育研究所完成其研究工作，之后在奥斯陆大学（University of Oslo）完成了博士后研究。他担任加州大学洛杉矶分校海外教育项目主任，并曾担任《比较教育评论》（1998—2003 年）的副主编。

---

① 该奖项是通过奖学金和出版物奖励那些在教师教育领域做出创新、深入和持续贡献的申请人。获得该奖项的项目开创了教师教育的创新方法，采用了全球教育学和"教师研究者"的模式。

他的主要作品包括《德国教育的统一》（1995 年）、《挪威的民主传统和学校教育的演变》（1989 年）、《教育的替代方案：理论和历史视角》（1977 年）、《中欧和东欧的教育和价值观危机》、《21 世纪学校教育》和《比较教育理论》（世界教育研究，4，1），奥米莉亚和鲁斯特合作《全球化、民族主义和全纳教育：对教育改革中意识形态转变的反思》（2020）；参编佐伊道（主编）《全球化、意识形态与新自由主义高等教育改革》（2020a）。

鲁斯特还举办过许多强调后现代主义与该领域相关性的讲座，最著名的是他于 1990 年在比较与国际教育学会（CIES）发表的主席演讲，以及 2004 年在艾格森演讲大会上的《后现代主义与全球化：辩论的现状》演讲。

在加州大学洛杉矶分校，鲁斯特曾担任教育和信息研究研究生院院长、国际教育办公室主任和国际与发展教育中心副主任。此外，他还曾在德国弗赖堡州的师范院校、阿塞拜疆巴库的哈扎尔大学、柏林洪堡大学、奥斯陆大学等研究所担任过客座教授，并获得了哈扎尔大学的荣誉博士学位。

鲁斯特教授曾在比较与国际教育学会担任关键职位（董事会 1979—1982 年；主席 1990—1991 年），并参与高等教育特别利益集团工作（创始联合主席，2008—2013 年）。除了学术贡献外，瓦尔·鲁斯特还是加州大学洛杉矶分校国际与发展教育中心（CIDE）的联合创始人和副主任。该中心成立于 2002 年 4 月，由多学科研究人员组成，中心使命旨在通过一系列出版物、研究项目和实践活动，以提供高质量的信息，推动全球范围内的教师教育、高等教育变革、教育创新和国际教育领导力等教育发展项目的发展。

致　谢

我非常感谢三位匿名的审稿人，他们阅读了书稿，并提出了许多有价值的建议。他们的建设性意见丰富了书稿。

我也要感谢以下同事的深刻评论和建议：

黛博拉·亨德森（Deborah Henderson），昆士兰科技大学

苏珊·马吉哈诺维奇（Susan Majhanovich），加拿大西安大略大学

奥兹多夫斯基（Sev Ozddowski），西悉尼大学

约翰·怀特豪斯（John Whitehouse），墨尔本大学

文斯·赖特（Vince Wright），新西兰陶波（Taupo）市

目　　录

第一章　全球化与比较教育

在过去的四十年中，比较教育学界和其他学术界对全球化进行了广泛研究。比较教育学者之间的辩论，已经渗透到世界的各个角落。早期，林恩·戴维斯(Lynn Davies)曾指出，在这个与众不同的全球化时代，比较教育可能从未像现在这样具有如此重要的功能。她强调了比较教育学在全球教育中的两个互补作用，"一是摧毁神话、对抗简单化或危险的普遍主义；二是从中寻求希望的迹象，以表明教育——无论是在文化内部还是在文化之外——均可以创造一个更美好的世界"(Lynn Davies 2004，p1)。此外，爱泼斯坦(Epstein 2006，p.579)认为，"比较教育应该利用历史和社会科学的知识工具，来促进我们对国际教育问题的理解"。关于这一主题的书籍，不仅一些国际研究中心撰写和编辑了大量书籍，英国、美国、瑞典、挪威、澳大利亚、中国等地的比较教育学者也贡献了大量相关著作(Daun 2002；Daun 2020；Tjeldvoll and Holmesland 1997；Hawkins and Rust 2001；Zajda 2005a，b；Zajda and Rust 2009；Zajda 2020a；Bray 2003a，b；Bray et al. 2007；Hung 2001)。改革的发生通常有一个清晰的背景，并从确立社会发展方向的更广泛力量中展现出来。例如，20世纪50年代后期美国的课程改革运动中，新数学(new math)、物理电力系统分析与仿真(PSSE)和化学中化学键(chemical-bond)内容的出现，就是对苏联1957年10月4日发射人造卫星的直接回应，也是美国试图重新夺回其技术优势的尝试。教育运动，也可称为人文主义教育、自由学校运动或"选择性教育"(alternatives education)，曾是越南战争和20世纪60年代学生抗议运动的产物。

比较教育与政策:历史发展

于尔根·施瑞尔(Jurgen Schriewer)认为,比较教育和经济增长之间的联系并不是很明确。例如,在调查了关于教育、现代化和发展之间关联的比较教育研究成果后,施瑞尔指出:教育、经济增长和就业之间的关系是高度复杂、间接且非线性的关系。他还认为,教育在不同社会中所产生的经济和技术成果并不相同。

> 这些研究使我们彻底怀疑工业社会学和教育经济学提出的论点,即资格要求和教育结构在很大程度上取决于技术变革、经济发展,以及工业主义所固有的对普遍理性的迫切需要……
>
> 相反,这种规则并不是很明显,仅仅只是部分有效,甚至可以说基本上是功能失调的或者适得其反的(Schriewer 1999, pp. 39 - 40)。

戴维斯(2004)的观点与"教育古老但作用显而易见的观点"一致,即教育既是社会向上流动的必要媒介,也是文化再生产的推动者。如果情况并非如此,我们可能就会陷入宏大叙事理论错误的境地。其中一个复杂的案例就是职业教育对就业的影响。施瑞尔进行了关于职业教育和培训、劳动力资历框架和大型制造业组织之间关系等的比较研究。这些研究向我们表明,职业教育和培训在很大程度上是由社会和文化因素决定的。

作为一种理论建构的全球化

在比较教育和政策研究中,引用的关于全球化的普遍类型包括:
- 世界共同文化的传播,或文化和语言的同质化。
- 特殊形式的资本主义,在北美和西欧部分地区被奉为自由贸易、自由主义理想的实现。
- 知识转移和信息通信技术的进步。
- 更多的个人流动性。
- 民主、人权以及环保等议题的传播(Davies 2004, p. 3; Zajda 2020a)。

琼斯(Jones 2000)区分了全球化和国际主义——前者被定义为世界经济

的出现,后者被认为是通过民主和和平实现全球的团结。

全球化作为一种理论建构,是对时间与空间变迁以及日益增大的规模体系的回应。全球关系意味着经济、政治和文化活动脱离了领土和管辖范围,将在更大范围内,根据自身的需求和利益发挥作用(Hobsbawm 1994;Giddens 1995;Waters 1995)。人们在全球化这一领域几乎没有达成共识,因为支持全球化与批判全球化的著述共同存在。支持者声称全球化带来了新的经济机会与政治和平,并正致力于建立一个新的世界秩序;而反对者则认为,全球化是美国和欧洲企图统治、控制和剥削世界的又一次尝试。此外,戴维斯认为,全球化不应被视为"去中心化的,而应被视为由先进的工业国家发起的,具有明确的起点"。她认为现代全球化"寻求科学与工业的结合;工会的非政治化;生产过程中的组织分化;文化、信息和商业网络的全球化,以及娱乐和消费的统一和标准化"(Davies 2004,p. 3)。在戴维斯看来,教育政策的全球化导致了教育结构和政策的标准化:

> 全球化在教育领域中,在很大程度上是通过发达国家采用诸如权力下放、私有化、学生表现评估,以及在教育与商业部门之间建立更紧密的联系等举措体现出来的(Stromquist 1990)。此外,我们也不应该忽视区域集团的力量:北美自由贸易协定(NAFTA)并未明确提及教育,这意味着教育可以被定义为"任何其他可交易的商品或服务"(Davies 2004,p. 3;Zajda 2020a)。

全球化的经济维度

一些研究人员认为,在 20 世纪 60 年代末,人们对经济全球化已经表现出了极大的兴趣。经济全球化的支持者试图推动建立一个全球自由市场经济体系(Hirst & Thompson 1996a,b),并通过使用电子信号、纸张、车轮甚至机翼等手段,让全球各个角落都能即时获得先进的技术体系。全球经济被视为一个超越了国家经济并由市场力量所主导的体系,而这种市场力量则由"不效忠于任何民族国家、在全球任何地方都具有市场优势的跨国公司"所控制(Hirst & Thompson 1996a,b)。此外,一些研究人员声称,目前世界经济由大约 600 家巨型企业推动,这些企业占世界经济产出的 20% 以上,但其中很少是纯粹的国内公司。以日本的汽车公司为例：福特拥有马自达25%的股份；本田汽车越来越多地在美国生产，甚至销往日本；通用汽车是五十铃最大的单一股东（Toffler 1990）。因此，经济全球化本质上与资本主义的发展有着内在联系，全球化的经济维度被称为"麦当劳化"（McDonaldization）、"可口可乐化"（Coca-Colaization）、"丰田主义"（Toyotism）和"后福特主义"（Post-Fordism）。然而，这些特征主要涉及经济全球化背后的价值体系，如对经济效率的强调、同质化实践的趋势（参见 Barber 1995；Wilms 1996）。这些发展给民族国家带来了竞争压力，这些国家的企业和工业被迫与国际竞争对手对抗，并且必须不断地调整社会服务（教育和医疗）和福利项目（养老金、失业福利、家庭津贴），以在成本上与国际产品和服务保持同等的竞争力（Garrett 2000）。与跨国产业发展和竞争并行的是全球电子金融市场的迅猛发展。仅在2000年，全球电子金融市场的日交易额就超过了1万亿美元。国际清算银行三年一度的调查（2019年12月8日）显示，全球外汇日交易已超过6万亿美元（https：//www.bis.org/publ/qtrpdf/r_qt1912f.htm）。这一数据明显高于2016年4月的5.1万亿美元/日，标志着交易量回归长期上升的趋势。全球电子金融市场几乎与贸易无关，而是完全倾向于货币和纸币的投机（Bergsten 1988）。金融市场推动了金融机构的大规模合并，并催生了新的地方机构特许经营，以满足特殊需求和小企业的需求。

全球化的政治维度

民族主义，继续受到一些力量的强化。一方面，国际和全球政治机构的正式权威相对较少，仍然被掌握在民族国家手中（Zajda 2017）。另一方面，地方势力提升了民族国家的地位。他们试图将国家划分为更小的"民族"单位，就像捷克斯洛伐克、苏联和南斯拉夫一样，或者试图在现有的民族国家中获得更大的权力和政策影响力。例如，墨西哥萨帕塔民族解放运动（Zapatista Front of National Liberation）在网络上的报道显示，墨西哥恰帕斯（Chiapas）丛林中的一小群游击队员是如何动员全世界反对整个民族国家来支持他们的政治诉求的。然而，这种努力并不意味着墨西哥的灭亡，而是关于权力控制的斗争，即谁将掌控墨西哥的权力。

全球化曾与政治自由主义结盟，但它也假设出现了超越民族国家边界的政治单位（Held 1991）。这标志着民族国家放弃了部分主权，出现了更大的政治单位(如欧盟)、多边条约(如北美自由贸易协定)、国际组织(如联合国、国际货币基金组织)以及许多政府间组织和非政府组织,这些趋势导致出现了一个国家权力和权威衰落的全球治理体系(Held 1991)。虽然国家自治逐渐衰弱,但迄今为止仍没有一个全球性的政治单位来规范和协调经济全球化。此外,要判断欧盟目前的走向,区域政治单位是否与经济全球化一致,或者全球化是否对国家经济政策施加了压倒性的限制,并不是一目了然的(Garrett 2000)。当然,政府也伴随着成千上万的国际非政府组织不断发展(Iriye 2002)。事实上,约翰·波利与乔治·托马斯(John Boli & George Thomas)认为,1875 至1973 年间国际非政府组织的出现,是全球政治出现的重要标志(1999)。

全球化的教育维度

在教育领域,非正式部门的重要作用早已为人所知。菲利普·库姆斯(philip Coombs)为设在巴黎的联合国教科文组织国际教育规划研究所(International Institute for Education Planning)提供了一份工作文件。他描绘了这样一幅世界图景:在"资源严重匮乏"的情况下,民众"对教育的渴望急剧上升"。他坚持认为,正规教育阻碍了促进国家发展所必需的"教育者和受教育者的人力最佳利用"(Coombs 1964)。根据对美国工业界非正式项目的研究,库姆斯认为解决这个问题的办法是利用更具成本效益的非正式教育。因此,非正式的教育研究将成为未来十年的主要产业之一,有关非正式部门的重要研究也在持续推进。

全球化的文化维度

全球化还涵盖了文化全球化的概念,这是因为全球化已经改变了文化经验的结构以及我们所认知的文化①(Zajda 2015)。在全球化的文化视角下,世界第一次被视为拥有单一的文化背景,它被越来越多地视为一个单一的区域,一个不断加强的相互联系的网络,一个全球文化系统的相互联系(King 1997;

---

① 例如,丽莎·劳曼(Lisa Laumann)研究了巴基斯坦非政府组织为女孩提供的丰富教育项目。具体研究可参见文献:Laumann, L. (2000). *Teaching gender: Pakistani nongovernmental organizations and their gender pedagogies.* Los Angeles, University of California.

Tomlinson 1999；Zajda 2020a）。罗兰·罗伯逊（Roland Robertson）提醒我们，地球村并不意味着统一，相反，它代表了一种全球人类的状态，一个由人类集体融合到一个单一人类系统之中的状态（Robertson 1992）。

我们现在谈论的地球村，即人们可以通过网络或电视直接接触多元化社区，互联网呈现出引人注目的全球化现象。在 1990 年，互联网几乎不为人知，而到了 1993 年，却有 300 万人开始使用。直至 21 世纪初，全球互联网用户数量已经达到约 4 亿人。到了 2002 年底，至少 55% 的英国人，即 2520 万成年人可以使用互联网（根据 2002 年的统计数据），而在 2001 年，1.652 亿美国人（占成年人口的 58%）可以直接在家或办公室上网（根据 2001 年的统计数据）。据"全球到达"（Global Reach）的统计，2004 年全球至少有 7.292 亿人使用互联网。其中，35.8% 的人使用英语，14.1% 的人使用汉语，9.5% 的人使用日语，9.0% 的人使用西班牙语，7.3% 的人使用德语，4.1% 的人使用韩语，3.8% 的人使用法语（Reach 2004）。在教育方面，2000 年 77% 的美国公立学校通过专线接入了互联网（根据 2002 年的统计数据）。尽管这些数据看似庞大，但在 21 世纪初只有大约 6% 的世界人口能够上网。然而，到 2010 年，全球有一半的人口能够上网（Almanac 2003）。在电视拥有方面，美国 99% 以上的家庭至少拥有一台电视机，平均每户拥有 2.24 台电视机，人们每天观看电视的平均时长为 6 小时 47 分钟（Science）。现在，我们可以通过互联网参观海地地球村国际购物中心的海地国际精品店，或从危地马拉购买手工编织的衣服。或当我们在阿塞拜疆工作时，可以通过电视参加罗伯特·舒勒水晶大教堂的礼拜，或者在客厅里就可以与志同道合的人交流，并友好地教他们如何烤馅饼或修理漏水的屋顶。除了可以即时访问虚拟世界之外，我们还可以通过全球旅行亲自访问这些社区。截至 1989 年，每年有 10 亿名乘客乘坐飞机旅行，而到本世纪初，仅美国的乘坐人数就超过了这一数字（Aburdene & Naisbitt 1990）。

全球化的起源

纵观人类历史，教育理念一直被借鉴或强加于他人，这些都导致了教育理念和结构的融合（Phillips 2015）。比较教育的过去与现在，一直都是向其他领域学习的一面镜子。哈罗德·诺亚（Harold Noah）和马克斯·埃克斯坦（Max Eckstein）提出了西方五种主要类型的历史调查研究（Noah & Eckstein 1969）。在大部分历史中，比较教育研究主要由所谓的旅行者故事组成，这些旅行者的行为基本上是出于对异国情调的好奇和兴趣(Brickman 1968)。此外,国际教育也注重强调世界和平以及世界各国人民之间的相互合作,国际理解已经成为国际教育领域的一个主要焦点,这在当时是学术界一个相对较新的发展。

人们在所有这些活动中,通过一些认真的尝试进而将比较教育发展为一种学术事业。其中,最重要的一次尝试是发生在两次世界大战期间。在这段时间里,比较教育主要关注教育与实施教育的社会之间的关系。英国、德国和美国的学者认为,教育被视为承载着更大社会的缩影,因此在更广阔的社会背景下描述教育是极其重要的(Kandel 1933;Hans 1955;Schneider 1961a, b)。诺亚和埃克斯坦(Noah & Eckstein 1969)声称,比较教育调查的最终目标是试图建立该领域的社会科学基础,其机制采用更广泛的社会科学研究结构,包括定量的研究方法、理论探究,以及专注于普遍性和社会规律等更大的问题,而不是个人的、独特的和特殊的事件或故事。

尽管诺亚和埃克斯坦将这五个发展阶段作为历史进行了讨论,但每一个发展阶段都试图将我们的视野扩大到超越所在社区和当地文化之上。他们试图帮助我们的关注点超脱狭隘,放眼到广阔的世界,在这方面,他们支持人类视角的全球化。然而,有一些特定的历史发展与当代全球化动机有更直接的联系,并且这些发展也与全球体系的不同理论相联系。其中,最常与比较教育研究联系在一起的历史理论建构是殖民主义、世界体系理论、依附论和现代化。

殖民主义

殖民时期为教育领域提供了一种特殊的全球化背景,这是因为殖民国家将其特定的教育模式也带到了殖民地,尽管在这一过程中各国存在着差异。例如,法国人将殖民地视为日后可能成为法国一部分的地方;而英国人则实行间接统治;比利时人则介于法国和英国之间;而荷兰人则扮演着外居地主(absentee landlords)的角色。根据乔尔·萨莫夫(Joel Samoff)的观点,殖民地的教育交流过程通常呈现以下模式:

> 从事仿真、复制、仿制的国外分支机构,通常不仅复制欧洲模式的课程、教学方法和等级组织,甚至还复制其架构、员工和学生行为准则。无论是殖民者,还是他们社会化的殖民地精英,都坚持认为新的教育机构应

尽可能地接近他们（宗主国）的模式（Samoff 2003）。

这一时期有许多理论被提炼出来用于解释殖民主义。其中最常见的是西方大国寻求新的市场和原材料来源，从而创造机会将其影响力扩大到世界新的地区和文化中（Sklair 1991）。这一观点以资本主义为核心，认为殖民主义不仅背后隐藏着经济动机，还意味着试图将西方的个人主义、自由主义、宪政、人权、平等、自由、自由市场和民主思想强加给世界其他地区。

文化帝国主义

殖民列强对其殖民地发生的历史教育过程关注甚少，因为他们普遍认为年轻人从长辈身上学不到任何有价值的东西。然而，年轻人通过生活已经学会了如何生活，他们所学到的知识大部分是更加系统、有时序和有目的的（Chesterfield 1974）。例如，父母会提醒孩子注意周围哪些植物对蛇咬伤、蜘蛛咬伤以及治疗疾病有效；会教育孩子哪些植物对牲畜有益，哪些是危险的或有毒的，哪些是健康的。此外，他们还会专门学习那些定义文化并指导他们精神和道德生活的故事，并且系统地参与文化仪式和实践。

所有这些，都随着殖民列强和传教士建立的正式学校教育的到来发生了改变。传教士特别关心对殖民地人民的救赎，因此他们专注于那些对永久福利至关重要的事情，这意味着信仰的转变。那些与救赎无直接关系的殖民教育则被视为行政管理的附庸，需要受过教育的人来满足较低级别的殖民统治与教育需求。然而，所有正式的教育都反映了殖民列强自身的教育实践（Kinsey 1971；Schwartz 1971；Clignet & Foster 1981）。即使在殖民主义消亡之后，殖民主义势头仍然持续存在。学者们发现其转变为了一种新形式，并将其命名为"文化帝国主义"，这种新形式延续了资本主义对第三世界的压制观念（Carnoy 1977；Schiller 1989；Gómez García & Birkinbine 2018）。换句话说，殖民势力在失去政治合法性后，仍然通过象征性和心理手段继续统治着前殖民地，包括大众传媒、广播、电视和报纸，以及更正式的教育援助计划（Schiller 1976，1992；Mattelart 1976；Boyd-Barrett 1977 1998；DemontHeinrich 2011；van Elteren 2014）。

世界体系理论

　　尽管马克思没有系统地论述全球体系,但他对许多全球化相关理论产生了重大影响。其中之一,是由纽约州立大学宾厄姆顿分校(State University of New York at Binghamton)的伊曼纽尔·沃勒斯坦(Immanuel Wallerstein 1974)创立的世界体系理论,他和他的同事对国家之间的不平等关系进行了深入分析。沃勒斯坦试图解释 15—16 世纪欧洲崛起并成为世界霸主的原因。他认为,当时欧洲建立了资本主义经济,需要向世界扩张以获取原材料和产品市场,但欧洲并不是一个技术意义上的国家,因为它没有明确的边界。欧洲的"核心国家和地区"从这一世界经济中受益颇多,而世界上被剥削最严重的却是那些"边缘国家和地区"。它们要么缺乏强有力的中央政府,要么被"核心国家"控制,要求它们出口原材料,并实行强制劳动行为。在这两个极端之间的便是"半边缘国家",它们充当了"核心国家"和"边缘国家"之间的缓冲地带,"半边缘国家"被"核心国家"剥削的同时,又是"边缘国家"的剥削者。

　　资本主义经济一直被视为一个动态系统,尽管某些特征保持不变,但也可以根据特定条件进行调整。欧洲的"核心地区"一直以来从这些关系中获益最多,而"边缘地区"那些有一定进取心的国家或地区通过与"核心地区"合作也获得了巨大的财富。由于这些不平等的关系,那些"边缘地区"的农村居民的生活水平受到极大影响。沃勒斯坦断言,资本主义世界体系扭曲了发展,扩大了世界范围内的经济与社会差距。

　　以上至少已经解释了世界体系理论的两个主要缺陷。一方面,虽然这一理论代表了统治阶级和工人阶级思想的延伸,即建立了一套统治阶级国家理论和一套工人阶级国家理论,但该理论在分析中忽视了社会阶级斗争。另一方面,世界体系理论扭曲了资本主义的真实历史,特别是资本主义的本质(Brenner 1977)。那些所谓的"边缘国家与地区",在提高了人民的生活水平后成为"核心国家"的竞争对手。然而,它们并没有参与对其他"边缘国家"的剥削。尽管有充分的证据表明一些地区曾经且继续处于快速发展的状态,但该理论似乎仍停留在不允许"边缘地区"发生真正的经济发展的模式中。该理论还因其"半边缘"的思想而受到批评,这里的"半边缘"指:

　　用于处理那些不能很好地适应"核心-边缘"框架的情况而专门发明的称号。这一批评在某种程度上得到了加强,近年来这一领域的许多创造性工作正是在阐述"半边缘国家"的依赖性发展（Sklair 1991）。

在比较教育领域，罗伯特·阿诺夫（Robert Arnove 1980，2015）极力倡导人们要更积极地参与全球教育研究，要在全球方法分析层面作出突出贡献。他提醒读者，比较教育虽然几乎一直将民族国家作为分析单位，但他坚持认为教育正在成为一种全球性现象，不适合对孤立的国家进行研究，国家之间的关系只能解释一般的教育问题。他认为，"世界体系理论重构了比较和国际教育领域的国际维度"（Arnove 1980），这一见解几乎成了许多比较教育专家的口头禅。例如，拉米雷斯和博利-贝内特（Ramirez & Boli-Bennett）认为，"教育系统不能用传统的比较教育讨论来解释，因为这种讨论将国家系统视为根据内生社会和政治力量发展的基本自治单位"（Ramirez & Boli-Bennett 1982）。

一些教育研究已经证实了某些世界体系特征。例如，约翰·W.梅尔等人（John W. Meyer et al. 1977）及其同事对1950年至1970年间教育的变化展开了调查研究。他们发现，在这段时间内，全球范围内的学生的相对人数都有所增加。他们对此使用了世界体系理论进行解释，即世界教育体系正在发挥作用并同时影响着所有国家。就学校教育的抽象价值而言，特别是学校教育对国家公民的培养方式以及小学、初中和高中教育的六三三模式这类组织结构，确实存在明确的全球趋同（Meyer et al. 1977）。一些学者发现，学校教育的兴趣也趋于一致，即帮助年轻人发展在发达社会中发挥作用所必需的社会技能，这些技能包括协同工作、准时上班、根据工作计划更换工作岗位等（Inkles & Sirowy 1984；Zajda 2012）。

依附论

殖民主义和世界体系理论的另一当代变体——依附论，来自拉丁美洲学者。他们将全球化解释为核心的发达国家与边缘的欠发达国家建立的剥削关系，这导致了边缘欠发达国家经济发展的障碍。拉丁美洲学者解释了拉丁美洲经济发展水平较低的原因，他们认为，欠发达国家受制于对经济发达国家的依赖或依靠而无法发展（Arnove 2015）。这些国家不仅仅包括不发达国家，还包括那些正处于城市化发展进程中的国家。无论是过去还是现在，这些国家一直都很贫穷，因为它们被融入欧洲经济体系只是为了生产原材料或提供廉价劳动力，它们被系统地剥夺了与核心国家一起成长和发展的机会。推动依附概念普及的最重要的学者是安德烈·甘德·弗兰克（Andre Gunder

Frank），他对依附的理解是"欠发达的发展"理念（Frank 1967）。在弗兰克的论述中，最大的困难在于解释为什么一些边缘国家仍会发展起来。费尔南多·恩里克·卡多索（Fernando Henrique Cardoso）的观点与弗兰克有所不同，他试图通过强调边缘国家即使在发展却仍然处于一种依附状态来解释发展。这些国家无法摆脱发达世界，因此它们的发展总是有条件和受限的（Cardoso 1972；Cardoso & Faletto 1979）。

从依附的角度来看，参与教育改革的人强调世界由（并将继续由）发达经济体主导，教育政策和实践"在很大程度上受制于世界体系，特定国家的生产方式已经在世界经济体系中得到发展。此外，阶级冲突也在这种背景下发展起来"（Carnoy & Levin 1976）。换句话说，教育改革存在明确的限制（Zajda 2003；Zajda 2020），改革取决于制度运行的政治权力关系和经济结构。改变教育体系的唯一途径是改变决定社会的经济状况，因为它决定了社会中可用的态度和能力类型（Carnoy & Levin 1976）。在一个依赖性国家进行的任何教育改革，都需要得到该国的经济精英，以及参与该国事务活动的核心国家力量的支持（Carnoy & Levin 1976）。

何塞·玛丽亚·库蒂尼奥（Jose Maria Coutinho）的研究充分说明了更广泛的经济条件和教育之间的联系。她通过研究巴西圣埃斯皮里托州（Espirito Santo Country）的工业化得出结论，巴西国家、民族资产阶级和跨国公司之间形成了一种新的依附性工业现代化三方联盟（Coutinho 1988）。圣埃斯皮里托是位于巴西里约热内卢东北约 300 英里处的一个贫困县，该县经历过根本性的经济复兴。由于跨国公司收购了当地的农业用地用以种植桉树，以提供原材料生产白色纤维素纸浆，用于制作纸张，这改变了当地旧的农业结构，农民因此失去了他们的土地，而且由于纸浆厂污染了水源，渔民也不能再捕鱼了。该县的职业结构发生了翻天覆地的变化，但却没有教育和培训来帮助当地人适应新的经济需求，因此他们的情况比工业现代化之前更糟。上述提到的依附性案例，恰恰说明了教育伴随经济变革的必要性，即保障人力资源和适当的工作条件，使当地居民能够适应正在发生的变化。此外，更高水平的教育也是必要的，以保障当地居民参与到经济改革的技术层面。

现代化

毫无疑问，当比较教育成为正式的学术研究领域时，现代化是国际研究中的主要范式力量。因为它对比较教育的发展至关重要，我们应该给予其比其他理论构建更多的关注。尽管在第二次世界大战之前，比较教育在学术界已崭露头角，尤其是在美国和德国。但整体上看，比较教育仍是二战后的一种现象。它进入学术界与高等教育中普遍存在的现代化理论密切相关。20世纪五六十年代，社会学家为构建现代性综合范式投入了巨大精力。尽管一些社会学家，如丹尼尔·勒纳（Daniel Lerner）和大卫·麦克利兰（David McClelland）强调了一两个关键的现代化变量，但他们都承认这是一个具有多个变量的范式（Lerner 1958；McClelland 1961）。这种范式之所以吸引人，是因为它不可避免地具有欧洲和北美发达国家的特征，并暗示着其他大多数国家的空白或缺乏发展。美国通常被看作现代化国家的典范，这是因为其拥有庞大的国民生产总值（GNP）和多元化的生活方式。

当下形成的范式由一个被描述的或隐含的二分型社会结构组成，其中"现代"形成了一个极端的"理想型"建构模式（在韦伯看来），而"传统"形成了另一个极端模式。这个框架让人想起赫伯特·斯宾塞（Herbert Spencer）的"同质和分化"，马克斯·韦伯（Max Weber）的"传统主义和理性主义"，埃米尔·涂尔干（Emile Durkheim）的"机械组织和有机组织"以及费迪南德·滕尼斯（Ferdinand Tönnies）的"共同体（Gemeinschaft）和社会（Gesellschaft）"。人们试图开发一套全面的标准来区分传统与现代，例如低需求成就与高需求成就、宗教信仰与世俗信仰、农业经济与工业经济、稳定的社会结构与高流动性的社会结构。

在20世纪60年代，许多研究结果证明现代化变量之间存在着联系。卡尔·多伊奇（Karl Deutsch）创造了"社会动员"（social mobilization）这一术语，他认为随着人口走向现代化，许多特定的过程被归为一类。多伊奇汇编了19个国家的部分数据，这些数据表明国民生产总值与其他经济因素、人口、广播听众、报纸读者、识字率、非农业劳动力和城市人口之间存在相关关系（Deutsch 1961）。许多其他研究还证实了这些变量与其他变量之间的关系，包括复杂且专业的政治机构和政治参与度、国内人均邮件数量、电影院座位容纳量、电话数量和识字率、城市化、远离农业就业的劳动力和经济发展（Lipset 1959, 1963；Almond & Coleman 1960；Cutright 1963；Lerner 1958）。

关注教育发展，对比较教育的发展具有重要意义。现代化理论学者普遍认为，教育是帮助传统文化实现现代化的一种解决方案（Brembeck 1962；Curle 1964；Hunt 1969）。教育学者的出发点是在社会科学中试图找到教育和其他变量之间的关系。例如,拉尔夫·哈比森(Ralph Harbison)和 C.迈尔斯(C. Myers)在对 136 个国家进行的研究中发现,人力资源发展(教师人数、各级学校入学率、科学家和工程师人数等综合因素)与经济发展(国民生产总值和农业在业人口所占百分比等综合因素)之间存在正相关关系(Harbison & Myers 1964)。玛丽·简·鲍曼(Mary Jean Bowman)和阿诺德·安德森(Arnold Anderson)的研究发现,教育普及程度和经济水平之间存在正相关关系,初等教育普及程度的指标比小学后教育程度的指标更能预测经济状况。此外,识字率和小学后入学率也呈正相关关系(Bowman & Anderson 1967)。

正在进行的实证研究是在现代社会的总体框架内进行的(Hall 1965)。在政治方面,政治角色的分配是基于成就而不是归属;决策依据的是理性、科学和世俗的技术;在决策过程中考虑了群众的利益;在专业化的官僚机构中形成了特定职能的角色;政府规范个人和群体生活的经济和社会方面;政府职能日益集中,法规和技术建立在客观的法律体系之上。

在社会方面,人口逐渐城市化;组织社会团体履行特定的职能,个人选择范围更广;选择根据客观的法律进行调控;个体倾向于认同大型非个人群体;个人和群体角色专业化;成就是分配角色的基础;关系是契约性的,而非与生俱来的。

在经济方面,商品和服务的生产以科学和技术为基础;劳动日益专业化;人类对技能要求越来越高且生产效率不断提高;资本更多地与机构而非个体生产力相联系;生产、运输和销售规模日益扩大;创新和增长受到重视;经济不平等现象减少;劳动力更多地投入服务业而不是制造业;雇佣就业是主要的就业形式;经济发展受自然灾害、技术变革、市场不确定性和人际关系影响。

在知识方面,可验证的知识取代了宗教和文化教条;社会变革和个体受到重视;职业、社会和知识培训优先;重视世俗化和物质财富;大众传播得到扩展;个人的参与范围扩展到了家庭和社区之外;每个人的观点都得以传播。

评论

上述对现代变量的分析和解释涉及了相当抽象的元素,但并没有提到政治经济学、主导意识形态或霸权主义。举例来说,经济变量的广泛性使得资本主义和社会主义都能在现代化进程中占有一席之地,政治变量则涵盖了个人和集体倾向。此外,科学和理性被认为是神圣的价值观。尽管出现了实证研究，但整个现代化范式却仍然受到质疑，因为社会学家满腔热血地倾向于发展一个"稻草人"概念。正如塞缪尔·亨廷顿（Samuel Huntington）所说："现代理想被提出后，所有非现代的东西都被贴上传统的标签。"（1971）更糟糕的是，现代常常被描述为传统的对立面，这违反或忽视了存在于第三世界的所有变化（Wehler 1975）。这些学者指出，传统在不同的背景下通常具有不同的意义，即使发展的方向具有相似的现代化特征。这种情况本身就引发了异议，因为它意味着所有国家注定要走向社会进程和结构的同质化。否则它们会把自己置于一种低等的原始生存状态。

当然，在西方世界，对此也存在不同的说法。社会学家提出的范式在本质上不再被视为乌托邦式的空想主义，而是被看作一个具有巨大优势的历史时代，但其也存在一些局限性。某些评论家继续鼓吹现代化范式的某些特定方面。例如，哈贝马斯（Habermas）认为，启蒙运动的理性已经耗尽，只有通过推进理性而不是放弃理性才能使之得到改善（1990）。今天，在全球化的"保护伞"下，许多与发展相关的旧的现代化问题再次被提及。当在文献中讨论全球化时，不可避免地会涉及现代化，但新的问题也随之出现，那些充其量只是隐含在现代范式中的新问题，现在却占据了中心舞台。

现代化与教育

一些学者主张在现代化背景下重新评估民族国家，他们认为，民族国家在现代化理论中是理所当然存在的一部分，它也应在政治参与、决策制定、专业机构、政府监管、客观的法律体系，以及全球环境政策中发挥重要作用（Carnoy 1984；Morrow & Torres 2003；Zajda 2020a）。另一些学者则认为，至少在经济领域，全球化已经使民族国家失去效用，因为实际的社会运作已经向全球经济的角度倾斜（Bhalla 2002）。

现代化及其对现代意识的影响

如果后现代主义是宇宙的一部分，正如马克思所说的"一切坚固的东西都会化作空气"（1848，p. 487），那么它将如何影响个人在全球文化中构建社会认同？马歇尔·伯曼（Marshall Berman，1988）在其著作《一切坚固的东西都烟消云散了：现代性体验》（*All That Is Solid melt into Air: The Experience of Modernity*）中探讨了文化转型这一新维度。该书是对现代意识的探索，伯曼批判性地审视了将数百万人带入资本主义世界的社会变革，以及现代主义对社会、艺术、文学、建筑、音乐、电影、历史和政治的影响：

> 在《一切坚固的东西都烟消云散了：现代性体验》一书中，我将现代主义定义为现代男性和女性试图成为现代化的主体和客体的任意尝试，以掌握现代世界并在其中安身立命。这是比学术书籍中普遍存在的现代主义更广泛更包容的思想。它彰显了一种开放的文化理解，与将人类活动分解成碎片并将碎片固定在单独的案例中，按时间、地点、语言、类型和学术学科进行标记的策展方法截然不同（Berman 1988，p.5）。

在早期现代化风格文学中，缺失的一个方面是文化多元主义的政治和文化维度。在当时发展现代化理论时，人们默认特定地理空间内人口稳定，但未将社会多元化考虑进去。然而，跨境人口迁移已在社会生活中产生了巨大影响，以至于它已经成为分析民族国家和更广泛世界中的现代化的主要因素（Gibson & Ogbu 1978；LaBelle & Hawkins 1991）。根据本杰明·巴伯（Benjamin Barber）的观点，世界上只有不到10%的国家接近同质化，甚至这些国家也日益受到多元文化问题的困扰（Barber 1995）。例如，在挪威，大约5 000名巴基斯坦移民的存在几乎使该国的社会福利系统陷入瘫痪，因为他们并不理解或不尊重其建立的基础（Rust 1989）。

与多元文化主义密切相关的是性别问题。在构建现代化理论时，男女关系被认为是理所当然的存在，以至于它未被纳入现代化讨论的范畴之中。如今，这个问题却至关重要，在讨论现代世界时不得不考虑男女角色的变化（Harding 1987；Haraway 1988；Stromquist 1990；Wolf 1996；Zajda & Freeman 2009）。

也许现代化理论面临的最大挑战是现代性被视为一个历史时期，而现代已经被其他事物所取代。对于这一观点，后现代主义是最流行的代表声音之一，例如，瓦尔·鲁斯特主张时代正在发生转变，即现代主义和现代性的普遍意识形态已经破裂，并且正在进行根本性的重建（Rust 1991；Zajda & Rust 2009）。大多数比较教育学者对这一观点提出了质疑，部分原因是比较教育领域是围绕现代性和现代化构建的，并且比较教育在现代化模式的发展中发挥了重要作用（Anderson & Bowman 1965；Foster 1965；Hanson & Brembeck 1966；Kazamias 1966；Adams & Bjork 1971）。伯曼发现了现代性范式从结

构主义到后结构主义的转变,便在当时提出了一个更广泛的、多维度的、更包容性的现代性概念:

> 如果我们将现代主义视为一种在不断变化的世界中为适应环境而进行的斗争,我们就会意识到没有一种现代主义模式是绝对的。我们最具创造性的建筑和成就注定会变成监狱和白色坟墓。如果要继续生活下去,我们或我们的孩子就必须逃离或越过这些地方(Berman 1988, p.6)。

今天,一些学者甚至反对将全球化视为现代化或现代性的延伸,甚至否认"全球"一词已经演变为"全球时代"。然而,马丁·阿尔布罗(Martin Albrow)认为全球化已经取代了现代,"如果现代是一个历史时期,那么它肯定会像其他任何时期一样结束",学者们只是没有看到一个新时代正在努力澄清其身份的迹象而已(Albrow 1997)。尽管来自不同思想流派的评论家在认识论层面上对全球化的含义及其在我们传统概念图中的定位进行了激烈的辩论,但全球化的迹象无处不在。全球化的多维模式超越了传统的二分法,提供了一幅传统、现代性和全球化并存的后结构主义和后现代主义的概念地图。文明、时间、历史、意识形态、社会空间和边界以一种螺旋的方式[借用布鲁纳(Bruner)对"螺旋式课程"的比喻]融为一体,创造了一种在地球上人类团结一致的新愿景:

> 广阔开放的方式只是众多可能的方式之一,但它有使我们把各种艺术、智力、宗教和政治活动看作一个辩证过程的优势,并使它们创造性地相互作用。它为过去、现在和将来之间的对话创造了条件,跨越了物质和社会空间,揭示了伟大的艺术家和普通人之间的团结,以及我们笨拙地称之为的旧世界、新世界和第三世界人民之间的团结。它将跨越种族文化、国籍、性别、阶级和人种的人们团结在一起。它扩大了我们的视野,表明我们的生活比我们想象的要丰富,赋予我们的生活新的共鸣和深度……(Berman 1988, pp.5-6)。

结语

如上所述,比较教育研究已经考察了多元化以及相互竞争的文化、社会、经济和政治层面的多维度全球化。作为一种认识论和本体论的建构,由于世界范围内的社会、经济和文化关系的强化,它代表了一种时间和空间上的量子转变,这种关系以这样的方式将遥远的地方联系起来,即本土事件的发生会受到本土和全球发生的事件的共同影响。比较教育研究中探讨的全球化的主要特征包括课程标准化、全球卓越标准、全球学术成就评价组织(如经合组织、世界银行)、全球学术精英主义,以及由于权力、财富、收入、地位和教育等带来的社会价值商品的不平等分配而日益加剧的全球不平等。

第二章　作为多维构念①的全球化

　　全球化作为一种理念,是一个复杂、矛盾与模糊的理论构念。社会学家试图分离出与全球化相关的类别,他们将这些类别和所有与社会科学相关的领域联系起来,包括经济、政治、社会、人类学,以及这些领域的子集,如技术、环境、教育、生态(Appadurai 1990a,b; Zajda & Rust 2009; Zajda 2020a)。由于研究全球化的学者来自不同的文化领域,他们有着不同的观点、指导原则和优先事项,他们倾向于回避全球化的多维性,并通过将全球化与资本主义、民族国家、政治等联系起来歪曲全球化的含义(Tomlinson 1999)。路德维希·维特根斯坦(Ludwig Wittgenstein)曾将一个复杂的理论结构比作一幅景观,并解释说,对任何事物的单一解释都是片面的,要获得对该景观的完整描述,需要"在每个方向上纵横交错"。

　　这些解释无论是积极的还是消极的,归根结底都是简化的、非辩证的,并且是片面地支持或反对全球化(Kellner 2005)。这种态度是一维的、具有确定性的,通常只关注它们的选择性学科或者领域的专业化。例如,保罗·赫斯特(Paul Hirst)和格雷厄姆·汤普森(Graham Thompson)将全球化视为一种经济现象(1996a,b);莱斯利·斯克莱尔(Leslie Sklair)从社会学的角度看待全球化(1991);约翰·基恩(John Keane)认为所谓的全球公民社会,是社会学和政治学的一个子主题(2003)。如果比较教育者想要抓住当前时刻最完整的新颖性和不确定性话语,必须尽可能多地探索全球化的不同维度(Zajda & Rust

①　译者注:构念(construct)是一种思维方式和理论体系。多维构念(multidimensional construct)是管理学研究者用以描述与定义存在于多重范围内并且包含一组相互关联的属性或者维度的构念。

2016 a, b; Zajda 2020 c)。全球化将经济、技术、社会和文化因素结合在一个独特的矩阵中,人们在这里分析诸如大众化和杂糅性、同质性和异质性、一体化和碎片化、秩序和暴力犯罪、资本主义和民主主义、中心和边缘,以及全球和本土之间的联系(Omwami & Rust 2020)。

同质化与杂糅性

全球化范式的一个潜在矛盾是一些人将其视为一个同质化的过程,认为它将使世界成为一个整体,而另一些人则认为它是一个使世界变得更加复杂的过程。这个讨论可以追溯到1844年。当拉尔夫·瓦尔多·爱默生(Ralph Waldo Emerson)倡导美国的同质化进程时,他指出"机车和汽船就像巨大的穿梭机一样,每天穿梭在不同的民族血统和就业脉络中",消除了距离并把人们"紧紧地束缚在一张网里",因此,人们"每时每刻都在进行同化,而且不存在保留本土特性和敌对行为的危险"(Emerson 1844)。

从定义上看,全球化在本质上似乎与同质化毫无二致,因为它试图用全球定义的活动、形象和制度来取代不同的地方活动和制度。全球化的倡导者希望在世界各地建立类似的形态,把世界各地的人们从"传统"思维中拉出来,使他们现代化,使他们能够科学、理性地思考,并意识到效率和独立思考的价值。此类观点不胜枚举。

全球化的积极和消极两个极端观点,通常都基于所谓的"全球同质化范式"。这一范式假设西方世界的殖民化将对文化差异和地方观点产生大规模侵蚀(McLaren 2001)。全球化的极端拥护者猜测资本主义自由市场将不可避免地扩大。反对者则指责全球化鼓励"世界各地社会的同质化效应",宣扬"颓废的西化价值观和生活方式"(Falk & Kanach 2002)。

在技术方面,那些赞美全球化的人往往是那些技术空想主义者。他们看到了一个通向世界各个角落的信息高速公路,这减少了人们接受教育的阻碍,节省了资金,使技术能够到达难以触及的地方,并将不同的文化融合在一起,同时促进人与人之间的相互理解和防止战争的发生(Boshier & Onn 2000; Zajda & Gibbs 2009a, b);而另一些人则持相反观点,声称电子技术是主宰世界的工具。

有证据表明,世界正变得越来越一致。珍妮特·阿布·鲁霍德(Janet Abu Lughod)生动而精彩地描述了传统的中世纪城市突尼斯的两个主要集市。其中一家专营突尼斯的手工艺品和其他艺术品，当你走在这里，你会听到美妙的阿拉伯音乐，看到形形色色的异国情调建筑和身着传统服装招揽顾客的商人，这里几乎所有的顾客都是外国人。而另一个集市则挤满了老老少少的突尼斯人，他们一边听着摇滚音乐，一边向堆满晶体管收音机、手表、蓝色牛仔裤、真丝围巾和香皂的手推车走去（Abu-Lughod 1997）。在世界各地旅行过的人都知道，飞机降落在机场时几乎难以分辨所在地。但在某些抽象层面上，我们至少可以从沟通和互动的方式，以及罗兰·罗伯逊所描述的世界压缩和整体意识的强化中谈论整合（Robertson 1992）。

全球化推动教育的同质化过程

显然，在教育领域，明显存在着某种类型的同质化现象。当人们跨越时间和空间来审视学校时，就会发现这样的共性。当前，所有国家都致力于延长儿童的上学年限，引导他们了解本国认为重要的价值观和内容，以此来培养本国公民（Ramirez & Boli-Bennett 1982；Zajda et al. 2006；Kovalchuk & Rapoport 2019）。所有国家都致力于提高儿童入学率，经验数据表明，至少在1950年至1970年间存在这种情况（Ramirez & Rubinson 1979）。此外，所有国家都希望发展专业化的教学队伍，并且希望建立分年级的教室（graded classroom）（Ramirez & Boli-Bennett 1982；Inkles & Sirowy 1984）。

同质化还呈现出更微妙的形式。在世纪之交之前的十年里，苏联在其中欧势力范围内，对整个区域进行了不同但意义重大的教育调整。大多数国家开始从命令和分配的国家范式转向各种形式的代议制民主，强调社会生活中自我意识的参与。

在欧盟，尽管教育从来都不是核心问题，但在测试、认证和技术标准方面存在着明显的同质化趋势。在高等教育层面，所有国家的教育系统在学生人数、机构、院系和课程方面都有了大幅增长。尽管之前，这种改革一直相对缓慢、有限，也很少实施，但最近几十年已经开始发生根本性的变化。对大学改革议程影响最深远的一项创新是1999年由29个欧洲国家签署的《博洛尼亚宣言》（*Bologna Declaration*）。该宣言宣称到2010年建立一个容易理解、可比较的学位体系，包括本科和研究生两个阶段，通过建立与劳动力市场相关的兼容性学分体系，确保欧洲的高等教育质量。当时欧洲各国都在努力建立这样的体系（Zajda 2016）。例如，在意大利，新的高等教育体系的第一个阶段为三年制本科学位，第二个阶段为两年制硕士学位，最后一个三年制课程可以获得博士学位。在这些普遍的限制条件下,大学在项目和管理方面被赋予了极大的自主权(Rust & Wells 2003；Zajda & Rust 2016a, b)。

另一项重大创新是欧洲课程转换系统(ECTS)的开发。这是一个初步的、完全自愿的过程,但确定对等学位和文凭却是一个复杂的过程。尽管外部认可几乎不存在,但一些所谓的"欧洲"学位已经由大学或学术、工业联盟提供(Rust & Wells 2003)。

然而,也有证据表明,世界各地的差异正日益扩大。弗兰克·莱希纳(Frank Lechner)和约翰·波利(John Boli)提出了挑战"全球化导致同质化世界"这一观点的三个理由。首先,他们认为一般规则和模式不可避免地要根据当地情况加以解释,以便各地区以不同的方式对类似的举措作出反应。第二,强制往往会引起反抗,当地人开始意识到他们的文化传统,并试图提出一种独特的模式来与全球化抗衡。第三,差异本身已成为一种全球价值观,当地人为他们自己的差异感到自豪(Lechner & Boli 2001,pp. 2 - 3)。

还有越来越多的证据表明,全球范围内的一致性只是表面现象,文化在本质上正朝着不同的方向发展和变化。根据汉内茨(Hannertz)的说法,世界"更多地表现为一种多样性的组织,而不是千篇一律的复制,意义和表达系统没有发生完全的同质化,也不太可能在短期内发生"(1990)。一些学者给正在发生的调整和转变贴上了这样的标签,他们强调本土与全球的辩证关系恰好说明了地方的"抵抗"。事实上,还有更多的因素在起作用。即使当地人接受全球化,他们也会通过戴维·豪斯(David Howes)所说的"克理奥尔化①范式"(creolization paradigm)来改变全球化的创新,以适应其传统和习俗(1996)。豪斯(1996)分析了西方生产的商品(如可口可乐)的消费,这些产品遍布世界各地,因此它们是"情境化的"。克理奥尔化范式,使人们意识到全球化进程中发生的所有断裂、偏离、拒绝和颠覆。"克理奥尔化",是跨文化迁移和借鉴的一个不可或缺的维度(Howes 1996)。与"克理奥尔化"相联系的还有"杂糅性"这一概念,它暗示着一种文化的交融。因此,霍米·巴巴(Homi Bhabha)以地方政治解读全球使命的方式讨论了"矛盾、对抗、文化影响的杂糅、国家边界"(1989)。乔纳森·泽维尔·因达(Jonathan Xavier Inda)和雷纳托·罗萨多(Renato Rosaldo)为读者们收录了一些文章,其中讨论了阿拉伯人移民到法

---

① 译者注:creolization,克里奥尔化,用来描述不同文化相互接触影响的混合、混杂化。今天,该词有时被用来描述我们所生活的世界的文化复杂性,以及其中存在的许多不同。

国以及日本人试图西化等所产生的杂糅性案例（2002）。

全球化推动教育的杂糅过程

如果我们认真对待"克理奥尔化"或杂糅的概念，那么全球范围内发生的表面同质化效应将会导致教育表达的种类越来越多而非减少。许多比较教育学者认为，同质化范式是有限的。在罗伯特·阿诺沃（Robert Arnove）和卡洛斯·托雷斯（Carlos Torres）的著作《比较教育：全球与地方的辩证关系》（*Comparative Education：The Dialectic of the Global and the Local*）一书中，作者强调了全球化力量正在与国家和地方力量相互作用，从而使全球化努力得到修正甚至转变（1999）。这一观点还伴随着一些理论指导，包括复杂性理论、自组织理论、分形集理论和混沌理论，所有这些理论都表明，在更广泛、更普遍的发展框架内，存在着实质性的局部变化（Jantsch 1980；Schieve & Allen 1982；Prigogine and Stengers 1984；Gleick 1987；Casti 1994）。

教育中这种杂糅过程的例子足以说明上述观点。个人和文化需求以鼓励多样性和独特性的方式，被纳入抽象统一的学校课程中。地方叙事故事与普遍叙事故事被认为同等重要。各种学习方式不但得到认可，而且越来越被推崇，差异也得到了鼓励和奖励（Mander & Goldsmith 1992）。苏联的加盟共和国阿塞拜疆自1991年独立以来，放弃了社会主义教育，包括由马克思和列宁提出的对世界产生划时代意义的历史课程。阿塞拜疆的新课程表面上经历了巨大变化，它不再专注于苏联，而是关注中东；然而，尽管教科书中的名称、日期和事件都发生了变化，但其基本框架在本质上仍然与马克思和列宁所构想的框架保持了一致。

蒙古国在苏联解体后也进行了教育改革，其中包括建立教育券制度的尝试。吉塔·施泰纳-卡姆西（Gita Steiner-Khamshi）记录了在这些改革中将教育券概念蒙古化的过程，这种概念已经适应了当地的文化背景。教育券的出现是由于移民模式不允许固定学校成为常态，教育券为流动人口接受教育提供了一种机制（Steiner-Khamsi 2006）。

还有一个例子来自肯尼亚。伊迪丝·奥姆瓦米（Edith Omwami）花费了大量时间研究女性教育和发展问题（2010，2018）。显然，非洲的教育改革受到世界银行等外部力量的推动，尽管国际机构采用了同质化的模式，但伊迪丝对此持批判的态度，她认为对女性所获得的经历进行一概而论的评估本就不合理。针对女性的发展项目种类繁多，通常侧重于女性工作和生活环境的提升，这尤其适用于接受高等教育的女性。教育并没有使得妇女被"同质化",反而促使她们在经济独立和生活选择等方面以多样化的方式取得进步。

抵抗、接受、修复与更新

与全球化相关的言论揭示了矛盾的需求和过程,这一点在接受性和抵抗性方面表现得尤为明显。在历史上,社会关系从征服过渡到主动借鉴,而在全球化时期,这种关系将继续延续下去,这两种截然不同的趋势吸引了比较教育学者的注意力。一方面,世界上反对资本主义和新自由主义发展的人试图抵制全球化的进程;而另一方面,那些对国际关系的进一步发展感兴趣的人,则被外国制度中的教育改革所吸引。

抵抗

在极端背景下,激进的理论家将全球化下发生的调整和转变称为本土和全球之间的辩证关系,认为地方应该"抵抗"全球化。换句话说,他们看到了一个新的历史阶段,即工人阶级和贫穷的"世界体系受害者"正在与新自由主义的资本主义全球化项目做斗争(Zajda 2020b)。举例来说,英国的"全球化抵抗"(Globalize Resistance)组织和美国的"全球经济正义网络"(the Network for Global Economic Justice)等组织的成立,旨在阻挠企业权力的全球化和社会私有化,而这迄今为止一直被视为社会共同利益的一部分。那些在全球范围内推动经济、政治和文化一体化的行动,正日益受到一些社会运动的抵制。这些运动旨在反对新自由主义的目标,因为他们认为新自由主义将损害他们的福利和价值观(Rosenau 2003;Omwami & Rust 2020)。事实上,全球化社会运动中的抵抗活动本身正呈现出全球化的特征,因为它们有许多相似之处。马科·朱格尼(Marco Giugni)描述了将它们结合在一起的三个阶段。首先,全球化在世界范围内创建了越来越紧密的相互联系,被抵抗的现象在任何地方都是相似的。其次,反抗全球化的运动都在攻击相似的结构,且它们的活动过程是趋同的。最后,当前"跨国信息流"如此之多,抵抗活动的扩散是不可避免的(2002)。

在全球化的时代,抵抗是一股强大的力量。根据福柯(Foucault)的观点,正如我们从未完全了解压迫和统治的力量一样,我们也永远无法充分意识到对这些力量的抵抗。抵抗组织在试图应对这些力量时出现或消亡,所行使的每一种权利都伴随着相应形式的抵抗出现，因为权利是普遍而分散的，所以也存在着多种多样的抵抗形式，即哪里有压迫，哪里就有抵抗（Foucault 1980，a，b，c）。全球化的主要力量在于其综合化的话语体系（totalizing discourse），它将一切都纳入其中。然而，福柯却认为，这种综合化的话语体系势必受到边缘化话语体系的抵抗。事实上，差异不仅应该存在，还应该被庆祝。正如在语言体系中差异是不可避免的一样，文化差异不仅是基本的，还是值得赞颂的。

抵抗的一个显著特征是全球化矛盾之一的现代通信技术，它被用来抵抗全球化的某些方面。互联网、网站和其他通信手段，被用来动员人们对抗他们所感知到的全球化威胁（Rosenau 2003；Zajda & Gibbs 2009a，b）。

在教育领域，抵抗理论主要源自批判理论和批判教育学。亨利·吉鲁（Henry Giroux）致力于唤醒人们对学校中存在的等级结构的认识。吉鲁试图为受教育者提供一种批判和抵制这种结构的方法。在此过程中，他决心创建一种激进的教育学理论（Giroux 1983）。斯坦利·阿罗诺维茨（Stanley Aronowitz）也加入了这一阵营。阿罗诺维茨发现，支持个人主义和资本主义的自由主义者未能看到这些积极价值观中的矛盾之处，因为他们对这些价值观中隐含的腐败视而不见。批判理论家分析了"作为文化和社会领域的学校是如何组织、合法化、维持以及否决特定形式的学生经验的"（Aronowitz & Giroux 1985）。

抵抗，可以在多个层面与教育联系起来。许多关于学校教育的新马克思主义研究，促成了越来越多关于抵抗的批判性教育学文献的发展。在大学的教育部门，一些学者抨击诸如后现代主义之类的思想流派，认为这些流派只不过是有闲阶级试图诋毁一场人类政治抵抗运动的宏大理论。马克思主义教育家，如洛杉矶加州大学的彼得·麦克拉伦（Peter McLaren）、诺丁汉大学的宝拉·奥尔曼（Paula Allman）、伯明翰中英格兰大学的格伦·里科夫斯基（Glenn Rikowski）、英格兰布莱顿大学的迈克·科尔（Mike Cole），以及北安普敦大学学院的戴夫·希尔（Dave Hill）正试图恢复这样一种观念，即马克思主义和社会阶级斗争仍然与当代教育问题相关。也许学校最受欢迎的马克思主义研究是保罗·威利斯（Paul Willis）关于英国学生对抗性经历的研究，如他们反对学校作为社会再生产机构的尝试（1977）。此外，他们还对教师、教学和教师培训进行了与抵抗有关的比较教育研究（Popkewitz 1993；Steiner-Khamsi 1999；Fischman 2000）。一些比较教育学者认为，批判教育学在某种程度上并不完全成功，部分原因是它由在象牙塔里的学者创建，并没有与那些抵抗民族国家霸权的社会和政治运动联系起来（Morrow & Torres 2003）。

接受

虽然抵抗是比较教育关注的焦点，但从历史上看，跨国吸引与借鉴同样备受关注。在民族国家崛起之后，出现了大批对外国实践感兴趣的记录。教育工作者利用其他地方的发展向本国提出挑战，以寻找能促进特定国家发展的制度。例如，哈里·阿米蒂奇（Harry Armytage）撰写了四本著作，追踪美国、法国、德国和俄罗斯对英国教育的影响（1967，1968，1969a，b）。弗雷德里克·施耐德（Frederick Schneider）在德国流亡的大部分时间都在追踪德国教育对其他国家的影响（1943）。瓦尔·鲁斯特和戴维·菲利普斯（David Phillips）着重研究了德国、英国和美国在教育上的相互影响（Rust 1968，1997；Phillips 2000）。

法国学者维克多·库森（Victor Cousin）1831 年关于普鲁士教育所作报告的有趣例子，可用来阐明以上观点。库森曾到访法兰克福和萨克森，随后在柏林停留了一段时间，并向部长提交了一系列报告，后来出版了《关于普鲁士公共教育重要性的报告》（*Rapport sur Vital de I'instruction puUique dans quelques pays de V Allemagne et particulierement en Prusse*）。该报告作为法国试图改革国家初等教育体系的典范，也为美国公立学校的建立作出了贡献。1834 年，萨拉·奥斯丁（Sarah Austin）将库森的报告翻译成英文，这份英文译本传入美国人手中，随后美国的教育家和政治家纷纷对普鲁士的公共教育体系展开研究，其中包括加尔文·E. 斯托（Calvin E. Stowe）、亚历山大·达拉斯·巴赫（Alexander Dallas Bache）、霍勒斯·曼（Horace Mann）和亨利·巴纳德（Henry Barnard）（Bache 1839；Mann 1844；Barnard 1854；Stowe 1930）。因此，美国的公立学校几乎可以看作普鲁士学校的复制品。有趣的是，这些美国改革者仍然沿用了库森使用的法语术语。因此，尽管美国人使用的术语是法语，但美国普通学校仍然可以看作德国教师培训研讨会的复制品。

在戴维·菲利普斯的领导下，牛津大学的比较教育研究人员致力于国家间"借鉴"过程的概念化研究，尤其是与政策制定和实施有关的过程（Phillips & Ochs 2003）。菲利普斯参与借鉴的过程是偶然的，仅因几年前他发表的一篇关于跨国教育吸引力的文章引起了极大的关注，以至于他被外部影响所吸引，决定将其作为一项重要的人生项目（Phillips 1989）。菲利普斯试图将政策借鉴的过程概念化，并对教育政策的制定和实施的各个阶段进行完整的图解说明。这一过程通常始于一些动力因素，这些动力因素激发人们寻找可能解决国内特定教育问题的外国模式。然后，政府和机构要经历一个决定采用特定模式的过程，这涉及理论和实际决策。一旦选定了一种模式就必须对其实施，且需要对其进行调整以适应国家背景。最后，一旦实施过程完成，就会有一个内部化或本土化阶段，这意味着这种模式将成为国家体系的一部分。牛津大学的框架，与鲁斯特在研究挪威教育政策形成和实施过程研究中开发的框架相似，均包括起始阶段、研究阶段、共识建立阶段、法律框架阶段和实施阶段（Rust 1989）。

菲利普斯和他的同事进行了大量的案例研究，无论是地理上还是历史上，这些案例都展示了借鉴过程的部分或全部内容（Phillips 2004）。哥伦比亚大学师范学院的吉塔·施泰纳-卡姆西等人也加入了这一行列，他们不仅关注借鉴过程，还关注输出过程（Steiner-Khamsi 2004）。

只要存在保持相互联系的独立行政单位，借鉴过程就会持续进行。目前尚不清楚全球化如何解决需要处理的特殊背景以及环境问题，但根据已有文献记载，借鉴行为大多发生在民族国家之间或现代教育系统之间（Nir et al. 2018）。随着全球化背景下跨国情况的出现，仍有待开发新模型来阐明教育中的借鉴过程（Phillips 2015）。

修复与更新

世界上有 6 000 到 10 000 种不同的文化，每一种都在以某种方式应对全球化。我们可以看到，一些国家通过抵抗来对应，而另一些则接受全球化带来的影响，还有一些国家意识到本土知识的重要性。这种觉醒最初发生在地方层面，因为接触全球化的人们开始面对自身的思维方式、建设方式和工作方式，这些与从外部输入的事物形成鲜明对比。很快，一些小团体开始联合起来，到20 世纪末，已经有 50 多个网络组织积极协助这些地方团体保留本土知识，甚至复兴那些已经消失于其文化中的知识（Semali & Kincheloe 1999）。这些网络组织许多来自发达国家，其资源较为丰富，但主要的保护和恢复工作却是在本土团体内部进行的。本土知识与本地居民以及欧洲征服者之间的历史殖民关系密切相关（Semali & Kincheloe 1999），征服者不可避免地会通过文化同化来满足他们对原材料和政治统治的追求，至少在当地人满足他们的要求时是如此。这相当于通过所谓的文化帝国主义对本土文化进行破坏。由于与这种殖民主义的历史联系，本土知识概念经常被错误地与"原始的"第三世界文化联系在一起。

　　争论的焦点在于世界核心地区这一假设,即他们的认知方式被视作唯一合法的方式。也就是说,世界的核心领域默认主流科学是创造知识的唯一有效手段。其通过识别问题、设定假设、实验和预测等一系列顺序过程来实践,而通过其他认知方式产生的知识,通常被视为凭直觉、偶然和基于猜测,以至于它们被认为不合法。

　　主流科学假设其知识具有普遍有效性,而本土知识通常是基于社区和特定背景产生的。在世界上的很多地方,其知识与产生它的文化和精神传统紧密相连,因此很难普遍适用。迈克尔·科尔(Michael Cole)在利比里亚(Kpelle)的遭遇就很好地说明了这一问题。科尔被派往非洲向克佩勒人教授新数学,但在他解释完他接下来想做什么之后,这些克佩勒人的反应是,很高兴看到美国人如何做数学,但他们也想向科尔展示他们是如何做数学的,并假设科尔对他们的方法同样感兴趣,就像科尔一开始期望他们会对美国人做数学的方法感兴趣一样(Cole & Gay 1965)。

　　发展中国家的本土知识的重新发现,对学校教育和课程设置具有重大意义。尽管殖民主义在第三世界国家已经成为过去式,但在后殖民学校教育中仍存在一种信息误导的传统,这种传统通常是殖民时期遗留下来的产物。当时核心国家的知识被认为是唯一合法的知识。奇怪的是,现代认知方式注重的是创造力和问题解决能力,但很少在鼓励学生探究自己的传统并挑战殖民列强强加给他们的传统的背景下进行。因此,泰国的穆斯林/马来人(Muslim/Malays)、北欧的萨米人(the Samis)、美国南达科他州的苏人(the Sioux)、新西兰的毛利人(the Maori)、缅甸的克钦人(the Katchins)、伊朗的库尔德人(the Kurds)、非洲的贝多因人(the Bedouins)都拒绝将他们的知识视为野蛮的迷信,越来越多的人意识到"民族科学"在科学知识中具有合法地位。

　　本土知识的觉醒正在循环往复,显然,寻求保留和恢复本土知识已成为包括发达国家在内的全球现象。例如,在美国的一个著名项目"火狐"(Foxfire)中,南部阿巴拉契亚乔治利亚镇(Georgian town of the Southern Appalacians)的一位高中老师鼓励学生记录当地人的民俗,收集他们的工艺品和纪念品。这促使"火狐"后来成为该地区民间习俗资料的主要来源(Wigginton 1972-1982)。保罗·弗莱雷(Paulo Freire)和安东尼奥·弗德兹(Antonio Faudez)等学者认为,本土知识不仅是理解世界的丰富源泉,也是推动社会正义和社会变革的源泉(Freire & Faundez, 1989)。

许多教育学者，包括一些比较教育学者，正致力于开发促进本土知识的教育计划。宾夕法尼亚州立大学是"本土知识机构联盟"（Interinstitutional Consortium for Indigenous Knowledge）的积极参与者。该联盟成员包括研究非洲性别空间的拉迪劳斯·萨马利（Ladislaus Samali）（Semali & Kincheloe 1999），以及呼吁通过更大程度地认识本土化潜力和本土知识复兴，而非通过全球化来实现社会正义和生态可持续性的马杜·苏里·普拉卡什（Madhu Suri Prakash）（Prakash & Esteva 1998）。西娜·麦戈文（Seana McGovern）是普罗维登斯学院（Providence College）的海外学习主任，也是宾夕法尼亚州立大学的教授，她出版了一本关于本土知识的教育书籍（McGovern 1999）。

　　阿拉斯加大学（University of Alaska）费尔班克斯分校的雷·巴恩哈特（Ray Barnhardt）和奥斯卡·卡瓦格里（Oscar Kawagley）感叹本土研究如此稀少，呼吁原住民超越主流机构，建立自己的中心以满足当地人民的需求。他们积极推动阿拉斯加的爱斯基摩人所掌握的知识得到更多认同（Barnhardt & Kawagley 1999）。加拿大多伦多的安大略教育研究所（OISE）的许多学者也从事本土知识的研究工作。来自非洲的乔治·杜斯（George Dei）和恩约基·韦恩（Njoki Wane），研究了本土知识、价值观和精神性对后殖民时代非洲的意义和影响。在 OISE，包括朱迪·伊塞克·巴恩斯（Judy Iseke Barnes）和艾琳·安东尼（Eileen Antone）在内的许多研究人员也加入了这一研究行列。在澳大利亚，阿米代尔（Armidale）新英格兰大学（University of New England）教育学院的比较教育研究者彼得·尼恩斯（Peter Ninnes）撰写了本土知识和中学科学关于恢复与复兴的教科书（Ninnes 2000）。尼恩斯与马里兰大学（the University of Maryland）教授本土知识课程的普雷蒂·什罗夫-梅塔（Preeti Shroff-Mehta）密切合作。吉尔·阿卜杜拉（Jill Abdullah）和厄尼·斯金格（Ernie Stringer）是珀斯科廷科技大学原住民研究中心（Aboriginal Studies at Curtin University of Technology in Perth）的学者，他们呼吁关注原住民的需求和社区发展。美国凯尼休斯学院（Canisius College）的费尔南达·阿斯蒂斯（Fernanda Astiz）研究了本土知识对巴西学校教育变革的影响（Astiz & Akiba 2016）。

整合与碎片化

　　全球化范式的另一个潜在矛盾在于其承诺创造一个更加和平与安全的世

界,然而却创造了一个因犯罪、内战和恐怖主义而日益分裂的世界。国际经济和政治一体化,促成了长期的世界体系趋势。尽管全球化在过去 20 年里一直是理论界关注的焦点,但自从 16 世纪开始,世界经济和政治一体化的进程就一直在进行。

然而,最近几十年国际贸易和投资显著增加。参与一体化进程的国家认为,这降低了核心国家之间发生战争的可能性,因为这使这些国家相互依赖进而增加了冲突的代价。根据经济合作与发展组织(OECD)的说法,有三个重要原因促成了经济一体化。首先,贸易自由化通过为不同国家降低关税,为发达国家和发展中国家提供了市场准入。其次,当发展中国家减少对外国投资的限制时,来自发达国家的资本流动就会增加。最后,人口跨境自由流动为减贫做出了巨大贡献。世界银行支持经合组织开放边界,声称人口集中的悲剧在于人们生活在生产力最低的地区,并且不允许他们为了追求更好的经济机会而向生产力水平较高的地区流动。

经济一体化的发展,促成了国际联盟的成立,后来又被联合国取代。

尽管联合国在保证集体安全方面的能力依然相对薄弱,但至少自冷战结束以来,它在调解冲突和减少战争可能性方面已经取得了长足的进步。自第二次世界大战以来,国际组织数量呈指数式增长,许多观察者都在谈论一个真正的全球政体正在形成,它将不同的集团整合成一个单一的全球组织。

这种对世界各地正在进行的综合化进程的积极评价于 2001 年 9 月 11 日被打破,进而促使每个人重新审视自己对世界的定位。这一事件促使我们有必要考虑一个新的全球化分析类别:恐怖主义。全球化已进入关键时期,也面临着日益增加的反对声浪,人们开始关注"全球化的阴暗面"(Love 2003)。专家们终于开始将恐怖主义视为全球化的一部分,但全球化的其他负面影响也开始显现。我们开始意识到,全球活动既有建设性的积极影响,也有破坏性的消极影响(Kellner 2005)。

犯罪

虽然恐怖主义一直是这一新类别(犯罪)的催化剂,但我们终于意识到,无论资本主义在哪里运作,它都会带来一个犯罪和恐怖的非法世界。随着全球化的发展,非法活动急剧增加,并呈现出我们通常归因于全球化的所有特征。参与其中的人脱离了国家身份,他们在国家法律和规范的边界之外活动。新技术给从事犯罪活动的人提供了前所未有的便利,来自不同国家的犯罪集团为了共同利益而狼狈为奸,犯罪活动以破坏国家稳定并颠覆公民规范的方式运作。随着全球化的扩大,各国应对本国境内犯罪的能力减弱。犯罪分子青睐于跨国犯罪,因为他们能够在国家打击跨国犯罪的能力范围之外进行活动。目前,各国未能建立合法、有力的机构来应对这一问题,因为它具有全球性,并且在分散的网络和常规犯罪领域之外运作。此外,从定义上来看,恐怖主义本质上是一种秘密活动。

全球犯罪对教育的影响并不那么明显。首先,它必须成为比较教育学者的视角之一。其次,全球犯罪动摇和重塑了包括教育系统在内的国家现行运作系统的能力。它模糊了国家之间的差别,创造了不属于传统体系的交流和信息渠道,并利用了新兴技术。但更直接的是,犯罪活动也是一种习得活动。比较教育学者必须提出这样的问题:正规教育制度以何种方式促成或阻碍犯罪活动?全球犯罪组织通过怎样的正规或非正规的教育系统来组织培训人员参与其运作?

恐怖主义

正如犯罪暴露了全球化的弊端,恐怖主义也揭示了试图破坏传统生活的强大网络。世界贸易中心的灾难只是全球恐怖主义的开端。而 2004 年马德里的爆炸事件提醒我们,恐怖主义可能在任何地方发生。理查德·罗蒂(Richard Rorty)最近指出,我们应该庆幸"马德里的袭击只涉及常规的爆炸物。在一两年内,手提箱大小的核武器(在巴基斯坦或朝鲜制造)可能会上市。急切的买家不仅包括像奥萨马·本·拉登(Osama bin Laden)这样富有的花花公子,还包括各种已经演变成资金雄厚的犯罪团伙的统一运动领导人"(Rorty 2004)。恐怖主义清楚地表明,全球化既能分裂也能团结,它显然促进了沟通和理解,但同时也使世界变得支离破碎,这是全球化矛盾和模糊的直观表现。事实上,世界已经变得相互联系和相互依存,但也正是这种联系为个人和小团体在全球范围内破坏生活提供了机会。稳定国家面临的困境是如何应对恐怖主义。如果像恐怖分子一样行事,那么这些国家本身也会被赋予恐怖主义的价值观。如果可以从中吸取一个有用的教训,那么恐怖主义则向人们展示了这样一个事实,即世界各国人民之间并没有很好地相互了解。它强化了我们必须致力于了解他人的必要性,学习他人的语言、研究他人的宗教、了解他人的学校以及他人所接受的教育。这种必要性不再仅是兴趣问题,它现在比以往任何时候都更是一个生存问题。

然而,世界应对恐怖主义的方式可能比恐怖主义本身更危险。生活在稳定民主国家的人,正在目睹种族歧视、种族主义和其他形式的歧视在应对恐怖主义威胁中抬头。为防止恐怖主义而采取的安全措施严重侵犯了公民自由,以及长期以来被稳定民主国家人民视为理所当然的权利。在教育和工作领域取得的机会平等方面的胜利,很容易在所谓必要的安全措施的名义下受到侵蚀。而现在,对这个问题的考虑也不再单单只有美国一个国家。

　　对教育工作者来说,恐怖主义最直接的影响是国家和国际机构需要介入恐怖主义活动频发的地区。一些比较教育学者和教育专家参与了阿富汗教育的重建工作,这要求他们长期实地工作。在美国占领伊拉克后,很多大学直接参与了该地区学校系统和大学的重建工作,这类活动的开展往往会给参与其中的人员带来很大的风险,因此,人们未来也越来越倾向于避免在高风险地区进行重建活动。

　　20世纪80年代,法尔沙德·拉斯特加(Farshad Rastegar)试图研究在巴基斯坦难民营发展起来的教育计划,该地区是世界上难民最集中的地方之一。他在这里发现了一个广泛的传统教育计划网络,但更具体的来说是系统地培养伊斯兰革命者的网络。受教育者为了在阿富汗重建伊斯兰社会和政治秩序而自愿献出生命。当然,这些学校既遵循伊斯兰学校的(宗教)模式,也遵循世俗的模式,但早在20年前,革命活动的种子就已经在阿富汗落地生根,甚至在受到西方影响之前就已存在(Rastegar 1988)。

难民和国内流离失所者

　　当今世界越来越处于危机状态,或者说"社会系统中的许多成员未能从系统中获得预期的生活条件"(Barton 1969)。社会危机和灾难的致命后果就是越来越多的人在逃亡,最终导致难民、国内流离失所者和移民人数不断增加。联合国1951年在《公约》中将难民定义为"因有充分理由畏惧受到迫害而离开国籍国的人"。社会科学家倾向于从更广泛的角度看待难民,因为他们被视为逃离迫害和暴力的人,所以他们"与母国断绝关系,并通过移民寻求东道国的保护"(Hein 1993:244)。[①] 世界上的难民人数近年翻了一番,并自20世纪80

---

① "难民"一词的情感内涵,随着时间的推移而改变。例如,在殖民地时期的美国,难民通常被视为值得钦佩并具有特殊信念的人。他们从英国宗教迫害中逃离,渴望一个更好客的地方来继续寻求言论自由。如今,难民几乎没有可利用的国界,因此他们很少被正面地看待,而且往往找不到比被遗弃的原住地更热情友好的蔽所。

年代初以来增加了6倍。目前,有超过2000万人被正式定义为难民。除此之外,还有许多未被正式定义为难民的人,即"类似难民情况的被迫移民"。联合国儿童基金会(UNICEF)公布的数据显示,难民中大约一半是儿童。

虽然难民人数急剧增加,但在本国境内流离失所的人数,即国内流离失所者(IDPs)增长得更为迅速。国内流离失所者是指那些与难民所处境地相似,但仍留在本国的人,他们的人数增长速度甚至超过了难民。这一事实预示着难民本身数量将大幅增加,因为国内移民通常是国际移民前的第一阶段。尼加拉瓜、萨尔瓦多(Mozo & Basquez 1988)和越南(Desbarts 1986)就是这种两阶段移民国家的典型例子。目前,全世界有2600多万国内流离失所者,超过1.25亿人生活在自己出生国以外。

四个重叠的因素,似乎可以解释这种危机状态。一是国与国之间的战争带来了巨大的动荡。在第一次世界大战中大约有1000万人丧生(其中包括160万法国人、80万英国人、180万德国人),约2000万人受伤,这些数字在第二次世界大战中扩大了3～5倍(Foster 1995)。尽管世界避免了第三次世界大战,但在战争中伤亡的人数仍以惊人的速度持续增长。

二是国家内部的战乱。如发生在中非两个小国卢旺达和布隆迪的胡图人和图西人之间的冲突。自1992年以来,卢旺达710万居民中已有100多万人丧生。

三是干旱和饥荒。世界一些地区的社会和物质条件持续恶化,最终达到了灾难性的程度,对世界某些地区造成了骇人的损失。例如,安哥拉1000万人口中,有近30%的人口正遭受饥荒。而在苏丹,2700万人中有近200万人死于战争、疾病和饥饿。

四是特大自然灾害导致大批民众濒临危机。这些灾难通常被认为是造成直接性、严重破坏的大规模单一事件,例如地震、火山爆发、火灾、气旋风暴、雪崩、海啸和洪水。尽管这类自然灾害发生的频率似乎并没有增加,但由于若干因素,此类灾害的影响却似乎正在扩大。

由于若干因素,这类灾害的影响似乎正在稳步增长。首先,世界人口正在增长,人们趋向于集中在城市和城镇生活,但在那里他们更容易受到灾害的影响。其次,由于森林过度砍伐、土地过度放牧、工业污染等生态因素日益失衡,以至于地球在发生灾害时的自愈能力下降。再次,出现了一种新型的技术性灾难,回顾1959年在摩洛哥发生的大规模中毒事件、1986年切尔诺贝利核反应堆事故、1989年阿拉斯加瓦尔德斯油污染事件,这些都增加了灾难的人为代价。最后,世界上的重大灾害往往发生在非洲、南亚、东亚和拉丁美洲等世界上较为贫穷的地区,这些地区的国家无法对此作出充分应对,如果要实现复苏,就需要广泛的国际援助。

结语

如前文所述,全球化是一个在教育话语中广泛使用的概念,可以理解为特定时代精神的多层次构想。因此,它需要被视为建立在相互竞争的意识形态、价值观、知识体系和经济基础之上(Zajda & Rust 2016a,b)。全球化进程影响了本土和全球的教育和政策改革,使各个国家都在试图通过教育改革提升经济竞争力、国家认同感和社会公平性(Omwami & Rust 2020;Zajda 2020a)。

第三章　比较教育中的理论

理论,是研究领域认知结构的基础(Wells & Picou 1981)。无论是在比较教育界,还是在其他学术领域,理论的性质和作用一直是广泛讨论的议题。本章的目的是考察理论在比较教育中的地位,或者说在研究期刊上发表论文的比较教育者中的地位(Rust 2003a, b),而这一问题的讨论背景则是全球化(Zajda 2020a)。在比较教育领域,尤其是在全球化时期,存在着重要的理论差异(Zajda & Rust 2016a, b)。事实上,理论本身是一个复杂的问题,需要历史讨论来界定其多层含义。

理论的内涵

"理论"一词源于希腊语"theoria",意为沉思或推测。最初,它与"观礼者"(theoros)①的"热情和共情的沉思"有关,观礼者们参加希腊的公共庆祝活动,并沉浸在神圣的活动中(Russell 1945)。"theoria"在希腊的哲学语言中被转化为对宇宙的沉思。通过观察不朽的秩序,哲学家内化了宇宙的有序运动;理论将生命和行为塑造成永恒不变的宇宙形态。这种沉思包含着一种带有热情含义的启示,它与热情参与和承诺联系在一起。因此,早期的宗教理论演变成社会哲学,不仅涉及沉思的行为,也涉及行为准则。从这个意义上说,理论在本质上具有规范性。这一传统的延续可以在以哲学为导向的取向中找到证

---

① 译者注:受正式委派去向哲人讨教的人被称为 theoros。颇有意思的是,这个称呼在当时也用来指代以某种官方身份去参加节庆活动的人,指节日代表团的参加者。

据,这些哲学取向着眼于内在,旨在处理内在生活、思想世界、文化和精神事务。今天,它与解释学、现象学和存在主义等领域联系在一起。

关于理论的最新观点,源自与经验科学密切相关的哲学传统。在奥古斯特·康普顿(Auguste Compte)"积极哲学"概念的指导下,社会科学试图为知识和社会本质创造新的定义(Compte 1988)。社会科学假设存在可发现和可利用的规律,这些规律可以组织成特定的研究领域,如社会学、政治学和经济学。归纳法和经验主义,被认为促进了人们对因果规律的认识和解释,促进了其可预测性和可概括性的发展(Brown 1989)。当代逻辑实证主义将基于感官或观察的经验主义与符合明确标准的相应论点联系起来,在对社会行为进行研究时,倾向于对数据中的概率关系和对类似定律进行归纳性的解释。在这种方法中,事实性的观察被一些规律或假设所解释,这些规律和假设变化可以通过可观察事物背后看不见的元素的理论加以解释,从而使我们能够区分虚假的因果关系(Bredo & Feinberg 1982)。

比较教育与理论

比较教育作为一个学术领域,其早期创始人采用了一种社会哲学的取向,关注不同国家背景下的教育规范理论。比较研究学者 R. H. 埃克贝利(R. H. Eckelberry)和艾萨克·康德尔(Isaac Kandel)将理论理解为不同民族传统之间的联系,他们认为自己的任务是比较和理解不同国家的教育理论和实践(Kandel 1937; Eckelberry 1950)。他们将理论视为不同国家研究的对象,而不是推动研究的事物,并且假设不同的国家采用不同的规范性理论取向。早期比较教育者的工作,是将这些不同的教育理论理解为在特定教育系统下的基本规范。随着科学成为比较教育的基础,基于社会哲学的理论概念很快被理论所涉及的概念、假设或命题以及它们之间存在的相互关系的概念所掩盖(Hawkins & Rust 2001)。虽然将比较教育转变为科学的努力取得了显著的成功,但过去三十年也可以被描述为对其主导地位的有力挑战。

比较教育中的理论研究

在比较教育期刊中,许多学者致力于阐明比较教育理论的某些方面。一些理论研究侧重于关注个别理论家,特别是该领域的历史人物,如迈克尔·萨德勒（Michael Sadler）、菲利普·福斯特（Philip Foster）、乌申斯基（Ushinsky）和罗伯特·乌利希（Robert Ulich）（Bereday 1964；Devon 1975；Hans 1962；Nash 1977）。霍姆斯（Holmes）、罗兰德·保尔斯顿（Rolland Paulston）和万德拉·梅斯曼（Vandra Masemann）等学者以关注比较教育范式和范式转变而闻名（Holmes 1984；Paulston 1993；Masemann 1990；Rust 2002）。[①] 其他研究概述了该领域的各种类型的理论和理论分歧（Epstein 1983；Khoi 1986；Samonte 1963；Templeton 1958；Thomas 1986）。最后，还有一些比较教育者，质疑该领域过于理论化而未能充分关注教育实践（Psacharopoulos 1990）[②]。正如作家劳伦斯·斯滕豪斯（Lawrence Stenhouse）和理查德·海曼（Richard Heyman）所说，比较教育应该更少关注科学概括和预测，重点关注学校日常生活（Stenhouse 1979；Heyman 1979）。

罗兰德·保尔斯顿和欧文·爱泼斯坦等学者，一直在积极尝试对比较教育界的子群体进行划分和比较。保尔斯顿根据四种意识形态范式描述了比较教育中有影响力的几种取向：功能主义、人文主义、激进功能主义和激进人文主义（Paulston 1993，1997）。爱泼斯坦确定了比较教育中的三种主要意识形态倾向，即新实证主义、新马克思主义和新相对主义。虽然保尔斯顿强调他所确定的方法并不是相互排斥的，但爱泼斯坦认为保尔斯顿的分组是不可通约的（Epstein 1983）[③]。

比较教育中的理论视角

在鲁斯特等人（2000）的研究中，参与研究的文章作者被要求指出其文章

---

① 社会科学主导领域的主要挑战来自以社会冲突为导向的方法论，这些方法论声称社会科学基于意识形态而非客观性（Altbach 1991；Epstein 1983）。事实上，"实证主义"这一术语很快就在某些学者中声名狼藉。冲突理论家很快加入了其他理论、意识形态和学科取向，包括各种女权主义理论（Kelly & Nihlen 1982；Stromquist 1990）、后结构理论（Cherryholmes 1988）和后现代理论（Rust 1991），这些理论已经进入了比较教育话语。该领域的解释者认为，挑战有助于将该领域从实证主义中转移，并扩大了被认为是合法的理论方向的范围（例如，Morrow & Torres 2003）。

② 在《比较教育评论》（1990年8月第34卷第3期）发表的"比较理论座谈会"一文中，萨卡罗普洛斯对"语义学"提出了质疑，并认为在比较教育中重要的是对"实质性问题"采取的立场。他的四位受访者唐·亚当斯、肯尼斯·本森、埃蒙德·金和罗兰德·保尔斯顿对他的观点提出了一些质疑，包括提醒萨卡罗普洛斯的"实际"建议是基于人力资本理论的。

③ 关于爱泼斯坦界定方法的讨论，参见1983年2月《比较教育评论》的评论。

研究中的理论取向（另见 Hawkins & Rust 2001；Rust 2003a，2003b；Rust et al. 2009）①。加州大学洛杉矶分校的研究者认识到每一项研究都可能有多种解释，而且研究者对文本的理解可能并不总是与作者相一致。这意味着其中某种解读并不一定是唯一正确的解读。相反，它假定所有的现实和真理主张都是有问题的，并且很少有普遍适用的知识主张。此研究的目的是更清楚地了解比较教育的文章作者如何将他们自己与普遍认同的理论观点联系起来。这项研究的分析单元是以篇为单位的期刊文章，而不是单个作者。换句话说，将一个作者与一个研究取向联系在一起是不恰当的，因为作者的观点和理论的使用会随着时间的推移而发生变化，而一篇文章代表的是一个固定时间点下的观点。加州大学洛杉矶分校将研讨后的比较教育的理论取向文章发表在三个特定期刊上：《比较教育评论》（*Comparative Education Review，CER*）、《比较教育》（*Comparative Education，CE*）和《国际教育发展杂志》（*International Journal of Education Development，IJED*）。它们分别发表于1985 年、1987 年、1989 年、1991 年、1993 年、1995 年和 1997 年。

理论的学科基础

理论与一门或多门社会科学的学科密切相关。每一门学科都有其独特的传统，以界定值得研究的问题，构建知识体系，并确定适用的模型。因此，确定在比较教育期刊上发表论文的作者的学科身份至关重要。我们认识到，各种学科的贡献形成了多样性，定义了比较教育的性质。例如在理论取向和偏见方面，作者普遍认为他们的研究呈现多学科方向。研究发现，3.4%的作者倾向于单一学科取向，27.0%的作者倾向于两个学科，35.6%的作者倾向于三个学科，27.5%的作者倾向于四个学科。这些数字表明，比较教育研究论文的作者倾向于将他们的研究定性为多学科或跨学科的性质。接下来我们将对低于6.5%的没有学科取向的作者进行讨论分析。

这些作者被要求指出他们的研究文章中对某一学科的依赖程度。即使是李克特五级量表的 2 分，也足以表明文章对某个学科具有一定程度的依赖。超过 80%的作者表示对社会学有一定依赖，而近 70%的作者表示在一定程度上依赖政治学。近 63%的受访作者声称他们借鉴了历史学，而大约一半的作者在某种程度上依赖于经济学。显然，社会科学，尤其是社会学、政治学和经济

---

① 详细内容参见罗斯特等人 2000 年的研究。

学取向在这些期刊中主导着比较教育。心理学在该领域几乎没有体现，甚至社会科学学科之外的专业教育也没有很好地体现出来。以社会科学为学科基础，也就不难理解期刊中反映的具体理论通常可以归属为社会学、政治学和经济学。

具体的理论取向

作者们被要求指出他们的文章使用了何种理论时，只有 18.6% 的人认为文章不应该与任何特定的理论相关联。几乎所有其他作者都表示，他们的文章与一种（39%）、两种（20%）、三种（15.5%）或四种（10.3%）理论相关。每篇文章反映的理论平均数量为 2.8 种。据此，加州大学洛杉矶分校的研究者指出，在比较教育期刊上发表文章的作者在理论方法上的使用通常具有多视角性，他们可能会像弗里德里希·尼采（Friedrich Nietzsche）一样认为单一理论充其量只能提供部分和有限的知识范围，而多元视角可以提供更完整的知识框架（Nehamas 1985）。最终，研究者共确定了 26 种不同的理论。大多数理论很容易与社会学和政治学联系起来，尽管偶尔也会出现代表其他学科的理论，如行为主义和组织理论。其中，批判理论被引用得最多，它在 41 项研究（占所有研究的 11.1%）中被其作者引用，另外，人力资本理论（23 项，占所有研究的 6.2%）、现代化理论（26 项，占 7.0%）、结构功能主义理论（20 项，占 5.4%）、政治多元化理论（23 项，占 6.2%）、依附论（26 项，占 7.0%）、马克思主义和新马克思主义理论（26 项，占 7.0%）、世界体系理论（25 项，占 6.8%）、民族志（30 项，占 8.1%）和建构主义理论（27 项，占 7.3%）也经常被引用。换句话说，以上十种理论占所有作者引用全部理论的 72.2%，这代表了比较教育中相当狭窄的理论框架范围。在 20 世纪 80 年代到 90 年代，这些理论框架的使用有五种呈减少的趋势，而有四种呈增长趋势，一种则没有变化。这五种显著减少的理论被我们概括为功能主义定位类别，这也将我们带到了范式取向的问题上。

范式取向

加州大学洛杉矶分校的研究利用保尔斯顿的比较教育知识图谱，将 26 个被引用的理论进行了有意义的分组（Paulston 1993）[1]。保尔斯顿依赖于地图坐标，其中垂直维度与面向社会和教育变革的文本倾向有关（转型与均衡），而

---

[1] 保尔斯顿的图谱上仅找到少数理论观点，因此研究者根据自己的判断来确定它们在图谱上的位置。

水平维度则与现实的文本特征有关（客观-现实主义与理想-主观主义）。根据这些坐标，保尔斯顿创立了四大元理论取向：功能主义、激进功能主义、人文主义和激进人文主义。

这两种功能主义取向基于一种世界观，即假定自然世界和社会世界都具有规律性和合法性，并假定人们能够把握其基本结构，而人文主义象限则假设社会是朝着不断变化的方向演变的。在我们的受访者中，功能主义理论被引用得最多（33.2%），其次是激进人文主义理论（26.5%）、激进功能主义理论（20.8%）和人文主义理论（19.4%）。

20世纪80—90年代，功能主义理论引用下降幅度最大（13.4%），其中包括人力资本理论、现代化理论、系统理论、结构功能主义理论、理性选择理论、政治多元化理论和行为主义理论引用的下降，尤其是理性选择理论的引用显著减少。激进功能主义理论主张激进和变革性的变化，包括依附论、马克思主义理论、新马克思主义和世界体系理论，尽管依附论的增长抵消了马克思主义与新马克思主义理论的减少，但整体仍显示出微小的下降趋势。

20世纪80—90年代，两个人文主义象限的理论引用量显著增加，占研究的所有理论取向的45.9%。人文主义理论认为，认识论远超自然主义或现实主义的范畴，可能涉及哲学、直觉、精神洞察和各种形式的思想，包括民族志、符号互动理论、解释学和现象学等方法。在20世纪80年代之前，从人文主义角度出发的研究在比较教育文献中很少被提及，但在20世纪70年代，我们在该领域中发现有大量文献在抱怨这种取向的缺失（Masemann 1976；Stenhouse 1979；Heyman 1979）。这一明显的缺失正在得到改善，激进的人文主义理论主张激进的变革和转型（包括批判理论、文化复兴、女权主义、后结构主义、后现代主义、实用互动主义和新殖民主义），并且最近在该领域获得了越来越多的关注，在比较教育中也充分得到了体现。在所有被引用的理论中，超过四分之一（26.5%）的理论属于这一类别，且这一理论取向在20世纪80年代至90年代间出现了强劲的增长趋势（增长7.1%）。

因此，我们发现该领域正在发生理论转变，即从功能主义转向人文主义。加州大学洛杉矶分校提出的一个重要研究观点是，比较教育可能不像预期的那样被功能主义取向所主导。虽然两个功能主义象限占受访者引用的所有理论的54%，而两个人文主义象限的理论约占46%，但在20世纪90年代功能主义象限中的理论仅占理论引用总数的51%，这表明人文主义取向与功能主义取向正在进行有力的抗衡。

理论的抽象层次

比较教育面临的关键问题之一，是必须有可比性。可信度强的比较需要超越任何特定的类别，以便研究中的变量对所有被比较的对象都是通用的，并且它们在所有系统中具有相同的含义。确保变量及其关系与所研究的系统和文化保持一致并非易事。事实上，某些学者认为这项任务甚至是不可能完成的。他们认为，研究者采用的类别要么受限于某一特定文化，因此不适用于与其他文化或系统进行比较；要么与任何文化无关，仅涉及研究者的思维结构。当然，也有另一种观点认为，文化差异受到人类生理和心理规律的限制，因此精心构思的类别适用于所有文化。这两个极端观点的中间立场是，某些文化、系统或理论与比较类别有足够的相关性，其与这些文化或系统存在相同或相似点。基于这种中间立场，教育和文化研究通常集中在特定地区、密切相关的部落或国家发展的不同层次上。我们的立场是，可比性是通过在理论构建中不断提高抽象水平移动而实现的，然而，这样做总是要付出代价的，即抽象层次越高，我们的分析结构与感官体验和社会现实的接触点就越少。

比较教育研究者面临着艰难的平衡，一方面，试图与社会现实保持联系；另一方面，又要把握抽象的理论和科学性。我们希望了解比较教育者在这方面的立场，因此我们向作者提出了四项声明，要求那些声称文章是基于理论的作者指出其文章反映了以下哪个抽象层次：①主要涉及直接、具体的感觉经验，包括特定的时间、机构、系统、名称和地点；②试图进行经验概括或找到具体数据的因果关系；③涉及中等范围的命题或理论；④涉及宏大理论或元理论框架。

显然，加州大学洛杉矶分校研究中的大多数理论取向都与上述提到的第二级抽象层次有关（$n = 71, 39.7\%$），尽管严格意义上的经验取向研究（$n = 50, 27.9\%$）和中等范围命题（$n = 45, 25.1\%$）也给出了强有力的表述，但很少有作者将自己的研究与宏大理论或元理论框架联系在一起（$n = 13, 7.3\%$）。

范式取向是否暗示了不同的抽象层次？事实上，保尔斯顿构建的四种范式取向都遵循了抽象层次的一般模式。功能主义、激进功能主义、人文主义和激进人文主义取向，都倾向于关注第二级抽象层次。这在某种程度上有些出乎意料，例如，人们可能预期人文主义者会更倾向于具体的感官体验，但实际上他们并不比其他取向的人更倾向于这种抽象层次。

20 世纪 80 年代和 90 年代的发展趋势显示，第二级抽象层次②的增长最为显著。尽管中等范围理论③的使用人数减少了 10.6%，但在这两个十年的跨度中，试图从文章数据中进行概括，即使用②的作者比例增加了 14.9%。

比较教育学者对科学的承诺

加州大学洛杉矶分校的研究人员希望调查受访者的研究和其对科学研究的投入程度，以及这种投入程度随时间的变化情况。20 世纪 80—90 年代的研究趋势是，越来越多的作者声称他们的比较教育出版物反映了对科学的理论研究投入，这一趋势在两个时间段的聚类指标中得到了证实。20 世纪 80 年代的保守聚类指标为 45%，而在 90 年代为 53%，增长了 8%。对科学研究的投入促使人们相信，历史上占比较教育主导地位的实证主义方法仍然作为一种引导力量存在，尽管最近对其基本前提提出了理论上的挑战。然而，我们的结果对过去 20 年理论使用中的动态变化提供了一个更微观的分析。这里有两种方法可以进一步分析比较教育研究对科学的投入。研究报告的作者表示，他们采用了多个学科和理论来为他们的研究提供信息。

加州大学洛杉矶分校的研究旨在评估理论在比较教育中的作用，并提出了许多见解。第一，研究人员发现，比较教育并非完全以理论为导向，而是朝着以理论为导向的趋势发展。第二，他们发现作者的研究基于大量不同的理论。这些理论几乎都与政治学、经济学、人类学，特别是社会学等社会科学学科相关。此外，大多数文章的作者认为这些研究与不止一种理论有关。换句话说，他们采取了多视角或跨学科的理论方法进行研究。然而，很少有比较教育者希望他们的研究被确定为单一的学科领域，而确定的学科取向的平均数量基本都超过 3 个。这表明，比较教育期刊中的文章不仅在理论上是多元的，还涉及多学科的研究领域。加州大学洛杉矶分校的研究主要关注以定量的方式确定比较教育的理论范围和动态。尽管在样本中确定了 26 种理论，但作者们主要使用其中的 10 个重要理论，其中批判理论最受作者的欢迎。作者们采用了多理论视角的方法，但在比较教育领域似乎相当紧密地仅仅围绕着有限的几个理论展开探讨。第三，研究人员希望了解比较教育领域正在发生何种范式转变。在 20 世纪 70 年代以前，功能主义范式在该领域占主导地位，加州大学洛杉矶分校的研究人员希望追溯其向激进结构主义、人文主义和激进人文主义扩展的路径。激进结构主义（马克思主义和新马克思主义）显然在 20 世纪 70 年代和 80 年代初经历了其活动的重大飞跃，但此后就再无发展了。

然而，人文主义和激进人文主义在 20 世纪 80—90 年代都有了显著的发展，并且挑战了该领域中先前的范式。激进人文主义尤其活跃，有 26.5% 的研究与之相关。第四，研究人员发现，20 世纪 80—90 年代，声称自己的研究反映了对科学投入的作者有所增加。

比较教育中发生的这些理论变化，需要对该领域理论运作的新方法进行评估。安东尼·韦尔奇（Anthony Welch）认为，解释学和批判理论是未来的主流，它们都对旧科学主义中"科学对客观性的要求""普遍有效性"和"价值中立"的观点提出了挑战。它们都反对西方哲学中盛行的二元论，比如"科学与推测、男性与女性、事实与价值、思想与身体"，并且都主张一种关系型的存在，其中知识与社会生活紧密相连。与解释学相比，韦尔奇对批判理论更感兴趣，因为他认为解释学具有与当代教育思想不一致的保守形式。他认为批判理论才是未来的指路明灯，其阐明了压迫性的权力结构，并支持交互性和互惠性。韦尔奇赞同德国批判理论家哈贝马斯（Habermas）的观点。哈贝马斯支持 18 世纪启蒙思想家的立场并试图打造一个理性的日常社会生活组织，这一组织将有助于理解世界和自我，促进道德进步和制度的公正，为人类带来幸福（Habermas 1983）。韦尔奇认识到，即使这个项目并不是很成功，现代主义也不应该转向后现代主义，学者们应该进一步推进"重建现代性"的工作。韦尔奇强调批判性反思对教育的影响，认为一个有洞察力的教育者不能再保持"中立和不受影响的观察者"的身份，站在一边不受影响，而应该与被压迫者团结一致，无论那个人是"教师、学生、少数民族还是街头流浪的儿童"。面对"社会和经济的分化和排斥"，比较教育者必须拒绝保持沉默（Welch 2003a, b）。韦尔奇主张批判理论在比较教育中发挥核心作用，并与该领域的其他人共同认为批判理论仍然是最受欢迎的理论取向之一。

许多比较教育家既认同科学，又认同批判理论，这显然是矛盾的。因为科学是一个通用术语，包括处理认识论、真理主张甚至哲学的多种方式。尽管比较教育研究者似乎越来越认同科学，但这种认同似乎正如结构主义所反映的那样，已经偏离了本质主义的阵营。一方面，该领域的本质主义者认为全球化只不过是现代化的延伸。另一方面，那些主张非线性认识论的人士对学界主导的理论取向提出了挑战，与主张社会现实是与人类思想分离的本质主义者相反，解释学者则认为，社会科学家是分析社会现实的主动者，但两者都声称自己的工作是科学的。

哲学家们讨论技艺纯熟的火鸡切割工会懂得在火鸡的关节处进行切割

（Hacking 1999），问题是社会现实的"关节"在哪里呢？本质主义者埃米尔·涂尔干（Emile Durkheim）认为，社会现实的"关节"与火鸡的关节一样显而易见（Durkheim 1958）。解释主义者马克斯·韦伯却认为，它们并不像火鸡关节那么明显，我们如何划分社会现实在一定程度上取决于研究者的经验和背景（Weber 1969）。涂尔干和韦伯的观点显然是建立在社会知识来源和性质的重要哲学差异之上[①]。

　　本质主义者假设学者能够以一种纯粹的方式接触社会现实，至少物理学家或化学家能够以纯粹的方式接触到物理/化学现实。例如，涂尔干认为，社会现实的属性不依赖于个人思想，而是存在于事物本质之中。他还假设这种现实压迫着研究者的头脑，使他们直接而肯定地了解这个现实的含义。在涂尔干看来，研究者的任务是把自己从偏见中解放出来，允许经验事实来主导研究。另一方面，韦伯强调社会学家作为研究社会过程的积极主体，通过考察社会使用的其他象征结构来进行调查。根据韦伯的观点，对现实的划分不仅是用来描述社会世界的工具，还是对社会现实的象征性构建。这种观点与约瑟夫·法雷尔（Joseph Farrell）一致。法雷尔是当代比较教育学的热心倡导者之一。在讨论可比性时，法雷尔解释道："相似性并不是存在于数据中的某种固有的东西，它是观察者和数据之间关系的特征，取决于观察者头脑中的概念结构"（Farrell 1979）。涂尔干和韦伯最终都修正了他们的理论取向，使其走向了一个中间立场（Smelser 1976）。

结语

　　我们可以得出结论，比较教育理论的发展可以被视为从本质主义、现代化范式转向更后现代主义和后结构主义的理论框架。这涉及从定量研究到定性研究的思维结合，但也涉及历史和解释学的传统，至少在普遍被视为去中心化和主体间性的情况下可以如此解释（Crossley & Watson 2003；Rust et al. 2009；Zajda & Rust 2016a, b；Zajda 2020a）。

---

① 　有关涂尔干和韦伯之间差异的扩展阐述，参见斯梅尔瑟（1976）。

第四章 比较教育中的方法与方法论

　　在本章中，我们将集中讨论数据收集的方法与分析数据的方法[①]。在选择数据收集方法时，我们通常需要考虑以下几个问题：寻求什么样的信息？应该从何处获取这些信息？在什么情况下收集信息？当我们考虑如何分析数据时，也就是要从收集到的数据中寻找意义。在任何研究领域，方法论和理论都是认知结构的基础（Creswell & Creswell 2018）。无论是在比较教育领域，还是在更广泛的学术界，它们的性质和作用都存在诸多争议。本章旨在探究在全球化时代下，比较教育学者发表的期刊文章中所采用的研究方法的演变历程。全球化在根本上"挑战了比较教育领域的范围和性质"（Crossley & Watson 2003）。虽然比较教育将自己定义为一个专注于国家教育体系的领域，但全球化中的全球文化因素正以不可阻挡的势头涌现，同时给地区和社区带来了多样性的可能（Zajda & Rust 2016a；Zajda 2020）。这里我们并不试图评估全球化如何定义比较教育的研究方法，而是旨在提供关于比较教育研究如何反映或未能反映与全球化和谐关系的不同见解。

　　在本章中，我们还将探讨许多问题。首先，一个主要目的是探究那些在比较教育领域发表文章的学者实际使用的研究策略。为此，我们的研究开始时，关注的是澄清所谓的"比较教育方法论"在学者们定义自己的研究时，在实际研究策略中占据的比例。我们认为比较教育学者所采用的方法策略与社会科学领域使用的各种策略相似。当然，需要澄清的是，我们并不认为比较教育研

[①]　本章大部分内容直接取自加州大学洛杉矶分校瓦尔·鲁斯特和其同事早期发表的相关研究。见 Rust 2003a；Rust et al, 2009。

究与一般的社会科学研究有本质上的差异。事实上,所有的社会科学研究在本质上都具有可比性,尤其在科学思想方面。研究策略与方法和方法论有关,这些术语错综复杂,很难在意义上将它们区分开来。然而,为了更好地理解比较教育领域(Rust 2003a;Rust et al. 2009),我们将在更广阔的学术背景下对方法与方法论展开探讨,尤其是在社会科学背景下进行讨论。

研究的方法论为所应用的具体方法提供了广阔的背景,它们通常提供关于研究如何进行或应如何进行的理论基础,并包括理论的一般结构如何在特定的科学学科中应用的解释。比较教育有着悠久的方法论传统。早期学术性的比较教育学者,如艾萨克·康德尔(Isaac Kandel)、尼古拉斯·汉斯(Nicholas Hans)和弗里德里希·施耐德(Friedrich Schneider)等人,都认为教育只能在一个国家经济、政治、文化和社会力量的背景下理解,他们的方法论不仅要求详细描述教育系统,还要通过解释教育系统的经济、政治、文化和社会因素,进而揭示教育现象的意义(Hans 1955; Kandel 1933; Schneider 1961a)。

随着教育学领域受到科学的影响,方法论的辩论也开始向社会科学问题转移。比较教育学者布莱恩·霍姆斯(Brian Holmes)和乔治·贝雷迪(George Bereday)争论的一个主要问题是研究应该采用归纳还是演绎的方式(Holmes 1984, p.2, Bereday 1964, p.5)。早期学者自然而然地认为研究过程是归纳的过程,首先描述各个不同的教育系统,然后从更广泛的经济、政治、文化和社会背景中进行解释。贝雷迪采用的也是归纳性的方法,因为研究首先是从对两个或多个国家的描述开始,然后从更广泛的背景来解释这些系统,进而将这些国家的数据并列,最后对这些数据进行比较的。霍姆斯根据约翰·杜威(John Dewey)和卡尔·波普尔(Karl Popper)的理论阐述了他所谓的假设-演绎研究方法,从而挑战了这一传统,并批评他的同行们倾向于从描述教育现象开始展开研究,并在研究的后期才得出结论。这种争议至今仍存在,并在所谓的"扎根理论"辩论中作为方法论问题继续存在。

方法论,还涉及对研究方法的选择。数据收集的选择应该基于理论基础,以及为数据来源提供令人信服的证据。数据分析的选择,也应该基于某种理论考量,尤其是在考虑研究应该是定性的还是定量的性质上,这一点尤为重要。罗伯特·斯特克(Robert Stake)解释了定性研究与定量研究的不同取向:"定量研究者追求解释和控制;而定性研究者追求理解所有现有研究之间的复杂相互关系。"

比较教育学的方法论问题，还涉及研究应该是描述性的、解释性的还是规定性的；研究应该是改良主义的、意识形态的或严格中立的，或者研究应该多大程度上基于当前的研究问题（Bereday 1964，p.5）。其他方法论关注的问题包括行动与研究之间的关系，研究者和研究对象的关系，以及单个视角或多个视角哪一个更合适等，这其中的许多问题开始与认识论相互交叠。

认识论问题

认识论，是哲学研究知识中的一个分支，它帮助我们弄清什么是真实，什么是真理。一个人的认识论观点与他所持的假设密切相关，持不同哲学立场的人对认识论问题有不同的答案。那些相信自然主义的人声称，知识是通过对自然的因果的识别并进行验证而来，即通过检验假设是否成立而来；而新现实主义则认为，当头脑中的事物与现实中的事物相同时，即心之所想与外在的现实相符时，二元世界与真理就出现了。

如今，在比较教育及其他社会科学领域中，最流行的理论取向之一是批判理论。批判主义取向的学者，反对实证主义者关于"无价值客观性"、可复制性和普遍真理的主张。例如，实证主义者从事科学研究所使用的方法论，被认为是提供事实的经验证据并对现象进行逻辑推理，从而得出"赤裸裸的现实"。这样的研究，可能会导致严重依赖涉及数据及运算公式的定量方法。经济学家琼·B.安德森（Joan B. Anderson）在一项研究中希望确定哪些特殊干预措施能够有效改善拉丁美洲公立小学的教学水平，包括粮食援助计划、免费教科书、图书馆、在职教师培训、额外的课程和讲座、导师以及奖学金等。她收集了大量有关阿根廷、巴西、智利和墨西哥的学校和儿童的数据，并通过统计分析对这些干预措施在语文和数学成绩提升的可能性方面的影响进行了实证定量评估。同时，严格抽样选出2 048名儿童，以确保他们具有代表性，通过对他们进行考试，以联合国教科文组织制定的语文和数学考试分数标准来衡量他们的语文和数学成绩。她还研究了特定干预措施在贫困和非贫困环境中是否同样有效，以及这些补偿性干预措施实际上是否满足了它的受众群体。实证研究结果表明，在所有考虑的计划中，最有效的方案是设立图书馆、分发教科书和食物、开展教师培训。此外，为了使这些项目具有补偿性，需要为低收入学校和儿童提供更多的稀缺资源。

实用主义者不奉行以传统模式（即理性与经验探究、归纳或演绎思维）进行研究。对于实用主义者而言,知识是一种可行的假设,尽管它是暂时且不断变化的。例如,建构主义的认识论取向是知识是被构建而不是被发现的。根据这种观点,我们所认识的世界是人类所建构的,我们通过周围事物和社会环境来了解这个世界,从而帮助我们解释所经历的事物。以学校改革问题为例,加州大学洛杉矶分校社会学系的乔尔·安德烈亚斯(Joel Andreas)对中国的高考话题很感兴趣。在"文革"时期(1966—1976),高考制度曾被取消。取消考试破坏了教育机制,并引发了很多的问题,"文革"后高考制度又恢复了,且中国又进行了一系列教育改革。

安德烈亚斯想了解中国的农村地区是如何看待教育改革以及为改善教育所设定的标准的,他是如何进行这项研究的呢? 对此,他面临着许多方法论问题。他本可以对学校进行大规模调查,并向教师提出一系列问题,但作为一名建构主义者,他并不愿意这样做。于是,他选择了某个农村地区进行调研。尽管他完全可以选择从事定量或定性研究,但他的建构主义认识论倾向使他更愿意采用理解而非控制的方法去研究。他决定从事定性研究,于是他在那个农村地区花费了大量时间进行开放式访谈和参与式观察。

当然,安德烈亚斯确实发现取消高考扰乱了竞争机制,但是他发现在考试取消期间也存在显著的积极一面。这种积极因素使教育系统得到了极大的扩展。例如,本地课程开始扎根繁衍,并成为课堂计划的一部分;人们也因此对学校产生了更大兴趣,并因参与学校生活而自我赋权。

唯心主义者主要通过推理和演绎逻辑来认识知识,即知识的有效性在于是否与其他知识保持一致。如果是一致的,则为真知识。举个例子,简(Jane)是一名有着基督教信仰的学生,她希望研究基督教及其与比较教育学之间的联系,但她不信任与感官印象有关的经验数据。因此,她计划对上帝的话语进行分析。她采用文本分析的方法,从《圣经》中摘录有关基督教教导方法的经文进行分析,并将其与基督教科学派创始人玛丽·贝克·安迪(Mary Baker Eddy)所撰写的著名的《科学与健康》(*Science and Health*)和《圣经之钥》(*Key to the Bible*)中的段落进行比较。

比较研究的复杂性主要在于它涉及对"不同单位"(不同社会和文化)的分析(Smelser 1976 p.253)。在比较教育中,分析单位通常是两个或两个以上国家的教育系统或其子集。有些人可能会抱怨对比较研究的限制性定义,持这一观点的人认为,针对单一国家的研究也具有比较性,因为它参考了其他国家的情况,或者它本身就是一个具有普遍理论性质的案例研究。如果我们采用这个一般意义的观点，我们就可以得出这样一个结论，即比较教育期刊上的所有引文本质上都具有比较性，但一个完全不做任何区分的类别在对该领域作情况分析时，是不起任何作用的。

其次，我们认识到，没有任何一种单一的研究方法或方法论能够完全概括比较教育领域。康德尔在他的经典著作《比较教育学》（*Comparative Education*）中解释道："比较教育的方法论，是由研究的目的所决定的。"换句话说，康德尔认为不同的问题需要以略微不同的方式来回答。我们同意康德尔的观点，然而我们也必须明白，康德尔在当时可以使用的研究策略相当有限，而现在我们在该领域有更广泛的研究策略可供选择。

再次，我们对比较教育领域的发展进行梳理后发现，早期比较教育的研究对象主要集中在发达国家。随着发展教育这一主题的引入，交流可能性的扩大以及全球化时代的到来，我们可以肯定，这一领域已经扩大到全球性的活动框架之中，我们也更加期待找到支持此观点的经验证据。

最后，我们意识到，比较教育在早期阶段主要以定性分析研究为导向，人们普遍认为如今定量分析策略在该领域已变得更具普遍性。但是，我们也必须认识到，比较教育领域大体上仍然以定性研究为主要方法，许多研究者也正在试图检验这一假设。

数据来源

期刊文章中的数据收集研究策略

比较教育研究人员主要（但不完全）在比较教育领域的期刊上发表文章。在本书中，我们分析了来自《比较教育评论》（*CER*）、《比较教育》（*CE*）和《国际教育发展杂志》（*IJED*）的三组数据。主要数据来源于1985—1995年间在以上三种期刊上发表的427篇研究。为了获得一些历史意义，我们创建了第二个数据库，其中包含了1964—1966年间从《比较教育评论》和《比较教育》中提取的112篇研究①。我们研究的分析单位，是以篇为单位的单独的期刊文章，主要任务是通过数据收集和数据分析来确定研究策略在数据库每篇文章中的应用。

---

① 因为《国际教育发展杂志》（*IJED*）在1981年开始发表论文，所以我们无法收录该期刊的文章。

比较教育作为社会科学

我们研究的前提，是将比较教育视为社会科学研究领域的一个分支，或者将比较教育理解成研究者对社会及其中的教育现象进行系统观察，进而对社会有所理解的过程。因此，我们可以猜测比较教育领域的研究策略与社会科学领域所使用的传统研究策略相一致。我们通过收集社会科学研究领域所发表的一些文章（Creswell & Creswell，2018），展开调查，以探究社会科学领域研究的特征。我们收集了这些作者提到的所有策略，并初步形成了一个全面的类型集合，该类型集合可能被普遍认为是社会科学中占主导地位的数据收集研究策略。因此，我们对收集到的方法进行了修正，并最终确定了以下类别：

（1）理论或概念研究。虽然大多数比较教育研究都有一个理论框架，即它们嵌入某一理论模型之中并建立与该理论相关的假设，但这类研究专门致力于该领域的理论或概念问题，包括此类文章也只讨论比较方法论。这种研究策略很少涉及传统意义上的数据收集，其主要目的是给期刊中的理论研究提供相对空间。

（2）实验研究。实验研究通过控制一个或多个自变量，并标记这种控制对结果方差的影响程度来分析因果关系。实验设计的范围很广，包括前测试设计与后测试设计、实验组和对照组设计，以及时间序列设计等。

（3）现有的数据检索。许多研究依赖于来自国家调查、人口普查数据和国际机构调查的大型数据库，这些数据库远远超出了从单一期刊文章获取数据的效果。

（4）当下的文献综述。许多研究都是基于二手文献，因此其主要被归类为基于对零星分散文献的解释性文章。

（5）历史研究。许多研究关注与教育和社会相关的历史进程。我们把历史研究定义为主要强调当代世界以外时期的研究。

（6）比较研究。许多研究集中在对一个以上的国家教育体系或涵盖多个国家教育体系的区域、整个大陆或世界上存在的教育问题和现象的研究上（分析单一教育体系中不同时期的研究，在这里定义为历史研究而非比较研究）。

（7）项目评估。某些研究专注于对特定的教育项目进行评估，与项目评估相关的研究策略通常有其独特的数据收集技术和解释方法。

（8）内容分析研究。许多研究涉及对特定文本的内容进行分析，包括教科书、期刊文章、课程、测试、报告、报纸社论等。

（9）实地研究。这一类别包含各种各样的研究，且都基于实地工作。其中最常见的三种类型如下。

① 参与观察：许多研究要求研究者积极参与和观察其自然环境中的社会生活。虽然在这一过程中某些数据收集活动是定量的，但本质上仍是定性的。

② 访谈：许多研究涉及面对面的数据收集，研究者需要向受访者提问。这些问题可以从开放式到封闭式不等。

③ 调查问卷：调查问卷是调查研究中经常使用的数据收集工具，用于描述一个群体或其子集，涉及自变量、因变量和无关变量，以及数据分析。

数据收集研究策略概述

通过对 1964—1966 年间的 112 篇文章进行分析，发现其研究对象总共采用了 158 种数据收集策略。事实上，某些研究使用了一种以上的数据收集策略。我们可以简单得出一个结论，即确定了一种狭窄范围的数据收集策略。研究很少包括现有数据库的数据，如人口普查数据、联合国教科文组织数据等，也很少涉及实地调研，如参与式观察、正式访谈和问卷调查等。常识、轶事描述和个人经验，决定了研究者长期在比较教育领域所采取的研究策略。比较教育学者长期以来一直坚持"身临其境"，个体经验不仅是收集数据的必要条件，也是解释数据、撰写文章和著作的必要条件。然而，一些早期的比较教育文章似乎都是有关教育的文献综述，其中一些文章似乎没有任何迹象表明"实地"做出的贡献。最终，研究并不包括编码人员所认为的项目评估或教科书及其他文本内容分析。如果这个初步调查能够反映该领域的整体状况，我们可以得出这样的结论：那些在 20 世纪 60 年代发表文章的学者还处于比较教育领域的早期阶段，他们在很大程度上依赖于当时历史文献的梳理，并且很少采用其他数据收集策略，我们可以将其描述为解释性研究。

与全球化时代的科学方法趋同，比较教育学者们采用了多种研究策略。目前，最常见的研究策略仍然是文献综述，超过一半（50.8%）的文章完全是文献综述或结合了其他一些策略的文献综述。然而，这种类型的研究从 20 世纪 60 年代中期开始比例显著下降（$x^2 45.4, df = 1, p < 0.001$）；第二类受欢迎的

研究策略是某些实地研究(包括参与/观察、访谈或问卷调查)(38.4%),自 20 世纪 60 年代中期以来这类研究策略呈现出显著增长趋势;第三类常见的策略是比较研究(30.9%);第四类常见的研究策略是利用大型调查研究数据库,约占总研究的 22.5%。

只有少数期刊文章(10.5%)依赖于历史、项目研究(12.2%)和内容分析(11.0%)。与 20 世纪 60 年代相比,历史研究呈现显著的下降趋势($x^2$8.2,$df=1$,$p<0.01$),而早期缺乏的项目评估和内容分析的研究策略,现已成为数据收集策略的标准做法。

研究策略向多元化方向转变,表明全球化已成为比较教育研究的核心,且越来越关注案例、观察与参与、民族志取向的研究,其哲学取向使比较教育远离了传统意义上的全球价值观与视角,从而转向地方性的微观研究,这表明,比较教育并不一定与主流的全球价值观保持一致。在 20 世纪 60 年代,基于文献综述(D)、历史(E)和比较方法论(F)的比较研究,占据了比较教育领域的主导地位。然而,在 20 世纪 80 年代到 90 年代期间,文献综述和历史研究明显减少。尽管文献综述仍然是最流行的数据收集策略,但历史研究已变得微不足道,而理论研究(A)和比较研究基本保持不变。近年来,除实验(B)研究策略外,其他数据收集策略都有大幅提升。

实验研究策略

人们逐渐意识到,依赖于实验室的设置和对环境的变量进行操控的实验研究在比较教育领域的缺位。例如,世界银行几年前在巴西建立了一项实验设计,以考察他们对农村教育项目的投资是否符合预期。在研究中,世界银行专家将一组学校作为对照组,另一组学校作为实验组。实验组接受特定的支持和资源,而对照组则不接受任何干预。最终此项实验以失败告终,因为当地管理者拒绝让对照组的学校处于不利地位。相比之下,一个更具有典型性的准实验方法,是在斯里兰卡工作的塔托(Tatto)和她的同事所设计的一项实验。在实验中,塔托以 6 所教师培训学校为研究对象,并对这些学校中的教育工作者进行访谈,以确定他们适合哪种教学模式。然后,他们给学生进行一系列测试来确定他们对知识的掌握程度,将学生的掌握程度与教学模式进行比较,以确定哪种教学模式最有效。我们稍加思考就会发现,这并非传统意义上的实验,因为没有采取任何控制变量的措施,也没有使用前测、后测或时间序列。这样一个简单的实验，并不是为了批判研究的质量降低，而是为了指出比较教育研究者主要依赖自然环境来进行他们的研究。显然，尽管有许多研究评估干预策略，但没有一项研究尝试将他们的干预策略置于实验形式之中，其中实验组和对照组之间的唯一区别就是研究变量的多寡。

一些研究人员提到了所谓的"自然实验"，这些实验在理论发展方面具有巨大潜力，因为社会发生变化后这些实验结果就得到了验证。这种研究具有机会主义性质，通常是事后分析，而且也只是准实验的性质，不能满足我们对实验研究的严格标准，在我们的编码过程中只能将其归类于比较研究或项目研究。值得注意的是，实验是社会科学领域一种罕见的研究选择。例如，1981年，威尔斯（Wells）和皮丘（Picou）在《美国社会学评论》（*American Sociological Review*）上发表的一项研究结果显示，在1936年至1978年间发表在该期刊上的489篇文章中，仅有2%使用了实验研究策略。

比较研究策略

研究方法论的辩论，始终是比较教育领域归纳过程的焦点。然而，我们在理论调查中发现，对"比较教育方法论"的探讨在很大程度上与该领域的学生和学者在实际中所使用的研究策略无关。要证实这一点并不容易，因为这在很大程度上取决于如何定义比较教育方法论。从表面上看，比较分析似乎是该领域的重要方面。然而，我们的研究显示，在所审阅的427篇文章中，只有132篇具有比较性质（至少按照我们对比较研究的定义），占所有文章总数的30.9%。相比1960年这一比例有所上升，当时的82篇文章中仅有24篇（21.4%）采用了比较研究策略。

上述研究数据基于一个相对狭窄的标准，即以单一国家为研究对象，并不能算作具有比较性质的研究。如果这些单一国家具有自我反思性，那么它们可能会被认定为具有比较性质，因为它们引用了其他地方正在进行的类似研究，并与其他单一案例研究进行了比较。或者这一研究也可以被视为与比较教育相关，因为它们依赖的是更具普遍意义的理论。也就是说，这种研究可能只是试图对教育和社会现象进行广义理解的一个实践案例（Rust 2003a）。

根据现有数据，有95.5%的比较研究将比较数据与至少一种其他研究策略结合使用。我们认为，一项涉及多个国家的研究并不意味着研究者已经掌握了比较教育领域在过去40年里所使用的所有的比较方法论。我们对那些被认为具有比较性的研究进行了文献检索,即如果一项研究被编码为使用比较数据收集策略,我们将对该研究中的所有参考文献进行分析,以确定我们在调查早期阶段识别出的"比较教育方法论"中是否有学者观点被引用。结果发现,并没有一个采用比较研究策略的学者引用过萨德勒、康德尔、汉斯、施耐德、希尔克、罗塞洛、贝雷迪、霍姆斯、诺亚、埃克斯坦、安德森、爱德华兹、霍尔斯、劳威利斯、卡扎米亚斯等与比较教育方法论有关的人物观点。

在比较教育方法论的讨论中,某些作者的观点偶尔会被引用。例如,有两项研究的作者引用了范德拉·梅斯曼(Vandra Masemann)的《比较教育研究中的批判性民族志》(*Critical Ethnography in the Study of Comparative Education*),并认为这篇文章为他们的研究设计提供了方法论基础。另外帕特里夏·布罗德富特(Patricia Broadfoot)认为克罗斯利(Crossley)和弗莱米(Vulliamy)为她的《比较教育》(*Comparative Education*)一文提供了方法论基础。许多作者在 1987 年的《比较教育评论》(*CER*)中为国际能源署(IEA)的特刊写稿,并指出他们的基础研究设计与 IEA 的研究范式一致。然而,被引用的论文只有 7 篇,显示出仅有 5%的文章被认定为是具有比较性质的研究。在过去的四十年中,比较教育方法论一直是方法论争论的核心,但这些被引用的比较教育方法均未被视为比较教育方法论普遍讨论的一部分。在本书的研究中,所调查的其他 125 项使用比较研究策略的对象几乎完全依赖于一般的社会科学研究策略,尽管他们将这些方法应用于多个国家。换言之,正如贝雷迪、诺亚、埃克斯坦、霍姆斯所指出的,比较教育方法论在比较研究中并未得到广泛关注(Bereday 1964;Holmes 1984)。

地理取向(位置)

我们希望,在一定程度上可以确定比较教育研究的地理导向。我们依据的是联合国开发计划署(UNDP)提供的"人类发展指标"对国家进行的分类,因为其在很大程度上以教育因素作为参考。根据这一分类方案,有 53 个国家被指定为达到了"人类发展高水平";44 个国家达到了"人类发展中等水平";53 个国家处于"人类发展低水平"。因为研究通常包括多个国家的人类发展水平,我们构建了一个六级方案:

　　1 级:人类发展高水平

　　2 级:1 级和 3 级的综合

3 级：人类发展中等水平

4 级：3 级和 5 级的综合

5 级：人类发展低水平

6 级：1 级、3 级、5 级的综合或无特定的地理分类

我们观察到的第一个结果是，比较研究的区域焦点从 20 世纪 60 年代到现在发生了巨大变化。20 世纪 60 年代，比较教育研究主要集中在发达国家，在调查的 112 篇研究中，有 68 项（60.7%）是针对高度发达国家的，另有 19 项（17.0%）针对非国别研究或全球问题研究，两者占总体研究的 77.7%。相比之下，对低发展水平国家的关注似乎没有中、高发展水平国家那么多，仅有 16% 的研究侧重于反映"人类发展低"水平的国家，如阿富汗、阿尔及利亚、安哥拉、孟加拉国、贝宁、不丹等，而 28% 的研究则集中反映"人类发展高水平"的国家，包括丹麦、多米尼加、芬兰、法国、德国等。尽管对人类发展水平较低国家的研究仅出现在某些特定刊物上，但这恰恰说明了"文化传播模式和教育经验的丰富多样性"。

这一发现可能与全球化的主张相吻合，即将其影响力渗透到世界的每一个角落，但这并不意味着所有国家都以同样的方式参与全球化。有些国家积极地参与全球化，而有些则在某些领域参与，还有一些国家几乎没有参与全球化（Waters 1995）。尽管如此，比较教育学者的研究遍及全球各地，因此这些研究也越来越受到关注。从这一角度来看，全球化的意识形态显得尤为重要。全球化的另一个迹象是，比较教育期刊出现了越来越多来自发展中国家学者的文章或合著。

数据分析

虽然数据收集是任何研究调查的核心环节，但同样重要的是以系统的、深思熟虑的方式处理这些收集来的数据。通常情况下，数据分析要根据数据收集策略进行，但我们必须对这两者进行区分。在社会科学研究中，出现了两种主要范式。第一种是以实证主义、实验主义和经验主义为主的范式，通常被称为定量研究；第二种则是以建构主义、解释主义和自然主义为主，并且最近被称为后现代主义范式，它与实证主义背道而驰。根据克雷斯韦尔（Creswell）的说法，这两种不同类型的范式背后都存在许多哲学假设（2018）。本体论上，定量研究者倾向于认为现实客观且唯一，并存在于研究者之外；而定性研究者则

将现实视为主观且多样化。认识论上，定量研究人员倾向于声称他们独立于研究之外，并不干涉研究本身；而定性研究人员则强调，他们在不断地与研究对象互动。价值论上，定量研究人员通常声称他们是在无价值偏见的情况下展开研究的；而定性研究人员则认为，他们的价值和偏见在其研究活动中发挥着重要作用。

尽管克雷斯韦尔提出了定量研究和定性研究之间的区别，但我们必须认识到，只有在单独采用定性或定量分析时，研究范式才是不可通用的。为了证明这一观点，我们可以将定性或定量研究置于几个不同的分析层次中，学者们在对知识的探索和阐释中会涉及这些层次：①直接、具体和主观经验的现实研究；②基于特定时间、专有名称和地点的唯名主义研究；③推导描述性和历史性概括的研究；④基于共同语言的常规研究；⑤基于数学模型或理论的研究；⑥涉及先验或宇宙概念的研究。但是上述层次之间也有可能会部分重叠，例如，一位物理学家制定了一组特定的数学符号用于实验预测，但这位物理学家可能希望与非物理学人员就这一研究进行讨论，所以他需要用更通俗易懂的语言符号来表达。然而，实证主义学者伯特兰·罗素（Bertrand Russe）提醒我们，"由于日常生活中的词汇不够抽象，普通语言并不适合表达物理学中的真正含义，只有数学逻辑或数理逻辑才能够零星表达出物理学家意图表达的内容"（Russell 1945）。这种情况在比较教育研究中却很少出现，所以我们发现定性分析和定量分析存在很大的重叠。尽管这两个术语之间的区别常常使人产生误解，但它们仍然具有一定的价值。一方面，使用共同语言进行分析有助于我们解释日常经验、情感状态以及丰富文化生活；另一方面，自然科学领域的学者们认为，理性经验难以保持所谓的科学思维，因为概念及其关系与经验本身一样庞杂。逻辑的统一，通常是通过将经验减少到有限数量的概念和关系来实现的。尽管要付出代价，有些人认为，科学的进步主要依赖于向更高层次的抽象发展而实现。社会分层程度越高，我们的分析建构与感官经验和社会现实之间的接触点就越少。比较主义者在试图保持与社会现实联系的同时又更加科学化时，面临着艰难的平衡。

通过回顾 1985 年至 1995 年在《比较教育评论》《比较教育》和《国际教育发展杂志》上发表的文章，我们发现大部分研究都采用了定性方法。通过对上述 6 个层次的理解，在研究的 427 篇文章中，只有 74 篇（17.3%）主要依赖定量分析，另有 46 篇（10.8%）采用了定量和定性分析相结合的方法。然而，有304 篇（71.2%）文章采用了定性的方法。也就是说，在所有文章中，至少有

82%采用了定性策略。尽管这些数字表明比较教育研究依赖定性分析的普遍趋势，但也代表着自 20 世纪 60 年代中期以来定性研究的增加，尽管这些数字与所谓"精确"的社会科学的实证主义趋势相去甚远，后者在研究中传达着"精确的假象"（Samoff 2003）。在更早的 112 篇研究文章中，94 篇（83.9%）被判定为定性研究，另有 12 篇（7.3%）被判定为定性研究方法，而只有 5 篇（4.5%）大量涉及定量分析方法。我们对数据收集类别中的定性研究和定量研究颇感兴趣，在考察了一些定量研究的文章后发现，定量研究主要来自现有的数据研究和问卷调查，而定性研究通常是概念研究、文献综述、历史研究、比较研究、项目评估、内容分析、参与、观察和访谈等。当然，有些被认为是定性研究的研究中也使用了一些定量的数据，但这严格来说只是一些描述性信息，如教师数量、课程表等，这些信息不适合进行统计计算和分析。比较教育领域的普遍分析研究倾向是定性的，这表明比较教育领域的研究人员更倾向于使用类似哲学上的假设。首先，关于对现实本质的认识，比较教育者往往认为现实是主观和多样的，而非客观和单一的。其次，从认识论上讲，比较教育者乐于与被研究对象互动，而不是以独立、脱离内容的方式行事。最后，从价值论上讲，比较教育者往往不会将研究视为无价值和无偏见的，相反，他们认为研究包含主体价值选择以及偏见。然而，我们必须强调，在比较教育领域，定性分析和定量分析之间的区别并没有达到某种范式必须单独使用的极端，尽管定性研究的趋势势不可当，但我们必须看到，定量研究在该领域同样扮演着重要角色。这一结论并不代表着比较教育者就不以科学为导向，科学分析可能依赖于数理逻辑模型或理论，但它也可能涉及使用共同语言的数学研究，学者们试图将他们的抽象概念传达给不理解数理逻辑语言的公众，这些类型的研究可以很容易地被纳入定性研究的框架。然而，定性研究更有可能是那些报告对现实的直接感觉和主观经验的现实研究、基于特定时间和地点并使用专有名称的研究，以及那些试图作出描述性和历史概括的研究。

讨论

本章的目的是探讨在比较教育专业期刊上发表文章的研究人员所使用的当代研究策略，以便了解该领域目前的方法论趋势。我们的任务是在该领域当下的背景下提出一些关于比较教育的问题。当然，全球化并非一个统一运动，但就其代表了实证主义和现代化的延续而言，除非比较教育属于人类学家所称的"基层全球化"或"自下而上的全球化",否则比较教育似乎与全球化的核心理念背道而驰。

尽管全球化正迫使比较教育者考虑将所使用的方法论扩展到国家之外,将本土文化和其他地方实体的文化相联系以超越以民族国家为边界的文化研究。但这种更广泛的需求引发的问题与比较教育进入学术界以来面临的问题相似。

比较教育学术研究的基础是由代表历史和文化研究的学者所奠定的。这些历史学家包括艾萨克·康德尔、弗里德里希·施耐德、尼古拉斯·汉斯(Nicholas Hans)、罗伯特·乌利奇(Robert Ulich)、安德烈亚斯·卡扎米亚斯(Andreas Kazamias)、克劳德·埃格森(Claude Eggertsen)和威廉·布里克曼(William Brickman),以及以罗伯特·考恩(Robert Cowen)为代表的所谓的"文化主义主题"(the culturalist motif)学者,如约瑟夫·劳维斯(Joseph Lauwerys)、沃德·霍尔斯(Worde Halls)、弗农·马林森(Vernon Mallinson)和埃德蒙·金(Edmund King)。

历史学家通常关注于个性化的展现、独特性的事件以及故事。埃里克·霍布斯鲍姆(Eric Hobsbawm)观察到,大多数历史学家都倾向于"蔑视理论和概括"(hostility to theory and generalization),他们对客观和普遍的现实不感兴趣,认为它们不过是来自个人和事件的抽象或概括。比较教育学的鼻祖尼古拉斯·汉斯也是一名历史学家,他提出"历史研究法倾向于确定个体事实"(the historical approach tends to ascertain individual facts),并宣称:"当历史试图定义人类进化的规律时,它就变成了社会学。"汉斯清楚地看到了历史在比较教育中的真正地位。克利福德·格尔茨(Clifford Geertz)提醒我们,文化人类学是一种"地方的工艺品"(a craft of place),他根据那些"本土知识"(by the light of local knowledge)来运作,其研究者是"特定案例的鉴赏家"(connoisseurs of cases inpoint),专注于特定的"手头上的问题"(matters at hand)。即使在今天,许多比较教育学家也专注于对文化特性和个人数据的分析。这些学者通常从事案例研究、区域研究和定性研究。同时,他们也在进行比较分析。当然,我们也认同那些从事实证主义和元理论研究的优秀的比较教育者,如阿诺德·安德森(Arnold Anderson)、菲利普·福斯特(Philip Foster),以及哈罗德·诺亚(Harold Noah)和马克斯·埃克斯坦(Max Eckstein)的团队。

后现代主义和后结构主义提出了一个重要问题,即全球化的研究策略也着眼于地方性、文化性和独特性。一些学者指出，如果只有局部的、不可通约的系统，那么就没有可比较可言（Epstein 2001）[①]。这是一个错误的说法，因为不可通约并不等同于不可比较，来自不同系统的人能够相互交流。然而，从比较教育作为一项学术研究开始，比较教育者一直警告人们不要轻易比较存在巨大差异的系统。例如，在20世纪60年代和80年代，布赖恩·霍姆斯（Brian Holmesin）、沃德·霍尔斯和菲利普·福斯特认为，由于无法确定是否能找到可靠的可比较的类别，只能在相似的两个国家之间进行比较（Holmes，1984）。社会学家和人类学家在跨文化比较视角上有深入的见解，或许最好的做法是接近那些经常难以比较的事物的概念。正如格尔茨所指出的，通过对不可比较事物的比较，我们通常能触及问题的核心。

萨斯基娅·萨森（Saskia Sassen）提醒我们，全球化不应被简单地解释为无处不在的同一性。她把城市视作全球经济自我构建的地方，这些城市已经脱离了国家基础，成为重要的跨国行动单位。然而，正是这些城市在某些重要方面的差异使得它们能够以独特的方式服务于全球体系。东京为世界体系服务的方式与纽约大相径庭，这两座城市与伦敦的服务体系也截然不同。换言之，世界上的主要城市已经脱离了它们的国家基础，成为全球城市之间相互作用的重要节点。然而，将所有主要城市视为一个统一整体却是错误的，因为每座城市都具有独特性。如果每一个城市都被去背景化，并被视为全球化下相似的"城市中心"（urban center），那么它们的独特性就会被掩盖（Sassen 1998）。

以上这种见解具有重要的方法论意义，研究者在处理全球问题时需要同时关注独特的本土环境。我们可以引用两项研究来阐明这一观点。一是托姆萨·拉·贝尔（Tomsa La Bel）和约翰·N. 霍金斯（John N. Hawkins）几年前提出的一种方法，用以处理在国家背景下发生的不同类型群体间关系的问题。这种方法并非将这些关系去背景化而成为单一、普遍的群体间关系模型，而是假设在世界各地都能找到不同的理想类型模型。二是诺尔斯等人（Knowles et al. 2018）进行的IEA[②]公民教育研究的最新进展，即如何保持对背景和多个案例研究的同时进行比较研究，这为我们提供了具体的指导，他们坚持认为

[①] 不可通约性问题首先由托马斯·库恩在提及范式时提出。库恩认为，科学革命意味着一种理论被另一种理论所取代。尽管新理论可能使用相似的词汇，但它们的含义已经改变，以至于坚持不同理论的人之间无法相互交流。

[②] 译者注：IEA 为国际教育成就评估协会（The International Association for the Evaluation of Educational Achievement）的英文缩写。

此项工作强调了文化的细微差别和对本土文化的诠释。同时,他们也在进行一项比较研究,以评估不同国家在公民教育方面的成就。在比较教育研究者的工作中,有一些有价值且重要的中间立场需要平衡,比较教育者的任务是在关注日益加剧的全球化的同时也要关注显著的文化和背景差异。这意味着,普遍适用的教育和学校改革模式已经受到质疑且需要重新加以考虑,而这些问题都需要与主流意识形态、制度和宏大叙事联系起来(Zajda 2021)。

第五章　全球教育学:从普遍伦理到情境伦理

虽然后现代主义和后结构主义并不是同义词,但它们之间存在足够多的共同点。在本章中,我们将使用"后基础主义"(postfoundationalism)这一术语作为包含这些概念的标签。我们首先概述传统主义、现代主义和后现代主义之间的差异。后现代主义和后结构主义,一直是近期"后主义"(post-isms)思想的核心概念。后现代主义一词,指的是社会科学家、建筑师和艺术家之间对一个阶段和一个理论概念的讨论。在阶段划分方面,我们参考了传统、现代和后现代的概念。在理论概念方面,研究者经常提及美国学者理查德·罗蒂(Richard Rorty)。他通过领导现代新实用主义哲学家的复兴,挑战了现代科学和社会知识的基本概念(1980,1989)。后结构主义作为一种新理论,可以追溯到法国倡导文学理论和哲学的解构主义者。后结构主义的倡导者,如雅克·德里达(Jacques Derrida)、罗兰·巴尔特(Roland Barthes)、米歇尔·福柯(Michel Foucault)和让-弗朗索瓦·利奥塔尔(Jean-Francois Lyotard),挑战了法国结构主义的主张,特别是从事语言学理论研究的费迪南·德·索绪尔(Ferdinand de Saussure)和从事人类学研究的克劳德·利维-施特劳斯(Claude Levi-Strauss)。与结构主义者认为文本和语言与所描述的外部世界现实统一相对应的观点不同,解构主义者认为语言本身有其特定的结构或代码,它能够在文本内部获取意义,而不是直接反映外部世界。德里达进一步用"能指链"(chain of signifiers)的比喻来解释,说明意义并不固定,而是不断移动和变化的,这取决于背景、位置和主观性(个体对意义的解释)。因此,后结构主义者强调意义的不稳定性和语言的变化性(Derrida 1976;Eagleton 1996)。伊格尔顿(Eagleton)将语言和意义的模糊维度解释为"近似"。

但对拉康(Lacan)来说,我们所有的话语在某种意义上都是口误:如果语言的过程像他所说的那样模棱两可,我们永远无法准确地说话,也永远无法准确地表达自己的意思。在某种意义上,意义总是一种近似值,一种近似失误,一种部分失败,将无意义和无交流融入有意义的对话(Eagleton 1996)。

后现代主义者和后结构主义者都认为,现代始于英国工业革命和法国的政治经济革命(Rust 1977)。他们提倡建立一个去中心化的世界,一个正在(并将继续)不断变化并尝试打破现代社会枷锁和惯例的世界。他们拒绝承认科学是产生有效知识的唯一途径这一决定性论断,并试图为那些长期沉默的妇女、少数民族和文化群体发声。后现代主义者试图消除在艺术、科学、道德和法律中人为创造的划分。后现代主义和后结构主义最具争议的是它们对电子技术的迷恋,这种电子技术消除了传统意义上现实和模拟现实的分离,即真实与真实图像之间的分离,并声称虚拟现实就是现实(Baudrillard 1988)。最后,就像亚当·史密斯(Adam Smith)、西格蒙德·弗洛伊德(Sigmund Freud)、格奥尔格·威廉·弗里德西利(Georg Wilhelm Friedrich Hegel)、奥古斯特·孔特(Auguste Comte)、卡尔·马克思(Karl Marx)和塔尔科特·帕森斯(Talcott Parsons)等学者的理论所反映的那样,社会现实不能再根据一个核心隐喻或故事情节的逻辑来建构,必须承认真理的部分特殊性,而不是用某种普遍的标准或对现实的元叙事来表示(Foucault 1980a;Lyotard 1984)。一些学者认为,后现代主义和后结构主义缺乏伦理敏感性(Ninnes & Mehta 2004)。例如,比较教育家安东尼·韦尔奇认为,"道德真空"是后现代主义的核心(Welch 2003a)。宗教大师肯·威尔伯(Ken Wilber)声称,正如理性的现代性已经耗尽了其形式一样,"所以目前后现代主义本身处于一种病态的死亡状态,手上只有无限的讽刺……"(Wilber 1999)。固执的现实主义者查尔斯·默里(Charles Murray)宣称,"后现代主义没有灵魂,其遗产是空洞的"(Murray 2003)。

我们认可那些代表广泛伦理和道德观点的后现代主义者和后结构主义者。然而,这些都是高度复杂、自相矛盾和模棱两可的理论结构,其中有一些结构表达了强烈的伦理敏感性。在本章中,我们将继续阐明其中某些方面的特定感受。

作为理想类型的现代理念

社会科学家依赖于马克斯·韦伯的理想类型(ideal types)等概念,以探索传统、现代和后现代主义表现形式的差异。理想类型是一种概念结构,它作为一种研究工具,类似于托马斯·库恩的"范式"(Thomas Kuhn's paradigms)和米歇尔·福柯的"认识论"(Michel Foucault's episteme)(Kuhn 1969;Foucault 1970)。韦伯声称,理想类型的质量取决于它们驱动话语活动的能力。话语活动是一个过程,在这个过程中,持有不同观点的人们开始讨论他们之间的分歧,以及如何解决它们,这是一种解谜活动。理想类型既创造了一个谜题或问题,又促进了它的解决。让我们回顾一下科学都市传说,如果昆虫飞行看起来令人费解,那只是因为它不符合标准的机翼模型:大黄蜂不应该能够飞行的说法,源于昆虫学家安东尼·马格南(Antoine Magnan)在1934年出版的一本著作。他解释说,如果飞机机翼的大小和大黄蜂的翅膀一样,它们就不能产生足够的升力。而通常情况下,昆虫飞行不会让我们感到困惑,除非它违背了这些模型或理想类型的预期。同样地,如果经济自由化实际上导致了就业和资本的减少,与经济学家的预期相反,我们就需要重新考虑理想类型的各个方面。因此,当模型或理想类型被扩展或改进以涵盖异常现象时,难题就得到了解决。通过这种方式,我们对相关现象的理解也会加深。

然而,有时最好将反例视为理想类型的范围或限制的指示。在这种情况下,最佳做法是通过一个"额外的"(additional)理想类型来解释这一现象。这样一来,理想类型既产生了难题,又为难题的解决提供了方法。研究者面临的挑战不是确定某件事情的真假或正确与否;也不是检验假设是否能够通过经验验证;而是要让它们可以更好地被描述为富有成效的、值得了解的、有用的、具有误导性的、启发性的或平庸的。如果韦伯是正确的,那么关于现实的陈述并不是强调真理的价值,而是"广泛和密集的无限多样性"(extensively and intensively infinite multiplicity)(Burger 1987,p.77),只有最荒谬的陈述才无法描述这种无限性的"某些"方面。相反,我们的挑战是描述一些有用而明确的东西——我们的目标是解决或消除实际上已经存在的难题。

现代制度结构和个人角色的显著特点之一,是其高度分化和专业化的性质。社会科学家通常将二分法社会结构的两种理想类型——传统与现代进行对比。赫伯特·斯宾塞强调同质性和差异性,马克斯·韦伯专注于传统主义而不是理性主义,费迪南德·唐尼则区分了社区(Gemeinschaft)和社会(Gesellschaft)(Rust 1977, p.4)。社会科学家得出的这两种理想类型的最大区别之一是传统社会相对稳定和简单,随着社会变得现代化,也呈现出越来越明显的复杂性。换句话说,社会越是分化和专业化,就会越"先进"(advanced)和现代。

在分化和专业化概念下,艺术、美学、科学、道德和法律等领域,被视为具有独立、自主的形式。这被韦伯和哈贝马斯称为现代性的"尊严"(dignity),因为领域的分离使得处理它们的人免受其他领域的人的压制性侵扰(Weber 1958, p.77; Habermas 1984—89)。例如,科学之所以能够取得如此显著的发展,是因为它不再受到宗教教条和惯例的制约。

现代社会领域的分离

即使领域的分离反映了现代的尊严,但分化已经越来越与分离混为一谈。也就是说,现代社会将艺术、美学、科学、道德和法律分开并允许它们保持自主的同时,也使它们分离,以至于它们彼此之间几乎没有接触。事实上,道德和艺术几乎在现代社会科学建构中消失了。1965 年的日本箱根会议(Hakone Conference)很好地证明了这一观点。在会议上,来自世界各地的社会科学代表提出了 33 个特征描述现代社会的广度和深度,如城市化、世俗化、理性主义、科学、效率和个人主义[①]。然而,在这 33 个特征中,没有任何一个直接反映艺术、美学、道德和伦理领域(Rust 1977, p.8 - 12)。

目前,现代性更多地表现为分离而非整合,因为任何整合都是通过一种不平衡的方式强加给科学领域而实现的。物理科学的长足进步使人们产生了这样一种错觉,即所有的现实都可以通过这一途径来接近真理。科学打破了传统社会的确定性,取而代之的是一个客观和存在差异的体系。如果知识不能被客观和科学地验证,它就会被视为是不真实的。因为科学基于"无价值"(value free)和中立的假设之上,它涉及的是定量而非定性。艺术、美学以及

---

① 参会者确定了现代化的四个主要领域:政治现代化(7 个特征:大众参与、增加对政治决策的理性控制等)、社会现代化(8 个特征:基于成就的角色和社会声望、人口从农村向城市的转移等)、经济现代化(10 个特征:雇佣劳动的扩散、生产过程日益专业化等)和知识现代化(8 个特征:个人价值的增加、世俗化等)。有关这些特征的完整列表,参见 Rust, V. D. (1977). *Alternatives in education*. London, Sage.

道德和伦理开始变得令人怀疑，因为它们不是科学的。换句话说，艺术和伦理领域被忽视甚至几乎被忽略了。

有些致力于现代的学者认为，科学有能力促进道德的发展。例如，哈贝马斯辩称，"启蒙思想的概念，在科学进步观念与科学服务于人类道德的信念之间起着桥梁作用"（Habermas 1984—89）。他相信科学将为伦理和道德带来同样快速的进步，就如同已经在自然界证明的那样。然而，这一点尚未实现，科学就已经从伦理和道德中分离出来，因此科学并不能比其他领域更准确地界定伦理行为。伯特兰·罗素（Bertrand Russell）非常精确地反映了现代主义者的立场，他大声疾呼科学不应该侵犯任何价值领域：

> 除非科学是对知识的追求，否则价值领域不属于科学。科学技术如果要丰富人类的生活，就不应逾越它应该服务的目的（Russell 1931）。

后现代主义的去分化过程

后现代主义，是一种与现代主义概念截然不同的"理想类型"理论建构（Foucault 1983；Rorty 1990；Lash 1990；Rust 1991；Cowen 1996）。尽管现代主义专注于社会分化和专业化，而后现代主义的主要推动力之一是各领域之间的文化融合。斯科特·拉什（Scott Lash）将后现代主义描述为一个去分化（de-differentiation）的过程，即一种自主化的逆转（Lash 1990）；而詹姆森（Jameson）则将其解释为迄今享有相对自主性的领域之间"临界距离"的消失。后现代主义的目标之一，是在各个领域获得更大的平衡。它并没有试图贬低科学，只是更加重视道德和美学，并将它们以一种相互触及的方式整合起来。

整合领域最有意义的方法，是打破每个领域之间的障碍。只有在科学家、艺术家、学者、精神领袖、政治家、商界人士、基层活动家和普通公众之间进行具有共同经验的长期对话才能实现这一目标。换句话说，只有在个人层面上发生自动的隔离和距离的逆转时，才能实现这种整合。

为后基础思潮寻找空间

那些声称后基础主义存在于道德真空中的人误解了后基础主义的主张。

罗蒂（Rorty 1990）等人指出，对后现代实用主义思想的批评是基于一个古老的参照系而提出的：相对主义和犬儒主义（Rorty 1980）。后基础主义的批评者声称，后基础主义者允许任何事情发生，因为他们不依赖于基础真理。然而，这种批评的缺陷在于将相对主义视为一切事物都有单一、真实结局的对立方。正如罗蒂所指出的，后基础主义者引入了哲学领域的新地图，但这张新地图不包括旧地图的特征。

　　虽然我们认为这是一种暗示性的诊断，但它的有效性是有限的，因为它在很大程度上以消极的方式在表达：后基础主义的道德观不是相对主义、怀疑主义、虚无主义或犬儒主义。在此，我想回应一下安东尼·韦尔奇的主张，如上所述，后现代主义者并没有描绘出一幅关于道德发展的"形而上学"的有效图像。此外，我们应该认识到，如果一种理想类型不能详尽地描述这种"非常复杂的具体现象"，那么我们就不应该期望任何一种理想类型能够详尽地描述一种给定现象。因为这种无限性就像隐喻一样，我们有理由预测每一种理想类型都必须有一个破解点。

　　因为当一个理想类型指导话语进程能力有限时，它最终注定会以失败告终，这从根本上改变了某一理想类型中令人不快的后果出现的意义。例如，韦尔奇指控后现代主义运作于道德真空之中，"失去了分析事件的坚实立场，后现代主义就无法形成一个立场来进行道德判断"（Welch 2003a，pp. 37-38）。韦尔奇认为后现代主义摒弃了传统的伦理判断标准，因此后现代主义没有伦理和道德判断的基础，但事实并非如此。

　　后现代主义者在做出伦理决策时确实摒弃了传统的客观性、科学判断等主张，但这并不意味着他们因此致力于一种无知道德、道德怀疑论和虚无主义。最具讽刺意味的是，按照韦尔奇的怀疑论立场假设来说，如果我们要在道德判断上达成主观间的一致，就必须存在客观真实的道德事实。这表明韦尔奇误解了后现代主义，并把理想类型推到了其发挥作用的边界之外，却还要求它重新回归到基本的立场，以便在进行伦理和道德判断时发挥作用。如果我说爱情是一朵玫瑰，我并不是声称爱情必须进行光合作用。贝多芬（Beetoven）的《第五交响曲》（Fifth Symphony）代表了善与恶的冲突，但这并不意味着这部交响曲是失败之作，因为它没有阐明撒旦到底是谁。

　　到目前为止，虽然我们尚未详细描绘出后基础主义道德基础的积极形象，但我们已经表明，后基础主义并不排除这种形象存在的可能性。仅这一点就足以避开许多困扰讨论的混乱。在接下来的章节中，我们将尝试更雄心勃勃地"积极"整合任务，使它朝更多方向发展。例如，福柯曾积极地论证了希腊人将伦理学和美学相结合，并建立了基于"存在美学"（aesthetics of existence）的伦理学（Rabinow 1984）。然而，我们将首先简要讨论艺术与科学的整合示例，然后转向我们的主要关注点，即伦理学与社会科学的融合。

艺术与科学的集成

艺术与科学的集成正变得越来越重要。纽约的艺术与科学合作组织（Arts and Science Collaboration）等团体也在努力促进这两个领域之间的互动。一方面，艺术家认识到科学作品的美感和美学品质。例如，华盛顿特区的梅伊达·威瑟斯（Maida Withers）舞蹈建筑公司通过舞蹈、音乐和网络艺术，将最新的科学知识和技术与神话结合起来。在一个名为"极光/2001：极光之舞——天空之火"（Aurora/2001: Dance of the Auroras-Fire in the Sky）的大型项目中，威瑟斯制作了一个由四部分组成的多维表演，通过与网络世界、电影、美国国家航空航天局（NASA）关于太阳、地球以及视为自然现象的极光图像实时互动来进行一次富有诗意的太空之旅。除了促进交流和传播之外，科学资源还对人类意识的扩展、实现人类与自然环境之间新关系的创造潜力提出了挑战。随着计算机对思维方式的改变，我们开启了一场未知的旅行，一场数字思维的旅行，促成了一个新神话的诞生。来自巴西的网络艺术家弗拉加（Fraga）在舞台上表演时，用无线鼠标操纵太阳风和磁场，创造出了一个虚拟画面。

另一方面，科学越来越依赖于艺术来定义其工作。例如，在亚原子层面，所谓的"现代物理学"（modern physics）中涉及的基本粒子是电子、中子和质子，科学家们认为除此之外不存在进一步的亚结构。但近年来，从胶子到光子、玻色子、中性粒子、介子和引力子，人们已经发现了一系列的亚结构。"夸克"这个名字来源于默里·盖尔曼（Murray GellMann）在詹姆斯·乔伊斯（James Joyce）的《芬尼根守灵夜》（Finnegan's Wake）中的一句台词："向麦克老人三呼夸克！"（Three quarks for Muster Mark!）这个名字似乎很恰当，因为似乎存在各种各样的夸克，包括上夸克、下夸克、魅力夸克、奇异夸克、顶夸克和底夸克，但它们都是三个一组出现。也就是说，质子由一个下夸克和两个上夸克组成，而中子由一个上夸克和两个下夸克组成（Greene 1999）。

弦理论试图将所有这些亚结构结合到一个统一的概念框架中，并宣称所有的亚结构都是由比夸克更基本的粒子——弦产生的,它们表现得如"音符"一般或者呈基本的开弦或闭弦的模式。没有人直接观察过夸克,而弦又比夸克小得多,因此弦只能在理论上进行验证。科学家使用的可接受性标准是对称性、平衡、有序、创造力、连贯性、个人满意度、优雅性和数学性。换句话说,只有当科学理论与审美感性相一致时,科学才会通过直接经验来传达知识。

作为道德关系的伦理

西方人认识到自身的伦理意识来自犹太人的基督教传统,并且主要基于其神学宇宙论。神的权威规定了基本真理和其他遵循演绎推理的一切过程。然而,现代性以显著的方式改变了这一假设,特别是通过启蒙运动。当时宗教开始与理性主义和归纳科学竞争,后者也声称它们为道德生活提供了哲学基础。在这个过程中,伦理道德与上帝和超自然的联系减少,而与人文主义和自然界的联系更为密切。然而,尽管价值观被视为已内在于自然,但自然主义者和现实主义者仍继续依赖于传统和宗教。

无论我们道德行为的来源是什么,它都与创造和拥有完整的关系生活有关。根据查尔斯·泰勒(Charles Taylor)的说法,有一些伦理信念"围绕着这样一种感觉,即人类生命应该受到尊重,而施加于我们的禁令和义务是我们生活中最沉重和最严重的"(1989,p.14)。泰勒提出了我们围绕当代道德原则的三个主要轴心。第一轴是自我以及与他人维持关系的问题。第二轴是对他人的尊重和义务。第三轴是获得他人尊重的行为。伦理是一个互相关联的领域,它们彼此间的相互对话取决于我们与自己和他人进行对话的质量。

一种后结构主义精神:慷慨地理解慷慨

如果现代主义的特点是各种话语活动的分裂、分化和隔离,那么后结构主义则可以被视为针对领域的"去分化"。哈贝马斯、罗蒂和利奥塔尔对后结构解构的思考有着相似之处,他们都专注于一个对话过程。然而,哈贝马斯与新实用主义者和后结构主义者在观点上有所不同,他希望通过对话达成共识,让人类理性的成员努力相互理解并达成一致(Habermas 1984—89)。罗蒂则认为,哲学的目标是"保持对话继续进行,将智慧视为保持对话的一种能力"(1980,p.378)。利奥塔尔也建议进行这种对话,但他不认为对话的目的是达成共识。他指出了语言的异质性，"缺乏共同的习惯用语，是不可能达成共识的"（Lyotard 1984，pp.55－56）。语言和语言学规则的他律性，意味着在不同的语言背后没有普遍的话语。尽管"它提高了我们对差异的敏感度，加强了我们容忍不可通约事物的能力"，但讨论并不会出现最终的结论（Lyotard 1984）。

　　这一对话过程的意义在于，哈贝马斯、罗蒂和利奥塔尔等理论家的表面分歧，实际上是在广泛共识的背景下发生的。正是在这种一致性与共识之中，我们可能会找到伦理敏感性的基础，它似乎既不是品味或教养的问题，也没有显示出绝对主义道德要求的高压手段。

　　后基础主义伦理的表达方式多种多样。艾蒂安·巴利巴（Étienne Balibar）主张保持文明（civility）（Balibar 2001）。伊曼纽尔·莱维纳斯（Emmanuel Levinas）主张关心我们眼中的他人（Levinas 1998）。帕姆·克里斯蒂（Pam Christie）借鉴了巴利巴和莱维纳斯的观点，但提倡在文明与关怀的基础上增加知识的严谨性。

　　只要我们赞同后基础主义，我们就认可一种慷慨的伦理。这种慷慨，只是解释或阐明理论家们细分对话过程中所探讨含义的另一种方式。也许，表达我们所说的"慷慨"的最佳方式是举例说明。路德维希·维特根斯坦（Ludwig Wittgenstein）指出，对任何事物的单一解释都是片面的，要对任何复杂事务有一个全面的了解，就需要"在各个方向上纵横交错"（criss-cross in every direction）（Wittgenstein 1958，p.ⅴ）。以下呈现的是在后基础主义领域纵横交错的微型描述：这些例子既不全面也不详尽，但是具有启发性，有利于证明我们的主张，即慷慨是后基础主义时期伦理的标志。

　　汉斯-格奥尔格·伽达默尔（Hans-Georg Gadamer）与完整性　　伽达默尔可能最接近于我们所说的慷慨，并将其视为一种明确的道德准则：预期完整性。继海德格尔之后，伽达默尔坚持认为，如果没有预期就无法理解意义。海德格尔扩展了这一思想，将语言理解的所有对象纳入他所谓的"理解前结构"中。我们将意义投射到所有对象上，以便在我们自己的理解模式中塑造和情境化它们。因此，意义并不仅仅是在此对象中被发现的，它也是我们强加给它的一种解释结构的功能。解释性结构在很大程度上取决于当前情景，更普遍地说，取决于我们共享的一般性背景理解。此外，伽达默尔和海德格尔都坚信，没有足够的视角或解释结构能够提供对文本或对象的完整和最终解释。对于海德格尔来说，如果单单是文本本身是没有意义的，使解释性的意义投射成为可能的是解释者的情境。

正是在这个基本观点中,伽达默尔找到了偏见(prejudice)对意义理解的必要作用。理解受到许多文化偏见的影响,解释者把这些偏见投射到对象上。我们把偏见投射到一个新对象上,例如,我们期待并赋予文本以意义。伽达默尔建议,在试图理解时,我们应该将文本视为一个内部一致的整体。只有假定文本的完整统一,我们才能理解和评估其组成要素。几乎可以肯定的是,随着人们继续研究文本,各部分的指导性解释之间可能会产生一种紧张关系,此时这一解释必须被修正以消除矛盾。试图解释看似不一致的部分的动态和变化是理解的必要条件。假定这里有一种对文本的解释,试图将其与看似不同的元素相结合,伽达默尔的完整性预期概念捕捉到了这种直觉。伽达默尔断言,"完整性预期不仅包含了文本应完全表达其意义的形式要素,还包含其所说的完整的真理"(Gadamer 1998,p.262)。在预期完整性时,慷慨是理解的主导原则。

约翰·杜威和实用主义 实用主义起源于查尔斯·皮尔斯(Charles Peirce)关于如何使思想清晰的方法(Peirce 1968)。皮尔斯认为,知识概念的含义与其实际结果直接相关。如果一元论与多元主义相对的概念的实际结果没有区别,那么它们本身也没有区别。威廉·詹姆斯(William James)普及了实用主义,但却是杜威将其引入了哲学界。

杜威的"工具主义"成为伦理分析和批评的指导原则,因此它能够弥合自柏拉图和亚里士多德时代以来就困扰哲学的二元论。这种二元论对美国经验毫无益处,杜威否认他们赖以发展的哲学传统,包括寻找所有价值观和知识导向的真正目的。在杜威看来,没有固定和最终的道德目标。一个人所处的文化定义了其目标,社会中的每个人都了解这些目标,就像医生或土木工程师与哲学家一样了解它们。一个人的品格来自于帮助塑造它们的文化。此外,这些目标也会随着时间的推移而变化。在某一时刻,拯救可能是目标,但也可能是繁荣、责任、幸福,或者同时是这些目标的组合。文化赋予人类的习惯和传统也会随着时间的推移而改变。杜威认为,哲学和反思的价值在于帮助每个个体成为一个更有能力、更充实、更有道德的人。在这方面,杜威是完全民主的,因为他希望每个人都能发挥自身的最大潜能。对杜威而言,知识的全部意义在于帮助人类达成目标,包括思想开放、真诚、视野开阔和慷慨。就此而言,他认为传统哲学是失败的(Dewey 1916,p.414)。

在某些方面,杜威的人类道德发展理想类型可能被视为不如福柯那样具有误导性。他与福柯一样,相信我们的规范在实践中找到了立足点,并且这些规范不仅仅是这些实践的无意识产物。但是，杜威让我们注意到一个事实，即特定的实践——又称哲学实践——培养了在后基础时代极为有价值的态度和倾向。哲学并没有提供"一个现成的完整的行动方案，它意味着在许多不同的行动中保持平衡"（Dewey 1916，p. 380），哲学取向要求对新的感知和观点保持开放和敏感。

牛顿·加弗谈路德维希·维特根斯坦　维特根斯坦努力保持他所认为的逻辑经验主义的有价值之处，同时让其在表述中占据主导地位。在对比《哲学研究》（*Philosophical Investigations*）与《逻辑哲学论》（*Tractatus Logico-Philosophicus*）时，敏锐的读者倾向于强调这两者之间的差异性和连续性，这也隐含在维特根斯坦自己的评论中："《逻辑哲学论》就像一个不能报时的时钟。"牛顿·加弗（Newton Garver）详细阐述了这句话的含义，"维特根斯坦将哲学看作语法的延伸，是对他早期将哲学视为'逻辑和形而上学：逻辑是其基础'观点的概括。逻辑仍然内在于真理主张中，但真理主张只是语言的无数用法之一"（Garver 1996，pp. 165-66）。如果加弗是正确的，维特根斯坦回到普通语言的基础上，其作用并不是否定《逻辑哲学论》的纯洁性，而是使我们明白，我们并不能从真理的功能命题中获得期待（Wittgenstein 1958，p. 107）。

维特根斯坦以这种方式指责自己，效仿了韦伯对马克思的批评，并非因为他弄错了什么，而是误解了自己洞察力的范围。作为现代主义划分的核心，加弗在总结他的文章时指出，维特根斯坦的形而上学和认识论事业最终无法与伦理事业区分开来："良好的哲学思考，是一种卑微的道德成就。维特根斯坦的哲学并不能帮助我们改善世界（如医学和工程设计）或在世界上表现良好（如道德规则），而只是以某种方式帮助我们思考生活和世界——以适当的视角看待事物的本质"（Garver 1996，p. 167）。尽管维特根斯坦的道德成就可能很卑微，但后结构主义者明白，只有当我们已经以维特根斯坦给予自己的同样慷慨的方式接近他人时，技术成就和道德规则才会对我们有所帮助。

理查德·罗蒂谈德里达　罗蒂对德里达的评价，是对我们主张的慷慨是后结构主义观点的一种挑战，特别是德里达认可的一种"解构方法"，从表面上看似乎提倡一种反叛性的非慷慨，促使读者预期不完整。然而，即使德里达本人可能会对这种标签有所保留，许多人也会毫不犹豫地将德里达定性为后现代主义者。罗蒂将"解构"（deconstruction）解释为"语境重构"（recontextualization），这种解读使得德里达更接近韦伯和维特根斯坦等人。事实上，罗蒂谨慎地将德里达刻画为重要的（尽管不是唯一的）后现代主义者，

而且与整个西方传统的元素有着密切联系:

> 解构,并不是一种伴随哲学的新发现而产生的新方法。一般意义上的语境重构,特别是颠倒层次结构,已经存在了很长一段时间。苏格拉底(Socrates)对荷马(Homer)进行语境重构;奥古斯丁(Augustine)对异教徒的美德进行语境重构,把它们变成华丽的恶习,然后尼采又重新定义了等级制度;黑格尔对苏格拉底和奥古斯丁进行语境重构,使两者平等(equally aufgehoben predecessors);普鲁斯特(Proust)(一次又一次地)将他遇到的每个人进行语境重构;德里达(一次又一次地)将黑格尔、奥斯汀、塞尔(Searle)和他阅读的所有作者进行语境重构(Rorty 1989, p. 134)[①]。

罗蒂(1989)很快掌握了德里达解构或语境重构的方式,从而将他与经典区分开来:"但为什么它听起来和德里达有如此惊人的不同呢? 简单地说,因为德里达利用了词语的'偶然'特征,而黑格尔虽然拒绝遵守'矛盾'关系只在命题之间而不是概念之间成立这一规则,但他仍然坚称'你不能对词语的声音和形状赋予任何重量'"(Rorty 1989, p. 134)。对于韦伯来说,理想类型是重新概念化的工具:它们有助于引导探究者看到不同现象之间的相似性和差异性关系。对马克思来说,历史上的各个时代都以一种可识别的模式展开。维特根斯坦试图展示理想语言和普通语言在重要方面的相似之处(或不同之处)。如果德里达与他的前辈们的不同之处在于,他诉诸用一个词的词法作为建立相似性和差异性关系的基础,那么罗蒂指出他正在做一件"已经持续了很长时间"的事情是没有错的。

如果慷慨是一种道德关系,那么将这种立场应用于词语的偶然特征是否有价值? 通过产生如此多的令人怀疑、不可思议、无关的理想类型,它是否削弱了意义? 用罗蒂的话说,"这样写有什么好处呢?"虽然罗蒂对这个问题提供了相互矛盾的答案,但他并没有直接否定这个观点。

一方面,他认为德里达展示了海德格尔、尼采、黑格尔以及韦伯错误的观点,赋予了它们巨大的规范性意义:"在我看来,这种幻想是反讽主义理论化的最终产物。回归个人幻想是解决这种理论化遇到的自我指涉问题的唯一办

---

① 它反映了后现代与历史,但读者错误地将其与相对主义联系起来,如上。

法，即如何与前辈保持距离，而不完全重复他们所否定的行为。"（Rorty 1989，p. 125）。他特别展示了韦伯在写道"所有事物所包含的无限性和绝对非理性，提供了一个认识论上非常有说服力的证明，即试图通过科学来'复制'现实是一个愚蠢的想法"时尴尬的表达（Burger 1987，p. 66），并抱怨声称发现了现实世界的"独特名称"会造成"危害"。如果这是德里达的贡献，那么它无疑是有帮助的——在这种情况下，该方法本身就是一种理想类型。

另一方面，在研究形态学中建立相似关系时，罗蒂则更为谨慎：

> 我们必须看看我们是否可以找到它的用途。如果可以的话，那么就有足够的时间将某种类型的边界延伸以将其融入进去，并制定标准。这些标准可以作为一种很好的写作类型。只有形而上学家认为我们目前的类型和标准穷尽了可能性的范围，讽刺主义者将继续扩大这一领域（Rorty 1989，p. 135）。

罗蒂（1989）在这里提出了一个公平的观点，即我们不需要事先评估我们的理想类型的价值。事实上，巴斯·范·弗拉森指出，即使在自然科学中，一个范式或模式也只能说在过去取得了成功。范·弗拉森观察到以下关于革命科学的"彻底转变"："我承认现在它是幸运的并被证明是正确的，但这并不意味着它在当时是合理的、理性的、可接受的。"（van Fraassen 2002）。这一评论意在暗示，虽然德里达深化了我们对慷慨可能发挥作用的理解方式，但他的"解构方法"可能会被罗蒂解读为一种对慷慨的认可。

慷慨是一种将自己融入文本主题的方式：它意味着一种批评的意愿，前提是作者正在揭示韦伯无限性的真实模式。人们假设批评的主体有一些有价值的东西要表达，所以他们论点的意义是语境重构以保留这些见解，同时消除感知到的"危害"。这个建议可能会让读者觉得很老套，像是在重复非正式逻辑教科书中概述的谬误。因此，我们以伽达默尔、杜威、维特根斯坦和德里达为例来说明我们所谓的慷慨，并用这些学者所做的事情，以及在某些情况下他们如何描述这种话语活动，来扩展后现代思潮这一关键组成部分。

当然，本章希望它坚持明确的方法论原则。这种批判始于现代主义猜想史的背景下。在将细分的语境重构等同于慷慨时，我们提出了一种理解后现代的新模型或理想类型。像任何一种理想类型一样，它也会受到挑战并不断改进。在此之前，我认为我们应该继续认真对待这种理想类型，因为它为调和后结构主义和道德带来了希望。

即使读者认同从慷慨的角度解释细分是有益的这一观点,也很难看出这种解释学的态度在文本解释之外的适用性。即使"文本"被广泛解释为任何可能的理解对象,包括其他人,我们也应该能够展示这一立场在实践中的作用。我们认为,在当下,没有比全球化的影响更紧迫的道德问题。因此,我们首先将评论慷慨如何缓和围绕全球化的激烈辩论,再探索它与比较教育的讨论之间的关联。

慷慨与全球化

总的来说,很不幸的是反全球化的作品在全球化对话中占据主导地位,因为其中一些被广泛引用的文本是毫无必要且没有帮助的刻薄之词。例如,艾伦·托纳尔森(Alan Tonelson)的《竞次》(*The Race to the Bottom*)声称,全球化导致整体生活质量的下降和民主控制的减弱,同时带来了阶级两极分化、企业主导和全球冲突加剧(2000)。西格蒙特·鲍曼(Sigmunt Bauman)指出,全球化使得本土知识被消费伦理所取代(1995)。其他反对者则指责全球化鼓励"世界各地的社会同质化效应",或传播"颓废的西方化价值观和生活方式"。(Falk & Kanach 2002;World Economic Forum 2019)。这些说法存在潜在的危险,它们会导致一些奇怪的建议。我们刚才引用的负面评论来自两位普林斯顿大学的学者,他们发表过关于出国留学的文章,并认为留学作为一种全球化、普遍化的影响太过危险,应该大幅限制,甚至应该废除(Falk & Kanach 2002)。

参照韦伯的观点,这些主张的问题不在于他们是经验上的错误,而是这些反全球化的论点过于狭隘地误解了亲全球化者的立场,以至于人们不得不将全球化视为新帝国主义。虽然这不一定是错误的,但许多反全球化者对待这个话题的强硬态度,妨碍了对亲全球主义阵营的其他更慷慨的解读。

幸运的是,随着国际货币基金组织前经理约瑟夫·斯蒂格利茨(Joseph Stiglitz)《全球化及其不满》(*Globalization and its Discontents*)一书的出版,反全球化主义者找到了更为温和与成熟的声音。在对经济全球化发起了毁灭性批评的同时,斯蒂格利茨还设法以我们认为构成反基础思潮的那种慷慨来描述亲全球主义者。其中一个影响是,斯蒂格利茨的批评获得了以前批评所缺乏的可信度。另一个影响是,两个阵营的关切和动机不一定被解释为反理论，这就为新的解决方案打开了大门：

> 即使像玻利维亚这样遵守其规定的国家，结构调整计划也没有为它带来持续增长；在许多国家，过度的财政紧缩阻碍了增长；成功的经济计划需要在排序（改革发生的顺序）和节奏上格外谨慎。例如，如果在强大的金融机构建立之前，市场开放竞争的速度太快，那么就业岗位的消失速度将比创造新就业岗位的速度更快。在许多国家，改革排序和节奏的错误导致失业率上升和贫困加剧的案例比比皆是（2003，p. 18）。

斯蒂格利茨建议的独到之处在于，它代表了一种试图调和反全球主义者和亲全球主义者的合理关切和见解的认真尝试。斯蒂格利茨表示，在经济改革的序列安排中，我们缓和了《竞次》中概述的经济自由化带来的后果，又不排除经济自由化可能带来的好处，"我相信全球化——消除自由贸易壁垒和国家经济的一体化——可以成为一股向善的力量，有可能使全世界的人都富裕起来，特别是穷人"（2003，pp. xiv）。尽管《经济学人》（*The Economist*）对《全球化及其不满》进行了严厉的批评，但它代表了一次对于全球化的统一和语境重构的重要尝试。最近，贾格迪什·巴格瓦蒂（Jagdish Bhagwati）出版的《捍卫全球化》（*Defense of Globalization*）一书证明了亲全球化主义者似乎在倾听——同样认真地试图从一个坚定的自由主义者观点的角度来慷慨地阅读反全球化主义者的观点（2004）。在序言中，当斯蒂格利茨谈到克林顿政府和国际货币基金组织在知识环境方面的决策差异时，预示了他对慷慨方法论的认同：

> 在克林顿政府时期，我参与政治辩论，有时成功，有时失败。作为总统内阁的一员，我不仅可以观察这些辩论，了解辩论的解决方式，还可以参与其中，尤其是在涉及经济学的领域……但当我进入国际舞台时，我发现政府和国际货币基金组织这两个机构都没有主导政策的制定，尤其是国际货币基金组织，决策的依据似乎是基于意识形态与糟糕的经济学的奇怪融合，这些教条有时似乎会轻微地掩盖特殊利益（Stiglilz 2003，pp. xiii - xiv）。

斯蒂格利茨的著作，既是对采用慷慨道德观的论证，也是对全球化问题采用一种特殊方法的论证。在斯蒂格利茨看来,意识形态是一种僵化的理想类型("即真正的形而上学"),是慷慨的严重阻碍。这些明显过时的态度导致了越来越多的分离和分化,因为过于简单的一刀切解决方案会继续加剧实际问题解决的困难。斯蒂格利茨说:"这些态度让我畏缩。这不仅仅是因为他们总产生糟糕的结果。"(Stiglitz 2003)。如果巴格瓦蒂最终不认同斯蒂格利茨的具体政策建议,他也会同意斯蒂格利茨更重要的主张:对困难问题的有效解决方案并非通过误读和创造对话者虚假的观点来获得(Bhagwati 2004)。斯蒂格利茨以这种方式对待亲全球主义者,就如维特根斯坦对逻辑经验主义者一样:我们认为后现代道德观所指示的慷慨不应局限于学术界——事实上,社会和政治领域是最迫切需要它的地方。

慷慨与比较教育

在比较教育领域,瓦尔和黛安·鲁斯特(Val & Diane Rust 1995)基于慷慨精神对东西德融合展开了研究。换言之,如果德意志民主共和国的崩溃导致了一种同情信念的产生,即东德希望与西德成为平等和相互尊重的伙伴,那么东德和西德教育的统一将会比现在成功得多。然而,西德人对东德人的偏见无法消除。在他们关于统一进程的研究结论中指出:

> 奇怪的是,西德人提出的大多数要求都是没有必要的。在东德政权垮台后不久,大多数东德人自愿选择了西德的教育模式。西德人犯的错误在于他们没有意识到这一点。从本质上说,他们坚持认为东德人没有能力改变自己,而这种改变必须强加于他们(Rust & Rust 1995,p.294)。

在调和半个多世纪以来东西方出现的显著分歧时,稍微慷慨一点就会产生很大的不同。现在,德国的统一就像胃里存在着未消化的外来元素,这将导致未来几代人的痉挛和疾病。

保尔斯顿认识到比较教育学术史中出现的后现代思潮,他认为其在该领域已经经历了三个阶段。第一阶段发生在 20 世纪 50 年代和 60 年代,保尔斯顿将其称为正统阶段,其特点是功能主义和实证主义占据主导地位,该领域正走向类似法律陈述和概括性的发展趋势。第二阶段发生在 20 世纪 70 年代和 80 年代,这一阶段被认为是异端阶段,即非正统,其特征是范式冲突,批判性和解释性观点积极与正统观念进行竞争并加以挑战。第三阶段发生在 20 世纪 90 年代，被认为是异质性阶段，它由有争议但互补的知识区块组成，这些区块承认、容忍甚至欣赏多种理论现实和观点的存在（Paulston 1993）。保尔斯顿描绘了比较教育研究中正在发生的这些转变，旨在通过这一努力促进更开放的社会和知识的对话，这些对话迄今为止一直被边缘化和被排除在社会话语之外。事实上，保尔斯顿认为他的社会制图学提供了一种机制，可以促使比较教育领域走向"后现代主义整合"（Paulston 1997）。保尔斯顿认为，如果比较教育工作者的未来要继续保持在社会科学发展的最前沿，他们"将需要慷慨的道德观"（Paulston 2000，p. 363）。

可以看出，许多比较教育者在异质性的框架内工作，这是一个对话过程，只有基于慷慨的道德观才能成功。最早采取这种做法的比较教育者之一是托尔斯滕·豪森（Torsten Husén），他指出，没有一个单一的范式可以回答所有问题。他认为世界观应该相辅相成，应该受到尊重（Husen 1988）。相比之下，罗伯特·考恩（Robert Cowen 1996）主张更具包容性的比较教育，这种教育超越传统问题，甚至包括后结构主义和转型学。比较教育人种学家迈克尔·克罗斯利（Michael Crossley 1996）强调，"范式战争"（paradigm wars）尚未结束，还需要做大量工作来克服该领域内存在的理论和方法上的分歧与差异。他认为，如果要向那些政策制定者和实践者提出更具说服力的论据，就必须对当代的意识形态分歧（如定性/定量、应用/实践研究以及理论差异）进行更综合的研究，并将这些因素结合起来（Crossley 1990）。

罗纳德·F. 普莱斯（Ronald F. Price 2003）也为该领域存在的分歧感到惋惜，特别是那些代表不同学科及方法论的分歧。他认为这些分歧并不是问题的根源，相反，它们的存在为比较教育学者提供了独特的机会。普莱斯说，"正是在这些方面，比较教育学汲取所有这些学科的知识，但又不受这些学科的约束，因而可以为讨论整个现实世界提供机会。对于那些认为熟悉一个或几个学科很困难的人，我想反驳的是，要摆脱一朝学会的概念框架以及识别和避免学术学科活动中大量存在的做表面文章现象，也并非易事"（Price 2003）。

关于全球化，罗伯特（Robert）在比较教育课程的主要教科书《比较教育：全球和地方辩证关系》（*Comparative Education: The Dialectic of the Global and the Local*）中论述了不同观点之间对话的重要性，特别是在全球化力量与国家、地方力量相互作用的背景下。大多数学者对他们所宣称的观点充满热情，我们都倾向于将我们的立场推向某种极端的极限，从而忽略了其他观点的价值和重要性。然而，每种观点都只解释了社会的局部图景。如果我们希望获得更全面的看法，就必须考虑那些可能会挑战我们特定偏见和理解的事物的优点。

结语

作为一项学术事业，比较教育正处于良好的发展状态。但致力于这一领域研究的人仍然相对较少。我们的各种承诺有时会夸大自己立场的价值，而低估那些可能持有其他观点和价值观的人的重要性。这一领域最优秀的人才应该致力于为我们提供关于周围世界的最清晰、最全面的图景，而不是某种有限和局部的画面。当比较教育者认同后基础主义时，他们有义务实践和教授将伦理与现代主义分离的道德领域整合起来的技术，特别是促进慷慨伦理的发展。

第六章　后现代主义与后基础主义的道德面貌

后现代主义与后基础主义有道德基础吗

人们对后现代主义与后基础主义思想的主要控诉是，它们缺乏灵魂，其遗产是如此空洞，以至于它们无法认真对待任何事情（Murray 2003）。批评者声称，这些思想持玩笑态度地支持"我们对现实经验的混乱、脆弱和不稳定"（Lash 1990），并被视为"雅皮士式的后工业资产阶级"（Lash 1990）所培养的产物。它们提倡一种"世俗文化"，并支持尼采关于"上帝已死"的说法（Lash 1990）。在一个"一切皆有可能"的世界里（Feyerabend 1975），特别是对作家而言，这意味着"精神上的倒退和自恋"（Wilber 1996）。一些人认为，艺术中的后现代主义是关于颓废的表现主义、存在主义和"经验、混乱和异质"的艺术，在安迪·沃霍尔（Andy Warhol）和波普艺术、朋克和新浪潮摇滚兴起的同时，伴随着商业电影传统的快速发展，这标志着新兴的"美学民粹主义"（aesthetic populism）（Jameson 1983）和虚拟现实与普通现实的融合。它和后基础主义因此被视为一种高度肤浅和为消费主义驱动的现象（Bauman 1995）。

这些批评者对后现代主义的假设是，它缺乏道德和伦理基础。如果后现代主义的核心是一种"道德真空"，它又怎么可能建立在道德基础之上呢？（Welch 2003a）最近，汉隆（Hanlon）提出，后现代理论被认为是对共同意义的批判，并声称"普遍真理是一个神话"（2018）。此外，凯茨德弗（Ketsdever）认为"后现代主义削弱了整个教育和真理事业"（2019）。

在一场运动中，人们模仿已逝的风格，着迷于大众文化，对高雅文化冷嘲热讽，为伟大神话的消亡而欢呼，并相信我们任由技术人员控制输入和输出。当一场运动提倡异议，并认为共识和普遍性是不道德的时候，它怎么可能有道德基础呢？（Lyotard 1988）后现代主义作为一个高度复杂、矛盾和模棱两可的理论结构，确实包含了不同的声音。一些人持反对意见，而另一些人则认为后现代主义有深刻的道德基础，本章的任务就是阐明这一基础。

猜想史

如果有任何坚实的基础可以建立后现代道德，那它就不在元叙事的范围之内，因为对于后现代主义者和后基础主义者来说，绝对的先验原则是行不通的。然而，试图在元叙事之外制定道德规范，可能会迫使我们陷入一种无知的道德相对主义。我们坚持认为，概念的多元化与道德相对主义不同，后者暗示着一种通常归因于后现代主义的浅薄的犬儒主义。我们认为，我们可以找到既不是相对也不是绝对的道德空间。为此，我们创造了一个被称为猜想性历史的概念。

后现代主义是一种理论结构，隐含着一个具有文化、社会、经济和政治特征的周期性概念，与现代的概念完全不同（Foucault 1970；Foucault 1983；Rorty 1990；Jameson 1983；Lyotard 1984）。一些比较教育者也使用了这种周期性的概念（Rust 1991；Cowen 1996；Arnove & Torres 1999），划分为前现代、现代和后现代（现代晚期）阶段。然而，将后现代主义看作传统历史的再现，以按时间顺序排列的故事情节解释事件的详细顺序并不准确。猜想史在社会科学中无处不在。这个概念，类似于福柯对西方文化的认识论概念。他研究了人类科学的各个阶段，重点关注正在发生的概念转变（Foucault 1970）。猜想史与托马斯·库恩的范式概念也有一些共同之处，尽管库恩处理的是自然科学而不是社会发展，它也与韦伯在社会科学中的"理想类型"概念有密切关系。理想类型是一种普遍的探究工具，它是一个指导研究的范式或模型。理想类型不能用真假来形容，它们可能更适合被形容为丰富的、有用的、有误导性的、启发性的或无关紧要的。这些描述突出的不是其真理价值，而是理想类型驱动话语活动的能力。

猜想史的局限性

马克斯·韦伯(1958)对马克思的周期性辩证法的批判,阐明了猜想史的优缺点。韦伯分析的独特之处在于,他并没有在实证层面(准确性、合理性等)上挑战马克思,而是在元理论层面上提出了质疑。

韦伯认为,马克思的历史唯物主义不是一种假设(hypotheses),而是一种理想类型(ideal type)[①]。假设是可以通过经验验证的经验主义主张,这是理解马克思历史唯物主义意义的错误方法。按照这个思路,韦伯抱怨说,"危害"源于"无知地将经济[马克思主义]对现实的解释用作解释所有文化现象的'普遍'准则——即所有对我们有意义的现象——归根结底,是受经济条件制约的"(Weber 1958)。这种"无知"源于将这些理想类型"视为经验上有效的或真实的(即真正的形而上学)'有效力量'或'趋势'"(Weber 1958)。话语活动本质上是一种解谜活动,当一个错误的应用程序处于给定的理想类型中时,谜题就被解决了。

虽然理想类型只能根据其解决问题的能力在实用主义的基础上进行表征,但用来解释特定现象(即从封建主义转向资本主义)的理想类型数量是没有限制的。例如,马克思的历史唯物主义并不排除黑格尔更具目的论的历史哲学。为什么呢? 韦伯遵循了新康德主义者海因里希·里克特(Heinrich Rickert)的观点,认为"所有具体事物所包含的多样性的无限性和绝对非理性,提供了一个认识论上非常有说服力的证明,即试图通过任何方式对现实科学进行'复制'绝对是一种毫无意义的想法"(Burger 1987)。鉴于这种无限的多样性,我们应该期望有助于理解的理想类型只能对这种现实进行部分、有限的呈现,但这并不意味着我们被禁止讨论这些理想类型各自的相对优点。韦伯讨论了可以用于代表资本主义经济体系的理想类型或空想主义的多样性:

> 这是有可能的,或者更确切地说这种空想主义类型是有可能实现的,实际上作为一个真实存在的经济系统是不可能在经验现实中被观察到的。但是,他们却声称其代表了资本主义文化"理念"。每一种都可以声称是资本主义文化"理念"的代表,因为它确实从我们的文化经验现实中

---

① 维特根斯坦以类似的方式,区分了"经验命题"与"描述规范"。

提取了某些有意义的特征,并将它们整合成一个统一的理想结构。对我们来说有意义的"观点"非常多样化,因此可以采用多样化的标准对特征进行选择,这些特征将用于构建特定文化的理想-典型观点。

一个特定的理想类型可以描绘出特定现象中有趣的和重要的特征,但韦伯警告我们不应该对它们抱有更多期望。韦伯对马克思的讨论充满了深刻的启示,它提供了一个框架,在其中不仅可以理解马克思的唯物史观,还可以理解一般的猜想史。韦伯把这种猜想史称为"遗传的理想类型"。将这种猜想史理解为易被证伪的经验性的主张是错误的,它们更像是从特定角度阐释特定社会图景的模型。虽然最好的理想类型阐明了这一图景的显著特征,但我们可观察的角度是无限的;我们应该谨慎对待我们的模型。在阐释一个给定的现象时,使用一些似乎不可通约的理想类型通常会有所帮助。

作为一种理想类型的现代

现代和现代化的概念意味着一种猜想史,因为它们体现了二分的社会结构。其中现代形成一种"理想类型",传统则形成了另一种。赫伯特·斯宾塞强调了同质性和差异化,马克斯·韦伯则专注于他所谓的传统主义与理性主义的对立,而费迪南德·唐尼区分了社区和社会(Rust 1977)。在他们的叙述中,隐含着从一个时期到另一个时期的过渡。随着国家从传统走向现代,它们被视为从同质性、传统主义和社区转向分化的社会形式、理性主义和社会。现代制度结构和个体角色的显著特点之一,是其高度差异化和专业化的性质。

当然,所谓的传统社会被认为已经达到了一定程度的差异化和复杂性,但现代性将这种差异化又提升到了一个新的高度。首先,人们越来越相信社会进步的价值,或者说相信日益增长的社会和角色复杂性的价值。其次,组织技能和社会能力的提高,足以应对日益增长的复杂性问题,特别是通过通信和技术的发展。换句话说,差异化的过程不仅被视为一个有价值的过程,还具有整合、协调和维护促进现代化各个部分之间的沟通链的能力。现代化加剧了差异化的过程,以至于传统社会似乎具有惊人的稳定性、简单性和同质性。在现代社会,差异化和专业化程度越高,社会就越先进。

在差异化和专业化的名义下,艺术、美学、科学、道德和法律领域呈现出各自独立、自主的形式。这正如韦伯和哈贝马斯所说的现代性的"尊严",因为不同领域的分离允许领域内的人不受其他领域的人的压制性入侵。

现代社会领域的分离

虽然差异化过程的重要性仍然存在，但现代分化的负面之处在于，差异化已与分离以及整合过程的失败相混淆。也就是说，虽然现代社会将艺术、美学、科学、道德和法律分开，允许它们建立自主性，但同时也将它们分离出来，以至于它们之间几乎没有联系。1965年的日本箱根现代会议很好地说明了这一点。在会议上，社会科学界的代表们试图捕捉现代社会的全部广度和深度，为此，他们确定了现代化的四个主要领域：政治现代化（7个问题，如大众参与、增加对政治决策的理性控制等），社会现代化（8个问题，如基于成就的角色和社会声望、人口从农村向城市转移等），经济现代化（10个问题，如有薪劳动的传播，生产过程的日益专业化等），以及知识现代化（8个问题，如个人价值增加、世俗化等）。在提到的33个问题中，没有一个问题直接涉及艺术和美学或道德和伦理（Rust 1977）。

后现代主义中的去分化过程

后现代主义的一个主要目标，是重新加入各个领域。拉什将后现代主义描述为一个去差异化的过程，即自主化的逆转（Lash 1990），而詹姆森将其解释为迄今为止享有相对自治领域之间的"临界距离"的消失（Jameson 1991）。这与实用主义的议程相一致，实用主义的意图是澄清各个领域如何相互配合以及应该如何相互配合。后现代主义的目标，是在各个领域之间获得更大的平衡。它并不试图贬低科学，只是为了平等地考虑道德和美学，以这样的方式将它们整合起来，使所有领域都受到道德和美学的影响。

现代的整合模式更多地与分离而非整合相关联，因为整合是通过对科学领域的不平衡施加影响而实现的。物理科学的长足进步致使人们产生了一种错觉，即所有现实都可以通过这一条路接近真理。科学打破了传统社会的确定性，取而代之的是一个客观和存在差异的体系。如果知识不能被客观地、科学地验证，它就会被视为是不真实的。因为科学基于"价值无涉"（value free）和中立的假设之上，所以它涉及的是定量而非定性。艺术、美学以及道德和伦理变得令人怀疑，因为它们无法得到科学的验证。换句话说，艺术和伦理领域被忽视甚至变得无形了。

有些现代主义的学者认为,科学有能力促进道德的发展。例如,哈贝马斯认为,"启蒙思想的概念在科学进步的观念与科学也服务于人类道德的信念之间起着桥梁作用"(Habermas 1984, p. 147)。人们期望科学为伦理和道德带来与自然科学同样快速的进步。然而这一点还未实现,科学就已经从伦理和道德中分离出来,因此科学并不能比其他领域更准确地界定伦理行为。伯特兰·罗素从现代主义者的立场出发,大声疾呼科学不应侵犯任何价值领域:

> 除非科学是对知识的追求,否则价值领域不属于科学。科学作为一种追求,绝不能妨碍价值领域。而科学技术如果要丰富人类的生活,就不应逾越它应该服务的目的(Russell 1931)。

唯一有意义的整合和实现的方法,是打破分隔各个领域的障碍。只有让艺术家、学者、精神领袖、政治家、商界人士、基层活动家和普通公众进行共同经验的长期对话,这一目标才能实现。

为后现代精神寻找空间

我们认为,那些指责后现代主义处于道德真空中的人误解了后现代主义主张的重要性。罗蒂(1980)等人指出,批评反对实用主义后现代思想是根据一种古老的参考框架:相对主义和犬儒主义。这暗示了这种批评是建立在误解的基础之上的。后现代主义的批评者声称他们被期望承认任何事情,并允许任何事情发生,因为他们没有可依赖的基本真理。这种批评的缺陷在于,相对主义只是相信一切事物都有一个单一、真正的终点。正如罗蒂所指出的,后现代实用主义者引入了一幅新的哲学版图,并且不包括旧版图的特征(Rorty 1980)。

虽然这是一种暗示性的诊断,但其作用有限,因为它在很大程度上用消极的术语来表述:后现代道德观不是相对主义、怀疑论、虚无主义或犬儒主义。我们想回应安东尼·韦尔奇的主张,如前文所述,后现代主义者并没有描绘出道德发展的"形而上学"的有效图景。正如韦伯认为马克思提供了一种宝贵的理想类型以供社会科学家参考一样,我们可以提醒韦尔奇,福柯也同样阐明了一种理想类型,这可能会给我们理解自我提供一些指导。

回想一下韦伯对马克思历史唯物主义的重新描述。虽然可能有理由批评马克思，但不可能是因为马克思说了一些符合或不符合逻辑原子主义者所称的"事实形式"的话。在所有的论述性项目中，"真"和"假"提供了一种笨拙的评估方法。研究者面临的挑战不是说某件事是真的。现实是由"广泛而密集的无限多样性"组成的（Weber in Burger 77），只有最荒谬的陈述才无法正确描述这种无限多样性的某些方面。相反，韦伯指出，"只有这个非常复杂的具体现象的某些方面，即那些我们认为具有一般文化意义的方面——才是……值得理解的"（MSS 78）。通过这种方式，像"值得理解的"或"丰富"这样的描述符在评估各种相互竞争的理想类型时更为适用。此外，我们应该认识到，如果一个理想类型不能详尽地描述这种"非常复杂的具体现象"，那么我们就不应该期望任何一个理想类型会全面表达我们对某一特定现象的看法。因为这种无限性，就像隐喻一样，我们有理由预期每种理想类型最终都会失效。回想一下，韦伯对"试图通过科学'复制'现实是绝对毫无意义的想法"的否定（Weber in Burger 66）。

因为理想类型终将在其引导话语过程的能力上失败，这从根本上改变了从一个给定的理想类型的应用中出现不良后果的意义。福柯为我们提供了一种人类道德发展的特殊理想类型。韦尔奇错误地推断，因为这个特殊模式暗示了道德在文化上是偶然的，后现代主义者必须致力于一种无知的道德怀疑主义。但是，韦尔奇的推论只有在后现代主义（包括福柯本人）将福柯的猜想史视为非理想类型时才有效——也许是一种对应的"经验有效或真实的（即真正形而上学的）'有效力量'或'倾向'的映射"（MSS 103）。事实上，情况并非如此：如果可以从一个给定的理想类型中推断出一个令人不快且难以置信的结论，那么后现代主义者就不会选择接受这个结论或放弃这个模型。相反，这些令人不快的结论可能只是表明我们已经开始将理想类型推向崩溃的边缘——事实上，我们已经了解了这种特殊理想类型的局限性。

如果我将爱比作一朵玫瑰，这并不意味着我主张爱必须进行光合作用，很可能是我认为我的对话者误解了这个比喻的意义。贝多芬的《第五交响曲》代表了善与恶的冲突，这并不意味着这部交响曲的失败，因为它未能阐明谁才是"总指挥"。到目前为止我们展示了什么？虽然我们尚未为后现代主义的道德观描绘出一幅积极的图景，但我们已表明后现代主义并不排斥这种可能性。仅这一点就避开了讨论中存在的大量的混淆。在下一节中，我们将尝试论述更为雄心勃勃的"积极"任务。

作为关系的道德

后现代主义否定了本质主义的普遍性,因此很难在不陷入某些普遍的自相矛盾的陷阱中定义道德。每个社会都在道德世界的约束中,至少在某个特定时期,绘制每个社会的道德世界还是相对简单的。西方人意识到,他们的道德意识源自犹太-基督教传统,并且主要基于其神学宇宙观。神的假定权威决定了基本真理和演绎推理的一切过程。然而,现代性以显著的方式改变了这一假设,尤其是通过启蒙运动。当宗教开始与世俗的、归纳的科学竞争时,科学也成为道德生活的哲学基础。在这个演变过程中,道德更多地与人文主义和自然世界联系,而不是与上帝和超自然现象联系在一起。

不管我们道德世界的来源是什么,它都与创造和完整的关系生活有关。根据查尔斯·泰勒的说法,有些道德信念认为"人类生命应该受到尊重,强加给我们的禁令和义务对我们生活产生最重要和最严重的影响"。泰勒提出了我们当代的道德原则所围绕的三个轴心(Taylor 1989)。第一个轴心围绕着个人的道德问题,以及如何为个人的"自由和自我控制"创造一个突出位置,关注个人权利,如何避免痛苦,以及如何保持对自身幸福至关重要的生产性活动。在这个轴心周围,涉及个人的生活方式,何为有意义的生活,以及个体如何发挥其才能和天赋等问题。

第二个轴心的定义是对他人的尊重和对他人负有的义务,涵盖了家庭成员、邻居、文化、国家和全球社会中的他人。这些义务包括对他人的权利和福祉的尊重和关心。

第三个轴心是指赢得他人尊重的行为。在日常生活中,我们占据着公共空间,而这个空间会引起他人的蔑视、自豪或羞耻,而这通常从我们动作、手势和说话的方式中可以看出。这种反应源于他人看待我们时产生的喜欢或不喜欢的感觉。它也可以是他人看待我们的方式以及我们在面对他人权利时的脆弱或坚不可摧的状态。或者,也可以看作是我们作为一家之主的表现,或是我们保住工作的能力。或者是当我们遇到麻烦,抑或别人对我们和我们所爱的人造成伤害或带来痛苦时我们的行为方式。道德是一个对话的关系领域,它取决于我们与自己以及与他人进行对话的质量。

一种后现代精神:慷慨地理解慷慨①

我们回到前文所讨论的后现代猜想史。这段推测的历史对我们的道德义务性质有何启示? 按照这种模式,如果说现代主义的特征在于各种话语语言游戏的碎片化、分化和隔离,那么后现代主义的目标旨在"去分化",即学科大厦开始被解构。在后现代思想中,哈贝马斯、罗蒂和利奥塔尔之间存在一种相似之处,因为他们都专注于对话过程。然而,哈贝马斯不同于新实用主义者和后结构主义者,他希望通过对话达成共识,让人类理性社区的成员努力相互理解并达成共识(Habermas 1984-87)。罗蒂则表达了这样一种对话存在的意义,他认为哲学的目标是"保持对话的进行,将智慧视为维持对话的能力"(Rorty 1980)。让·弗朗索瓦·利奥塔尔则拒绝将对话的目标设定为共识。他指出,语言具有异质性,"缺乏一个共同的习惯用语是不可能达成共识的"(Lyotard 1988)。语言和语言规则的异质性意味着没有一种普遍的话语可以涵盖不同的话语游戏。讨论不存在单一的最终目的,尽管"它提高了我们对差异的敏感性,增强了我们容忍不可通约性的能力"(Lyotard 1984)。

对话过程之所以很重要,有很多原因。首先,后现代主义有别于早期现代主义的唯我主义怀疑论:后现代主义不仅仅是我们在哲学导论课程中概述的那些令人厌倦的哲学运动的又一次迭代。其次,更重要的一点是,我们看到像哈贝马斯、罗蒂和利奥塔尔等理论家之间表面上的分歧其实建立在大量共识的背景之上。正是在这种共识中,我们才能找到道德的基础,这似乎既不是品味或教养的问题,也未表现出绝对主义道德命令的强制性。

特别是,我们想表明,只要我们认同后现代主义的猜想史就意味着认同一种慷慨的伦理观。对慷慨的承诺只是另一种解释或阐明理论家们所说的"对话过程中的差异化"方式。也许解释我们所说的"慷慨"的最好方法是举例。维特根斯坦指出,对任何事物的单一解释都是片面的,要获得任何复杂景观的全面了解,需要"各个方向纵横交错"(Wittgenstein 1958)。以下是对后现代主义领域纵横交错的微型描绘:它既不全面也不详尽,而是具有启发性并有助

---

① 译者注:后现代主义这个术语常常被人与后结构主义混为一谈,或者被有意地与后结构主义合二为一。事实上,它们之间存在着哲学和历史的重叠,需要对两者加以区分。本章作者似乎将两者等同,故本节中的一部分内容与上一章节存在基本重复的情况,请读者批判性地加以吸收。

于实现我们的目标,即证明慷慨是后现代思潮的一个标志。

汉斯-格鲁格·伽达默尔与完整性　在后现代主义者中,伽达默尔可能最接近于将我们所谓的慷慨定义为一种明确的道德准则的人:对完整性的预期。继胡塞尔和海德格尔之后,伽达默尔坚持认为,意义的理解不可能在没有预期的情况下进行。根据胡塞尔的观点,我们可以立马感知到一个物体是某种东西,这是意识的基本条件。海德格尔扩展了此观点,将语言理解的所有对象纳入他所谓的"理解的前结构"中。我们可以将意义投射到所有对象上,以便在我们自己的理解模式中塑造和情景化它们。这样,意义不只是在事物本身中被发现,也存在于我们对其施加的解释性结构的功能中。这种解释性结构在很大程度上取决于情境,更甚是我们共享的一般情景。此外,伽达默尔和海德格尔都坚信,没有足够的视角或解释结构足以提供对文本或对象的完整和最终解释。海德格尔认为,如果文本本身没有意义,正是解释者所处的情境使意义的解释性投射成为可能。

正是在这一基本洞察力中,伽达默尔揭示了偏见在理解意义中的重要作用。理解是由解释者投射到对象上的文化偏见引起的,即我们将偏见投射到一个新的对象上。例如,一个文本,我们预期并赋予文本以意义,以便将其视为某种东西。伽达默尔建议,在理解的那一刻,我们希望将文本视为一个内部一致的整体。只有假设文本的统一性,我们才有希望理解和评估其组成要素。几乎可以肯定的是,随着人们继续研究文本,各部分和指导性解释之间将会出现紧张关系。因此,必须对整体解释或部分解释加以修正以消除矛盾。试图解释看似不一致部分的动态变化是理解的必要条件。假定这里有一种对文本的解释,试图将其看似不同的元素结合起来,伽达默尔的"完整性预期"概念捕捉到了这种直觉。伽达默尔断言,"完整性预期不仅包含了文本应完全表达其意义的形式要素,还包含其所说的完整的真理"(Gadamer 1998, p. 262)。

约翰·杜威和实用主义　实用主义源于查尔斯·皮尔斯关于如何使思想清晰的一种方法(Peirce 1968)。皮尔斯坚持认为,知识概念的意义与其实际效果直接相关。如果一元论与多元主义的概念在实际效果上没有区别,那么这些概念本身也没有区别。威廉·詹姆斯普及了实用主义,但却由杜威将其引入了哲学界。

杜威的"工具主义"成为伦理分析和批评的指导原则,因此他能够弥合自柏拉图和亚里士多德时代就开始困扰哲学的二元论。这种二元论的区分对美国经验毫无意义,杜威摒弃了他们赖以发展的哲学传统,包括寻找所有价值观和知识导向的真正目的。在杜威看来，没有固定和最终的道德目标。一个人生活的文化定义了其目标，社会中的每个人都了解这些目标。就像医生或土木工程师也与哲学家一样了解它们。一个人的品格来自帮助塑造它们的文化。此外，这些目标也会随着时间的推移而变化。在某一时刻，拯救可能是目标，但也可能繁荣、责任、幸福才是目标，或者同时是这些目标的组合。文化赋予人类的习惯和传统也会随着时间的推移而改变。杜威认为，哲学和反思的价值在于帮助每个个体成为一个更有能力、更充实、更有道德的人。在这方面，杜威是完全民主的，因为他希望每个人都能发挥自身的最大潜能。对杜威而言，知识的全部意义在于帮助人类获得实际的道德和目标，包括思想开放、真诚、视野开阔和慷慨。就此而言，他认为传统哲学是失败的（Dewey 1916, p. 414）。

在某些方面，杜威自己的人类道德发展理想类型比福柯的误导性要小。他和福柯一样，相信我们的规范在实践中找到了立足点，主题并不仅仅是实践中毫不知情的产物。但是杜威让我们注意到一个事实，即特定的实践——又称哲学实践——发展了在后现代时代极具价值的态度和倾向。

牛顿·加弗谈路德维希·维特根斯坦　维特根斯坦努力保持他所认为的逻辑经验主义的价值部分，同时让其在表述中占据主导地位。在对比《哲学研究》与《逻辑哲学论》时，敏锐的读者倾向于强调这两者之间的差异性和连续性。这也隐含在维特根斯坦自己的评论中："《逻辑哲学论》就像一个不能报时的时钟。"牛顿·加弗详细阐述了这句话的含义，"维特根斯坦将哲学看作是语法的延伸，是对他早期将哲学视为'逻辑和形而上学：逻辑是其基础'观点的概括。逻辑仍然内在于真理主张中，但真理主张只是语言的无数用法之一"（Garver 1996, pp. 165 - 66）。如果加弗是正确的，维特根斯坦回到普通语言的基础上，其作用并不是否定《逻辑哲学论》的纯洁性，而是使我们明白，我们并不能从真理的功能命题中获得期待（Wittgenstein 1958, p. 107）。

维特根斯坦以这种方式指责自己，效仿了韦伯对马克思的批评，并非因为他弄错了什么，而是误解了自己洞察力的范围。作为现代主义划分的核心，加弗在总结他的文章时指出，维特根斯坦的形而上学和认识论事业最终无法与伦理事业区分开来："良好的哲学思考是一种卑微的道德成就。维特根斯坦的哲学并不能帮助我们改善世界（如医学和工程设计）或在世界上表现良好（如道德规则），而只是以某种方式帮助人们思考生活和世界——以适当的视角看待事物的本质"（Garver 1996, p. 167）。尽管维特根斯坦的道德成就可能很卑微,但后现代主义者明白,只有当我们已经以维特根斯坦给予自己的同样慷慨的方式接近他人时,技术成就和道德规则才会起作用。

理查德·罗蒂谈德里达　罗蒂对德里达的评价是对我们主张的慷慨是后现代主义观点的重要挑战,特别是德里达支持的一种"解构方法",从表面上看似乎提倡一种反叛的非慷慨,促使读者预期不完整。然而,即使德里达本人推动这一看法发展,许多人也会毫不犹豫地将德里达描述为后现代主义者。罗蒂将"解构"(deconstruction)解释为"语境重构"(recontextualization),这种解读使得德里达更接近韦伯和维特根斯坦等人。事实上,罗蒂谨慎地将德里达刻画为重要的(尽管不是唯一的)后现代主义者,而且与整个西方传统的元素有着密切联系:

> 解构,并不是一种伴随哲学的新发现而产生的新方法。一般意义上的语境重构,特别是颠倒层次结构,已经存在了很长一段时间。苏格拉底对荷马进行语境重构;奥古斯丁对异教徒的美德进行语境重构,把它们变成华丽的恶习,然后尼采又重新定义了等级制度;黑格尔对苏格拉底和奥古斯丁进行语境重构,使两者平等;普鲁斯特(一次又一次地)将他遇到的每个人进行语境重构;德里达(一次又一次地)将黑格尔、奥斯汀、塞尔和他阅读的所有作者进行语境重构(Rorty 1989)。

罗蒂很快弄清了德里达解构或语境重构的方式,从而将他与经典区分开来:"但为什么它听起来和德里达有如此惊人的不同呢? 简单地说,因为德里达利用了单词'偶然'的特征,而黑格尔虽然拒绝遵守'矛盾'关系只在命题之间而不是概念之间成立这一规则,但他仍然坚称'你不能对词语的声音和形状赋予任何重量'"(Rorty 1989)。对于韦伯来说,理想类型是重新概念化的工具:它们有助于引导探究者看到不同现象之间的相似性和差异性关系。对马克思来说,历史上的各个时代都以一种可识别的模式展开。维特根斯坦试图展示理想语言和普通语言在重要方面的相似之处(或不同之处)。如果德里达与前人的不同之处在于,他诉诸用一个词的词法作为建立相似性和差异性关系的基础,那么罗蒂指出他正在做一件"已经持续了很长时间"的事情是没有错的。

如果慷慨是一种道德关系,那么将这种立场应用于词语的偶然特征是否有价值? 通过产生如此多的令人怀疑、不可思议、无关的理想类型,它是否削弱了意义？用罗蒂的话说，"这样写有什么好处呢？"虽然罗蒂对这个问题提供了相互矛盾的答案，但他并没有直接否定这个观点。

一方面，他认为德里达展示了海德格尔、尼采、黑格尔以及韦伯错误的观点，赋予了它们巨大的规范性意义："在我看来，这种幻想是反讽主义理论化的最终产物。回归个人幻想是解决这种理论化遇到的自我指涉问题的唯一办法，即如何与前辈保持距离而不完全重复他们所否定的行为。"（Rorty 1989）。他特别展示了韦伯在写道"所有事物所包含的无限性和绝对非理性，提供了一个认识论上非常有说服力的证明，即试图通过科学来'复制'现实是一个愚蠢的想法"时尴尬的表达（Burger 1987），并抱怨声称发现了现实世界的"独特名称"会造成"危害"。如果这是德里达的贡献，那么它无疑是有帮助的。在这种情况下，该方法本身就是一种理想类型。另一方面，罗蒂则更为谨慎地在形态学中建立了相似关系：

> 我们必须看看我们是否可以找到它的用途。如果可以的话，那么就有足够的时间将某种类型或其他类型的边界延伸以将其融入进去，并制定标准，这些标准可以作为一种很好的写作类型。只有形而上学者认为我们目前的类型和标准穷尽了可能性的范围，而讽刺主义者将继续扩大这一领域（Rorty 1989）。

罗蒂（1989）在这里提出了一个公平的观点，即我们不需要事先评估我们的理想类型的价值。事实上，巴斯·范·弗拉森指出，即使在自然科学中，一个范式或模式也只能说在过去取得了成功。范·弗拉森观察到以下关于革命科学的"彻底转变"："我承认现在它是幸运的并被证明是正确的，但这并不意味着它在当时是合理的、理性的、可接受的。"（van Fraassen 2002）。这一评论意在暗示，虽然德里达深化了我们对慷慨可能发挥作用的理解方式，但他的"解构方法"可能会被罗蒂解读为一种对慷慨的认可。

慷慨是一种将自己融入文本主题的方式：它意味着一种批评的意愿，与作者揭示韦伯无限性的真实模式相反，人们假设批评的主体有一些有价值的东西要表达，所以他们主张的意义是重新语境化以保留这些见解，同时消除感知到的"危害"。这个建议可能会让读者觉得很老套，像是在重复非正式逻辑教科书中概述的谬误。因此，我们以韦伯、伽达默尔、杜威、维特根斯坦和德里达为例来说明我们所谓的慷慨。这些学者所做的事情有哪些？在某些情况下他们如何描述这种话语活动,以扩展后现代道德观的关键组成部分? 当然,本章希望它坚持明确的方法论原则。这种批判始于现代主义猜想史背景,在将细分的语境重构等同于慷慨时,我们提出了一种理解后现代的新模型或理想类型。像任何一种理想类型一样,它也会受到挑战并不断改进。在此之前,我认为我们应该继续认真对待这种理想类型,因为它有望实现后现代主义和道德之间的调和。

超越文本:慷慨与比较教育

不幸的是,反全球化主导了关于全球化的对话,因为其中一些被广泛引用的文本是毫无必要,且没有帮助的刻薄之词。例如,艾伦·托纳尔森的《竞次》声称,全球化导致整体生活质量的下降和民主控制的减弱,同时带来了阶级两极分化、企业主导和全球冲突加剧(Tonelson 2000)。其他作者也指出,全球化使得本土知识被消费伦理所取代(Bauman 1995)。在韦伯之后,这些主张的问题不在于他们是经验上的错误,而是这些反全球化的论点过于狭隘地误解了亲全球化的立场,以至于人们被迫将全球化视为一种新帝国主义。我们的担忧不一定是错误的,而是许多反全球化主义者对待这个话题的强硬态度,妨碍了对亲全球化阵营的解读。

幸运的是,随着国际货币基金组织前经理约瑟夫·斯蒂格利茨《全球化及其不满》一书的出版,反全球化主义者找到了更为温和和成熟的声音。在对经济全球化发起了毁灭性批评的同时,斯蒂格利茨还设法以我们认为构成后现代主义道德观的那种慷慨来描述亲全球化主义者。其中一个影响是,斯蒂格利茨的批评获得了以前批评所缺乏的可信度。另一个影响是,这两个阵营的关切和动机不一定被解释为反理论,这就为新的解决方案打开了大门:

> 结构调整计划甚至没有给像玻利维亚那样坚持其限制的国家带来持续增长;在许多国家,过度紧缩阻碍了增长;成功的经济计划需要在排序(改革发生的顺序)和节奏上格外谨慎。例如,如果在强大的金融机构建立之前,市场开放竞争的速度太快,那么就业机会的消失速度将比创造新就业机会的速度更快。在许多国家,排序和节奏的错误导致失业率的上升和贫困加剧的案例比比皆是(Stiglitz 2003)。

斯蒂格利茨建议的独到之处在于,它代表了一种试图调和反全球主义者和亲全球主义者的合理关切和见解的认真尝试。在安排经济改革的序列时,其缓和了《竞次》中概述的经济自由化带来的真实后果,又不排除经济自由化可能带来的好处,"我相信全球化——消除自由贸易壁垒和国家经济的一体化——可以成为一股向善的力量,有可能使全世界的人都富裕起来,特别是穷人"(Stiglitz 2003)。尽管《经济学人》对《全球化及其不满》进行了严厉的批评,但它代表着统一和语境重构的一次重要尝试。最近,贾格迪什·巴格瓦蒂出版的《捍卫全球化》一书证明了亲全球化主义者似乎在倾听——从坚定的自由主义者角度出发,慷慨地阅读反全球化主义者的观点。在序言中,当斯蒂格利茨谈到克林顿政府和国际货币基金组织在知识环境方面的决策差异时,预示了他对慷慨方法论的认同:

　　　　在克林顿政府时期,我参与政治辩论,有时成功有时失败。作为总统内阁的一员,我不仅可以观察这些辩论,了解辩论的解决方式,还可以参与其中,尤其是在涉及经济学的领域……但当我进入国际舞台时,我发现政府和国际货币基金组织这两个机构都没有主导政策的制定,尤其是国际货币基金组织,决策的依据似乎是基于意识形态与糟糕的经济学的奇怪融合,这些教条有时似乎会轻微地掩盖特殊利益。当危机来临时,国际货币基金组织给出了过时的、不适当的、看似"标准"的解决方案,却没有考虑这些政策对国家和人民的影响(Stiglilz 2003)。

　　我们不是为了把国际货币基金组织在 20 世纪 90 年代末的态度与当下美国政府的态度进行比较,只是想指出,斯蒂格利茨的著作既是对采用一种慷慨道德观的论证,也是对采用一种特殊方法解决全球化问题的论证。在斯蒂格利茨看来,意识形态是一种僵化的理想类型("即真正的形而上学"),因此它才是慷慨的严重阻碍。这些明显过时的态度导致了越来越多的分歧和分化,因为过于简单的一刀切解决方案会继续加剧实际问题的解决难度。斯蒂格利茨认为,这些看似过时的态度与证据脱节:"这些态度让我不安。这不仅仅是因为他们总产生糟糕的结果。"(Stiglitz, xiv)如果巴格瓦蒂最终不认同斯蒂格利茨的具体政策建议,他也会同意斯蒂格利茨更重要的主张:我们需要重新理解我们研究假设的方式。

　　以这种方式,斯蒂格利茨对待亲全球主义者就如韦伯对待马克思或维特根斯坦对待逻辑经验主义者一样：我们认为后现代道德观所指示的慷慨不应局限于学术界——事实上，社会和政治领域是最迫切需要它的地方。

在比较教育领域，保罗斯顿认识到后现代进程正在比较教育领域学术史中发生。他认为其在该领域已经经历了三个阶段。第一阶段发生在 20 世纪 50 年代和 60 年代，保罗斯顿将其称为正统阶段，其特点是功能主义和实证主义占据主导地位，该领域正走向类似法律陈述和概括性的发展趋势。第二阶段发生在 20 世纪 70 年代和 80 年代，这一阶段被认为是异端阶段，即非正统，其特征是范式冲突，批判性和解释性观点积极与正统观念竞争并加以挑战。第三阶段发生在 20 世纪 90 年代，这一阶段被认为是异质性阶段，它由有争议但互补的知识区块组成，这些区块承认、容忍甚至欣赏多种理论现实和观点的存在（Paulston 1993）。

可以看到，许多比较教育者在异质性的框架内工作。最早采取这种做法的比较教育者之一是托尔斯滕·豪森，他指出，没有一个单一的范式可以回答所有问题。他认为世界观应该相辅相成，应该受到尊重（Husen 1988）。相比之下，罗伯特·考恩主张更具包容性的比较教育，这种教育超越传统问题，甚至包括后现代主义和转型学（Cowen 1996）。比较教育人种学家迈克尔·克罗斯利强调，"范式战争"尚未结束，还需要做大量工作来克服该领域内存在的理论和方法上的分歧与差异（Crossley & Vulliamy 1996）。迈克尔·克罗斯利（1990）认为，如果要向那些政策制定者和实践者提出更具说服力的论据，就必须对当代的意识形态分歧（如定性/定量、应用/实践研究以及理论差异）进行更综合的研究，并将这些因素结合起来（Crossley 1990）。

罗纳德·普莱斯（2003）也为该领域存在的分歧感到惋惜，特别是那些代表不同学科及方法论的分歧。他认为这些分歧并不是问题所在，相反，它们的存在为比较教育者提供了独特的机会。普莱斯说："正是在这些方面，比较教育学汲取所有这些学科的知识，但又不受这些学科的约束，因而能为讨论整个现实世界提供机会。对于那些认为熟悉一个或几个学科很困难的人，我想反驳的是，要摆脱一朝学会的概念框架，以及识别和避免学术学科活动中大量存在的做表面文章现象，也并非易事。"（Price 2003）罗伯特·阿诺夫（Arnove Robert）和卡洛斯·托雷斯（Carlos Torres）在其所著的比较教育课程的主要教科书《比较教育：全球和地方辩证关系》中强调了在全球化力量与国家、地方力量相互作用的背景下，不同观点之间对话的重要性（Arnove & Torres 1999）。

最后一项任务依然存在。即使读者认同从慷慨的角度解释细分，也很难看出这种解释学态度在文本解释之外的适用性。即使我们建议"文本"应广泛解释为任何可能的理解对象，包括其他人，我们也应该展示这一立场在实践中的具体表现。最紧迫的道德问题莫过于经济全球化的影响，我们希望通过慷慨的话语缓和围绕全球化的激烈辩论。这一讨论将自然地引向关于慷慨与比较教育关系的问题。

第七章　全球化时代的学校改革

在本章中，我们将讨论全球化时代的学校改革，包括结构调整和教育改革、高等教育商业化、教育分权化、教育选择、教育私有化，以及多元文化主义与教育。

结构调整与教育改革

也许，与全球化最直接的制度和政策联系是布雷顿森林机构（Bretton Woods Institutions）所作的决策。1944 年，在新罕布什尔州（New Hamoshire）的布雷顿森林会议上，世界银行和国际货币基金组织成立，主要是为饱受战争摧残的欧洲重建提供资金支持。也是自那时起，这些机构成为第三世界经济发展的主要财政来源。在 20 世纪 50 年代和 60 年代，大量的第三世界国家从殖民列强的统治中挣脱获得独立，他们的经济发展因战乱几经波折。例如，一些独立后的非洲国家经济发展在经历了短暂的乐观增长之后，旋即走向停滞和低谷。当然，有些问题是无法避免的，比如干旱等气候条件十分突出，发达国家的保护主义愈演愈烈，这些最终导致了粮食产量与出口总量下降，以及通货膨胀的一再攀升（Adepoju 1993）。

愈发严峻的形势，使得世界银行和国际货币基金组织开始采取根本性改革，以确保低通胀、扩展财政责任和稳定汇率。他们决定只实施那些符合他们所倡导的政策的举措，这些举措通常被称为结构调整计划（structural adjustment programs，SAPs）。这些计划旨在帮助发展中国家摆脱经济危机，实现经济的稳定增长。发展的关键是鼓励私营企业的跨国投资，以此收获更多的国家财富,这些财富将用于扩展教育和卫生等公共服务,并最终惠及穷人。事实上,为了将通货膨胀和财政赤字保持在低水平,维持固定汇率,这一计划不惜采取一切必要措施。为了减少贸易的不平衡,计划鼓励农业部门将重点放在农作物出口上,而不是满足国内对作物和粮食的需求。他们还鼓励将大部分公共部门私有化,因为这是对有限资源的极大消耗。实行货币贬值措施也是必要的,这些措施增加了进口成本,同时降低了国内商品的价格。此外,为了吸引外国投资,这一计划还启动了贸易自由化的进程。

世界银行 2020 年关于非洲的报告(World Bank 2020, *Africa human capital plan*)指出,越来越多的证据表明,除非各国加强其人力资源发展,否则它们将无法实现持续的包容性经济增长,无法为未来提供更高技能的劳动力,也无法在全球经济中有效竞争。这表明,不重视人力资源开发的代价正在上升。有人声称,经济稳定方面取得的进展是不均衡的,那些根据世界银行授权改变政策的国家,经济状况有所改善,而那些没有改变政策的国家,经济却进一步恶化。那些认为结构调整议程存在缺陷的人表示,该议程几乎只关注经济增长,而没有考虑到减轻贫困和社会中其他可能被视为公共利益的部分。来自非洲之外的证据表明,世界银行和国际货币基金组织的经济增长方案并未奏效。例如,在亚太地区,这一经济方案的应用没有充分考虑到实际的国家数据,比如各国的经济发展水平。

由于教育始终是发展中国家的重中之重,即使公共部门无法增加其对教育的贡献,也有很多选择可以增加教育服务。第一,政府可以依靠当地社区支付教育服务费用;第二,教育可以私有化;第三,可以向家长收取费用,用于支付学校设备、校服等费用。这三种选择都已成为标准的结构调整政策,它们假设教育不仅是一种公共产品,也是一种私人产品,其需求将决定其价格。也就是说,当地社区和家长会非常乐意为他们所期望的教育买单。然而,人均收入限制了大多数父母和社区为他们所期望的教育付费的能力,他们对教育发展作出的贡献也十分有限。

结构调整政策在某些方面的确是正确的。发展中国家的经济必须得到控制,但就满足教育需求而言,其代价却是巨大的。如果发展中国家在世界体系内缺乏资本和知识资源基础,它们就无法摆脱欠发达的枷锁(Arnove 1980; Gereffi & Fonda 1992)。

发展中国家的教育质量和入学率下降,与政府对教育服务的资助有限相关(Mehrotraand & Delamonica 1998)。然而,这并不是政府不愿意加大资助力度,而是在竞争激烈的全球经济环境下,各国能够完全承担教育人口成本的能力有限。大多数发展中国家都无法实现足够的经济增长,以适应国家资助的普及教育。发展中国家不仅缺乏必要的资本,还缺乏参与日益增长的知识型经济所需的人力资本(Bank 1999; Kingand Mc Grath 2002)。具有讽刺意味的是,缺乏在这种经济中发挥作用所必需的知识基础,进一步剥夺了大多数人为后代提供参与新兴世界发展机会的可能性。

由于 20 世纪 80 年代的结构调整政策,肯尼亚等非洲国家的入学率在要求支付教育服务费后出现下降(Kenya 1996)。最近,政策发生了变化,要求取消这一教育费用,随之肯尼亚的小学系统一下子被入学的儿童所淹没。在塞内加尔,入学率直接与国家提供免费教育的能力挂钩(Kane 1993)。在扎伊尔,入学率和教育质量停滞不前被视为结构调整政策的直接后果(Lutatala et al. 1993)。1976 年,尼日利亚宣布实施免费初等教育后,入学率开始大幅上升(Obasi 2000)。因此,我们可以得出结论,父母的确希望他们的孩子上学,但入学率取决于国内教育政策环境。

如果我们的目光远离世界上贫穷的国家,焦点就会从初等教育向更高层次的教育方向迈进。大学之所以与全球化产生共鸣,是因为它们不像人文主义、普遍的知识和人类那样深深扎根于国家背景中。在全球化的影响下,包括教师、研究人员和优秀学生正从南向北迁移。远程教育的影响力日益增强,以市场和收入为导向的私立大学日益扩张且跨国公司化明显。大学正迅速失去在研究领域的突出地位,这一领域正被新的以营利为导向的研究中心所取代(Altbach 2002)。世界银行支持的重要创新之一是大学的企业模式,这意味着它们必须变得越来越具有企业家精神,并服从市场力量和经济需要(Bank 1994)。其结果将使大学变得更加高效,成本降低,并确保学术人员更努力地工作。

在世界上经济较发达的地区,大学展现出越来越强大的企业精神。这种精神的显著标志之一是企业管理风格,这种风格试图为机构带来更高的效率和合理性(Gould 2003)。大学趋向于变得等级森严和官僚化,并采用业务绩效指标(Currieand & Newson 1998)。一些学术界人士,从积极的角度看待这些做法。例如,德里克·博克(Derek Bok)认为,大学管理部门必须学会比过去更有效地运作,而商界可以成为他们的正面榜样(Bok 2003)。大学的工作一向以低效著称,因为大学从未面临过破产或解散的危机。博克还认为,大学必须提高警惕以提高其工作质量,而商界的管理风格可以作为这些大学的榜样案例。博克指出，一个不太正统的产业模式将分散经营决策，并放弃自上而下的权力结构（Bok 2003）。

国际大学协会（International Association of Universities）的研究主任兼荷兰特温特大学高等教育政策研究中心主任盖伊·尼夫（Guy Neave）指出，在全球化背景下，高等教育的两个特征尤为突出：第一，大学经历了"替代供应商"的出现，大学只是参与知识生产的众多组织形式之一（Neave 2001）。当然，大学的替代品一直存在，但新的选择不同于传统的替代品，即利用大众通信技术进行个性化学习和远程教学。第二个创新是将知识产业商品化，或将高等教育视为"可购买和销售的商品"。我们将在下一节讨论这个问题。

高等教育的商业化

博克指出，那些在大学工作的人的主要抱怨之一是，"大学已经变成了'知识工厂'，学术理想经常因为金钱而受到损害"（Bok 2003）。传统上，至少自从民族国家作为高等教育的主要赞助者崛起以来，教育不仅提供了经济成功所需的技能，还构建了公民社会的基础。教育一直肩负着让年轻人了解社会及其价值观的责任。而如今，这些价值观正在被灌输到注重就业、经济发展和地位的教育事业中。学术界的基本结构，在很大程度上因回应全球市场需求而发生变化（Slaughter & Leslie 1997）。佐伊道（2020a,b,c,d）认为，全球化和市场驱动的经济需求对高等教育改革产生了影响。他批判了基于新自由主义意识形态的问责制、效率、学术资本主义，以及以市场为导向和创业型的大学模式。根据佐伊道的说法，经济理性扩展到教育领域是新自由主义最普遍的维度之一，也是其最强大的意识形态工具之一，这导致了知识和教育的市场化和商业化（Zajda 2020a,b,c,d）。

这种趋势并不全然是学术界的过错。进入大学的学生越来越倾向于尽快完成学业，放弃了接受通识教育和关注公共利益的想法。大学课程也越来越倾向于实习、独立研究项目和实地研究，这不可避免地将学生置于工商领域（Gould 2003；另见 Rust & Kim 2015）。

市场驱动体系还会限制大学对科研的关注，因为研究赞助来自那些商业条款背后的经济利益集团。换句话说，在全球化的教育环境中，国家和社会的共同利益必须得到保护和维护（Altbach 2002）。如果教育只是一种市场商品，那么这些利益很可能会荡然无存。希拉·斯劳特（Sheila Slaughter）和拉里·

莱斯利（Larry Leslie）通过以下方式将这一点与科研联系起来：

> 为了维持或扩大资源，教师不得不越来越多地争夺与市场研究相关的外部资金，这些研究被称为应用研究、商业研究和目标研究，无论这些资金是以研究补助合同、服务合同、与行业和政府的合作、技术转让，还是招收越来越多的付费学生的形式出现的，我们将制度和专业市场或类似市场确保外部资金的努力称为学术资本主义（Slaughter & Leslie 1997）。

　　商品化的其他方式，甚至更加不易察觉。即使存在某些差别，在特定情况下也很难区分这两种力量。澳大利亚大学的离岸项目（off-shore programs）就是一个很好的例子。早在 20 世纪 80 年代，澳大利亚政府削减了教育预算，大学只能选择减少项目或寻找其他收入来源。他们选择通过在印度、印度尼西亚、新加坡和马来西亚等地设立"离岸"项目，将澳大利亚的高等教育出口到国外，以实现自身的"国际化"。因此，在澳大利亚境外提供澳大利亚教育的"非营利性"大学突然成了营利机构。为此，澳大利亚主张，他们提供的是学生本来无法获得的东西。当然，那些国家最优秀的学生可能会在自己的国家求学，而那些找不到合适教育的人，则可以在离岸中心购买所需的教育。

　　人们可以很容易地阐述离岸校园所带来的国际化好处，因为它们为澳大利亚提供了帮助那些本来无法满足学生需求的国家的机会，它们也为缔约国提供了高水平的学习机会、国际和文化接触机会，以及合作利益。然而，人们可以轻易地强调在这些发展中发现的自由市场激励措施，将高等教育视为一种商品并出售给出价最高的人。我最近读到一位印度教育工作者的文章，他在提到澳大利亚的高等教育活动时强调，"我们印度人知道，教育不仅仅是一种产品（或带有价格标签的服务）。教育不是一管牙膏，一块肥皂，也不是坐在沙龙里理发"（Ghosh 2002），我们所有人都需要时刻牢记这种区别。韦尔奇和莫克使用"学术资本化"这一术语，来指出市场化和公司化对高等教育的影响。

教育分权

　　全球化聚焦于莫克所说的"一股在全球公共管理领域强大的管理主义和市场化浪潮"（Mok 2002）。在这种背景下，国际发展机构特别关注政策话语中关于教育的分权，尤其是在拉丁美洲、南亚和东欧的发展中国家以及许多发达国家中。分权与市场驱动的范式一致,都是为重新调整教育结构作出努力尝试,即从福利和社会正义导向转向促进私人和公共领域的企业化、创新和营利的导向。特别是由于世界银行和国际货币基金组织的全球化政策,分权作为一项教育政策得到推广(Bank 2004)。这些机构希望提高各级政府的效率,特别是提高地方教育实体的能力,因为它们承担着相应的责任。

杰尔·贝尔曼(Jere Behrman)认为,分权对全球化倡导者来说是灵丹妙药,并且它是与当代全球教育有关的"最常实施的结构调整重组政策"(McGinn 1997)。几乎所有的"发展中国家……已经在他们的体系中采用了一些分权政策"。这些政策包括"将学校的权力和责任从中央下放到地方各级,增加学校的地方资金来源,学校职能的分权,以及改革学校及其教师的激励结构"(Behrman et al. 2002)。当然,分权不可避免地与其他政策举措结合在一起,包括教育选择和市场激励(Daun 2002)。在过去30年中,教育分权的概念一直是发展中国家和发达国家的一个重要议题。

虽然这些术语含糊不清,但分权和集权广义上是指重新调整教育系统中权力分配的过程,这意味着在教育中国家角色的弱化,从而遵从较低行政级别的决策(Hanson 1998)。一般来说,教育分权是将决策权从教育部转移到地方政府、社区和学校(Litvack 2003),尽管还有其他已确立的更微妙的分权类型。马克·汉森(Hanson 1998)区分了三种教育分权类型:放权(devolution)(私有化)、授权(delegation)和分散(deconcentration)。放权,意味着决策权被转移到下级机构单位。私有化,是一种特殊的权力下放,责任和资源可以从公共部门转移到私营部门。授权,也意味着将决策权从上级单位转移到下级单位,但这种权力可由授权单位自行决定撤销。分散,意味着任务和活动被转移,但决策权保持不变。乔恩·劳格洛(Jon Lauglo)指出存在三个主要的分权理由:政治上合法化的权力分散、提供的服务质量,以及资源的有效利用。后来,他将这三个理由归纳为两类——"政治"和"质量与效率"——并指出每个类别中地方分权的形式(Lauglo 1995)。不同国家在这些类别上的重点不同。

这些都是理想类型的范畴,很少有能完美符合这一类型的例子。

在发达国家,即使在传统上以集权制度著称的国家,分权也已成为近来一个普遍的现象。自国家体系建立以来,法国、瑞典和挪威一直保持着强大的中央集权的共和传统,这种传统建立在这样的假设上:一个国家的首要任务之一就是培养未来的国家公民。然而,最近这些国家认识到它们的制度过于统一甚至单一,从而开始了地方分权的进程(Rust 1989; Hudson & Lindstrom

2002)。

　　即使那些在传统上以分权管理闻名的发达国家,也一直在调整各自的行政框架。英国和美国都是高度分权的国家,主要权力机构设在英国的地方教育当局(Local Education Authoroties, LEA)和美国的地方学区,它们各自也为集权做出了一些努力。特别是在课程和测试方面,既对权力集中作出了努力,也下放了权力给地方学校。事实上,在英国,学校有权"选择退出"与 LEA 的联系(Ornstein 1989; Hudson & Lindstrom 2002)。

　　地方分权改革的路径、深度和结果,取决于决策者的动机、改革周围的环境以及教育和更广泛的环境中其他方面的发展。在拉丁美洲,教育的责任常常被置于半自治的地方政府手中。在哥伦比亚和阿根廷,初等教育权利已经下放到中级政府。而在智利则已转移到市政当局。此外,财政转移到地方政府也出现了显著增长,特别是在巴西、墨西哥和哥伦比亚(Hawkins 2000)。

　　在非洲,地方分权最令人不安的一个方面是中央政府要求地方社区支付教育费用。由于社区资源有限,他们不得不向受教育者要求费用。换句话说,支付教育费用的负担直接落在父母身上,这意味着贫困家庭无法送子女上学,因为他们无法担负起这笔支出。这就造成了受益于学校教育的人们之间的巨大差异,而这种差异严重拖累了社会和经济发展(Mukudi 2004)。

　　地方分权本身并不是教育改善的唯一方法,它必须伴随着许多其他措施。其中一些措施需要在各国的中央部门层面实施(Carnoy & Rhoten 2002a, b)。事实上,有些教育改革需要采用集权的模式。例如,在挪威,如果没有高度集权的制度,就不可能实现 20 世纪的结构改革议程。一旦这项改革议程完成,挪威迅速采取行动,将其大部分重要的教育业务下放(Rust 1989)。在中国,霍金斯认为,地方分权不一定是件好事,因为中央政府在维护稳定和解决地区不平等方面发挥了关键作用(Hawkins 2000)。同样,卡诺伊(Carnoy)和罗滕(Rhoten)也指出,教育地方分权的引入取决于地区、国家甚至地方的社会、经济和政治条件。分权的动机可能既有政治性,也有行政性,或者两者兼而有之(Carnoy & Rhoten 2002a, b)。根据布雷(Bray)的观点,出于政治动机的地方分权,可能会寻求"加强主导群体的力量(在集权的情况下),或将权力分散给其他群体(在分权的情况下)"(Bray 2003a, b)。在行政上,集权和地方分权都可以用来提高效率。

　　地方分权的积极方面　　一方面,地方分权的倡导者认为,地方分权将决策权转移到更接近社区和学校的地方,从而有利于做出更加符合当地条件和需求的决策（Chapman 2000）。地方分权往往被视为鼓励社区更多地参与学校事务的一种方式，以便扩大教育资源和财政资助的基础（Shaeffer 1991）。那些从去制度化视角出发的人，看到了地方分权在为人类争取更大自由方面的潜力。另一方面，新自由主义者则希望通过地方分权来提高效率，节约成本并扩大人力资本。据亚洲开发银行（Behrman et. al. 2002）的说法，"有人认为将决策权下放到地方和学校层面，以及更大的市场导向，将使学校和教师对儿童和家长更负责任，对投入成本更敏感，从而提高效率，进而提升教育效果"。这种教育系统的重组，也被视为实现组织响应性、灵活性、责任感和生产力责任目标的一种手段，"这反过来又会提高学校的教育质量"。利特瓦克（Litvack）认为，由于世界上大多数政府都遭遇过集中化教育服务的陷阱，如决策不透明、行政和财政效率低下、服务质量和获取途径差等。因此，教育分权的理论优势变得极具吸引力。利特瓦克还建议，与集权体系相比，教育分权的过程可以"显著提高服务的效率、透明度和响应性"（Litvack 2003）。也就是说，教育分权可以保证更有效率、更好地反映地方优先事项，鼓励各方积极参与并提高覆盖面和质量，特别是对财政严重拮据的政府而言，发挥效率提升的潜力是教育分权的动机所在。

地方分权的负面影响 虽然地方分权政策在世界各地都有实施，但许多研究人员发现这些政策并不那么成功。对于一些地区来说，地方分权未能兑现其承诺的原因与其实施不完整有关（Mok 2002）。正如亚洲开发银行所指出的，"通常不清楚所采取的措施是否确实改善了教育。没有多少证据可以表明地方分权在改善教育方面取得了成功……部分原因可能是迄今为止大多数国家的地方分权措施尚不完善"（Behrman et al. 2002）。

其他研究人员指出了教育分权政策中固有的结构性问题。根据查普曼（Chapman）的研究，"反对者认为，权力下放和责任下放可能只会将同样的老问题转移到更不具备应对能力的系统层面，而且分权管理还会导致腐败和效率低下"。他还指出，随着组织争夺权力，地方层面的紧张局势往往会加剧（Chapman 2000）。一些研究人员还认为，看似权力下放的改革，往往只是另一种形式的集权——这个问题将在后文案例研究中展开讨论。

最后，分权改革的一些最具影响力的批评来自那些认为分权改革本质上是竞争性和财政驱动的，而不是由公平问题所驱动的人（Daun 2002；Zajda 2018）。布雷认为，全球化及其伴随的改革的关键是最终获得机会（Bray 2003a，b）。许多人声称，地方分权导致了更大的经济和社会不平等，并最终减少了获得优质教育的机会。例如,查普曼提出,地方分权可能会加剧不平等,主要是因为该国的富裕地区能够以远高于贫穷地区的水平为学校提供资金(Chapman 2000)。从这些相互矛盾的观点中可以看出,全球化趋势、各种分权或集权的政策以及教育成果之间的交叉点极为复杂。

教育选择

20 世纪 80 年代和 90 年代的教育改革运动,主要关注选择问题。自民族国家诞生和国家教育体系发展以来,教育的历史一直是克服儿童因社会阶层背景而分层的故事,而当前的改革进程已经明确要转向分层问题。支持者主张在自由市场经济和民主政治的基础上进行选择。

经济学的观点认为,学校应该以自由市场经济为蓝本,并培养青年在自由市场经济中发挥作用。允许家长选择送孩子去哪里上学,以竞争提高学校的质量。支持者认为,当国家垄断学校教育时,学校没有任何竞争力可言,因此它没有动力去提高自己或使自己对学生更有吸引力。如果学校相互竞争资源和学生,那么好的学校就会吸引学生,而差的学校就会衰落并最终消亡。

民主的观点认为,父母的选择隐性地体现了民主主义价值观。家庭有机会在学校之间做出选择,这种民主决定在儿童被迫就读某一所学校的情况下是不存在的。

一些国家长期以来一直保持着选择的传统。例如,在欧洲,比利时和荷兰都采用分段系统。荷兰人在 1920 年制定了学校法,允许三种教育体系存在:中立(28%的学生)、新教(27%的学生)和天主教(40%的学生)。此外,还有一些非宗教的私立学校(5%的学生),新教学校的办学取向并不统一,反映了其赞助者的政治和宗教取向。

在过去的 20 年里,择校的问题推动了英国的改革讨论。英国有着悠久的历史传统,它依靠私营部门来满足部分教育需求。然而,在 20 世纪的大部分时间里,由于国家教育质量的逐步提高,私营部门的规模已经缩小。最近,在自治私立学校就读的儿童比例略高于 5%,而绝大多数(85%)学生是在国家办的学校就读。

英国保守党政府一直试图扭转过去一个世纪的这种趋势。它最近的改革可能在一定程度上被视为试图解决父母,特别是中产阶级家长的不满,他们对最近国家提供的教育困厄感到不满,但无法干预当前的私立教育体系。1981

年,保守党推出了一项辅助地方计划(Assisted Place Scheme),向学业优秀但家庭贫困的孩子进入私立学校提供国家补贴。

英国政府还在公共部门内部引入了一种私有化。1988 年的《教育改革法》(*Education Reform Act*)赋予了所有学校在经常性开支和学校政策方面更大的发言权。此外,只要这些学校有空余名额,家长们也有权将孩子送入自己选择的学校,而不受社区边界的限制。

政府已经系统地将对公立学校的资助从教育科学部(the Department of Education and Science)转移出来,将其作为多元化的一个要素,包括由地方开办的公立学校和选择退出的公立学校。因此,私立学校成为更广阔市场的一部分,政府的首要目标是在整个教育系统中鼓励市场原则和竞争性机构的发展。

在美国,学校传统上是社区学校(neighborhood schools)。也就是说,孩子们通常会就读于他们所居住社区附近的学校。这一传统所导致的一个结果就是,每一所小学、初中和高中都被视为一所综合性学校,旨在满足学生各种才能、兴趣、学术和职业能力的发展。学校不能只专注于一个阶层的人口,而是要满足每一个阶层的需求和期望。这将如何做到呢?美国的学校教育采用了一种被称为自助餐厅的方式(cafeteria style),在这种方式下,每个孩子在决定自己的课程安排时都有很大的自由度。

在美国,私立学校体系一直存在。由于美国有着政教分离的悠久传统,而且几乎所有的私立学校都是由宗教赞助的,所以他们没有公共资金来源。这种公私分离发生在 19 世纪美国建立小学时期。当时,美国大多数州都是以某种形式的新教信仰为基础的。大约在同一时间,一大批来自欧洲的天主教徒开始涌入美国。为了遏制天主教会的发展,美国公立学校采取了新教教会的价值体系。天主教徒最终被迫建立他们自己的私立学校体系,为他们的孩子提供一个可以接受非新教徒教育的学校。如今,大约 12% 的学生就读于私立学校,其中大部分受天主教会资助。

近年来,美国社区学校的传统已经被重新定义。1954 年,美国最高法院裁定种族隔离是非法的,学校必须保持一定的种族平衡。这一裁决催生了一些创造性的解决方案,包括家庭学习、磁石学校(magnet schools)和区域职业计划(regional occupation programs)。然而,20 世纪 60 年代末和 70 年代的校车接送制度(bussing)(用校车接送学生去其他校区上学,让不同种族的学生一同受教育)和融合计划随着罗纳德·里根(Ronald Reagan)和乔治·布什

(George Bush)等保守派政治的兴起而不再受欢迎。这些计划被视为过去自由主义的历史元素。而当代的改革运动的目标是摧毁邻里学校(neighborhood school)的理念，以便让家长有机会在学校之间进行选择。

在美国，有关家长择校的活动可以分为三个层次。在第一层上，家长有权决定他们的孩子就读于学区内的哪所学校。在第二层，如果家长能够证明某所学校对孩子的才能和兴趣发展很重要，他们就可以将孩子安置在学区范围以外的学校。在第三层，家长们努力争取让他们的孩子进入可以利用公共资金支付大部分教育费用的私立学校，这与美国等国家的历史传统大相径庭。

关于择校相关讨论的核心，是家长在公立和私立学校之间进行选择，这使学校受到市场力量的制约，如果学校能够满足消费者需求，那么就会蓬勃发展，而那些不符合消费者需求的学校则会衰败和消亡(Guthrie 1994)。各种提案中最激进的是教育券(education vouchers)制度。教育券，最早是由保守派经济学家米尔顿·弗里德曼(Milton Freedman)提出的，当时他建议资金应该随着孩子流动，而不是直接拨给当地的教育机构。也就是说，允许并鼓励家长使用政府资源，即在经过州批准的教育机构购买教育服务(Freedman 1962)。在包括英国、荷兰和瑞典在内的许多欧洲国家，教育券制度成为一个主要的教育政策。在发展中国家，如1980年的智利，教育券制度也成为教育改革的一个显著举措(Mc Ewan & Carnoy 2000)。在美国，由于权力过于分散，没有统一的国家体系，教育券只在加利福尼亚州、威斯康星州(1990)、俄亥俄州(1996)和佛罗里达州等地试点实行过(1999)(AFT 2003)。

相较于教育券制度，更温和的改革指向了学校管理的彻底分权化，赋予个别学校更多的自主权，并确保家长直接参与制订地方学校政策。这一政治上保守的改革议程要求课程强调科学和技术，同时重新关注公民教育，特别是与爱国主义和国家忠诚有关的公民教育。尽管自由市场改革的比喻在世界各地惊人地一致，但教育改革议程却因各国或地区以及教育传统的不同而采取了不同形式。

教育私有化

随着世界各地对公共教育的信心下降，人们对私立教育越来越感兴趣，这是一种教育趋势的逆转。就在20年前，私立学校在入学人数、财政稳定和普遍受欢迎程度方面陷入了危机。今天，人们正在进行激烈的讨论。其中一些讨论表明，在公立和私立学校教育方面，政治和社会政策发生了重大转变。这场讨论的主要参与者是全球化的新自由主义倡导者，他们认为教育是一种效率低下的公共垄断，只有通过私人和市场驱动的举措才能得以拯救。

公共与私立之间的争论，严格来说是一个现代问题。在国家教育体系发展之前，学校是由教会或其他一些非政府组织资助的。随着民族国家开始主宰政治世界，一些国家从教会手中夺走了控制权。例如，在法国，拿破仑认为传统的精英学校是培养未来领导人的潜在工具，并于 1808 年颁布法令成立了帝国大学（Imperial University），负责管理全法国的所有教育行政。他坚持认为，"任何学校，任何教学机构，在未经授权的情况下，都不允许在帝国大学之外建立学校"（Barnard 1969），他一举将整个法国教育体系纳入了帝国大学的统治权力之下。然而，教会和国家之间的关系通常更为融洽，国家体系通常严重依赖于教会来定义其学校。例如，在挪威，负责教育的部门一直是宗教部。在 18 和 19 世纪的普鲁士可以看到一些限制教会控制的做法，但是 1872 年的《学校监督法》（School Supervision Law）明确地界定保持教会的监督。直到 1919 年的《魏玛宪法》（Weimar Constitution）出台，这种控制才被完全撤销（Friedenburg 1979）。在殖民时期，殖民地的教育通常是由传教士而不是政府官僚机构管理。

私立教育，通常被认为是精英和权贵的仆人。正因如此，中欧和东欧的共产主义国家效仿苏联的先例。苏联在革命后颁布的第一批法令之一是将学校从教会的控制下移交给地区和地方委员会（苏维埃）（Soviets）（见 Zajda 2004, 2008b）。不仅教会被排除在学校教育图景之外，所有私立学校的倡议也被视为资本主义自由企业的遗留，被加以禁止，只采取单一、统一的由国家管理的教育系统。

近年来，私有化再次成为发达国家和发展中国家的主要政策议题。在发达国家，私有化是解决教育系统过度官僚化的一种方式。私有化的拥护者把私营部门看作政府和企业优势结合的一种方式。政府显然在监督和满足公民需求方面发挥着作用，但私营企业被视为有能力提高效率、降低成本、最大限度地提高学生成绩的角色。

在美国，几份国家报告引起了人们对教育标准和教育质量急剧下降的关注。这些报告将教育水平衰退，与美国经济表现不佳和美国产品竞争力降低联系在一起。越来越多的人指责公共教育效率低下、体制过于臃肿以及过于关注规章制度，而不是提供高质量的教育。改革提案旨在废除公共教育，并将大部分教育私有化。公共教育的批评者声称必须对消费者负责,他们正在推动美国公立学校的私有化(Noguera 1998)。这将是一个重大转变,因为目前只有11%的学龄儿童就读于私立学校,其中大多数由宗教团体赞助(Whitener 1997)。

在苏联,私立教育被视为应对公共教育资源匮乏的一种有吸引力的办法,以至于在某些地方,公共部门开始表现得像私立部门。例如,在拉脱维亚,教育资源非常有限,以至于家长被迫为其子女在公立中学的教育支付费用(Beresord-Hill 1998)。此外,私立学校的资源基础也很有限,以至于国家认为有必要提供部分资助以防止它们破产(Beresord-Hill 1998)。一些非常新奇的私营企业已经出现,它们显示了公共和私营的融合。例如,在波兰,出现了一种在西方几乎没有先例的模式,这种模式指由非营利性社会组织开办的学校,其运作方式类似于当地的社区学校。这些组织筹集资源,获得设施,提供设备,聘请教师和管理人员,并确定学习计划(Mieszalski 1995)。

在发展中国家,私有化已成为一种新的口头禅,这在很大程度上是因为它是世界银行和国际货币基金组织(IMF)结构调整政策的核心(见 World Bank's experience with structural reforms for growth and development 2018)。世界银行通常被称为"私营部门发展战略署",它希望促进①"以产出为基础的援助",帮助私营部门进入低收入国家的市场;②加速基础设施和包括教育在内的基本服务的私有化;③支持中小企业,旨在扩大商业发展服务和小额信贷计划(Bank 2003)。在第二项中专门讨论了教育问题,因为世界银行希望通过各种机制加速教育的私有化,从而削弱政府作为教育服务提供者的作用。然而,全球化已经超出了世界银行的政策范围,并且已经席卷全球,在中国等国家,民办学校、私立学校也正在成为一种有吸引力的选择。

多元文化主义与教育

在大多数国家的发展过程中,多元文化教育仅仅是人们所期望实现的愿景。然而,在一些国家和城市,多元文化教育已经成为现实(Clark & Nance 2000;Massa 2003;Regnault 2006;McInerney 2015)。例如,德国有用土耳其语授课的精英中学。在加利福尼亚州,每六个学生中就有一名学生出生在美国以外的地方,而且有三分之二的学生,在家讲英语以外的其他语言(Gray 1993)。随着世界范围内流动性的增加,许多地方开始反映出类似于加利福尼亚州的人口特征。换句话说,学校的学生群体将变得具有多元文化特征。然而,这类学校是促进了多元文化的发展,还是只会加剧这个世界的矛盾?在加利福尼亚,许多教师已经给出了他们的答案。学校必须将课堂上的种族多样性转化为教育优势,孩子和老师本身可以作为反映多元文化地理、语言和历史意识的载体。学校可以在午餐、图书馆的书籍选择、课间游戏、校际体育活动、着装风格等方面体现不同国籍的多样性。咨询、课程设置、教学风格、学习方式、社区参与,评估程序等都可以反映多元文化的导向。

在欧洲,有两种多元文化教育模式似乎正在形成(Roosens 1994)。首先,欧洲学校模式已经根深蒂固,已经有 15 000 名学生和 1 000 名教师参与其中,这些机构专注于欧洲整体而不是单一国家。欧洲颁发自己的欧洲学校毕业证书,通常被称为欧洲学士学位证(European Baccalaureate),欧洲共同体的所有大学以及奥地利、瑞士和美国的教育机构都能颁布该学位证书。其次,一些学校专门针对移民劳工和难民的子女进行教育活动。布鲁塞尔所谓的"门厅模式"(Foyer Model),就是这种方法的一个很好的例子。在这种学校模式中,儿童参与了对自己文化以及其他文化的认同过程。在幼儿园阶段,儿童与自己族裔群体和与其他文化群体儿童相处的时间相等。在小学阶段,第一年大约60%的课程(语言、文化、数学)是在他们自己的族裔或文化群体中进行的,而30%的课程以一种新的语言教授,10%的课程是综合活动。在第二年,单独的课程减少到50%。在第三年,大约90%的时间里,儿童作为综合群体接受教学,只有一小部分课程使用母语教学。世界各地发生的变化之一,是要求国家内部的少数群体获得公平的社会正义。为了实现社会正义,学校就必须为这些少数群体提供文化认同感和公平感,开始承担为少数群体提供适当教育任务的国家往往会经历一系列阶段或过程。这一发展的最新阶段在美国被称为多元文化教育,在欧洲则被称为跨文化教育(Dalinand & Rust 1996)。

詹姆斯·班克斯(James Banks)指出,美国学校在获得真正的多元文化教育之前至少经历了四个阶段(Banks 1988,2004)。在第一阶段,少数族裔群体开始要求在学校中得到认可,学校通过开设班克斯所推行的单一种族课程(monoethnic courses)来回应少数族裔的这一需求。也就是说,他们开始为这些少数民族学生提供关于他们自己文化背景的小型课程和研讨会。随着越来越多的群体要求在学校课程中得到认同,通过增加单独的少数族裔课程已无法满足需求,因此启动了第二阶段,着眼于少数民族群体普遍关切问题的课程应运而生,例如边缘化课程。然而,这些课程仍然主要面向少数民族群体本身。

第三阶段的发展,见证了超越种族研究重点的课程。研究表明,种族研究有助于提升自尊和自我效能,但不足以使年轻人在学校达到令人尊敬的水平。因此,如果年轻人想要取得成功,就必须更广泛地将教育概念化并融入整个学校环境。例如,在一些学区,学生在理解自己文化成就和经验的背景下关注更广泛的人权问题。与此同时,学校试图帮助年轻人理解和欣赏某些其他文化。发展的最后阶段,意味着教育者所提倡的不仅仅是多民族研究。他们宣称,许多其他文化群体包括女性、残疾人、宗教群体和许多贫穷的白人群体在学校中也遭遇了类似的困境,在最后一个阶段,多元文化教育包括民族文化在内的各种边缘化文化群体。更重要的是,为了促进真正的多元文化教育改革和课程设计,班克斯(1999)确定了多元文化教育课程的五个不同维度:

- 内容整合
- 知识建构
- 偏见减少
- 公平教育
- 赋权学校文化

他认为,上述五个维度对于变革性的课程改革至关重要。美国的其他学者也倡导了类似于班克斯开发的这种模式。例如,小普伦蒂斯·巴蒂斯特(Prentice Baptistery, Jr)建立了一门多元文化进化的类型学。该类型学认为随着多元文化教育计划的日益复杂,种族群体会经历三个层次的探究。这些层次在某种程度上复制了班克斯的历史阶段,但巴蒂斯特扩展了这一模型(Baptiste & Hughes 1993)。在第一层次,课程具有附加性质,即附加在常规的学习课程之上,并专注于特定的种族群体。它们旨在帮助这些种族成员变得更有能力,培养他们对自己文化的自豪感。这一层次具有改进性,因为这类课程试图帮助少数民族群体更充分地应对主流文化的期望。在这个层面上,主流文化并没有建议或预期上的任何变化。

在第二层次,转向了更普遍的多元文化关注,即在常规学习计划中包括了各种文化和种族观点。大多数课程都试图传递关于各种文化及其对社会更广泛发展的贡献的信息。这些课程也超越了种族问题,包括性别、身体缺陷和社会阶层问题。

第三层次,只有在前两个层次完成之后才能达到。它涉及一个建构多元化社会的积极态度被内化的过程。只有在多元文化社会中取得最佳成果的策略仍然处于议程中，多元文化的合法性才能不再受到质疑。

在此框架内，无意期望年轻人能够成为多元文化者，而是期望他们能够理解多个文化。因此，并不需要实践文化行为，只需对其敏感并理解其形式和重要性。美国的多元文化教育受到某些关键规范的指导，这些规范对于社会正义的实现至关重要，包括以下几点内容：

- 欣赏和尊重文化多样性
- 促进对独特文化和民族遗产的认识
- 在所有领域推广具有文化责任感和响应性的课程
- 获得态度、技能和知识，以便在不同的文化中发挥作用并与之融合
- 在组织和社会的所有领域内减少种族主义和歧视

结语

学校改革，是全球化的重要组成部分。学校改革的性质和类型，代表了一种范式转变和政策变化。以前的改革侧重于社会公正、公平和福利问题，而现在的学校改革则促进了私营和公共领域的企业化、创新和营利能力。某些教育政策策略占据着主导地位，如公司化、市场化和私有化。在知识获取这一高度竞争的过程中，谁是赢家？谁是输家？这并不好下结论。

第八章 全球化、教育改革与政策：竞争的话语

全球化、教育改革与社会

全球化和竞争性的市场力量，推动了知识产业的大规模增长，这些知识产业对社会、经济和教育机构产生了深远的影响。教育组织在创业型商业和新自由主义模式上塑造了其目标和战略，被迫接受高效、问责制和专业驱动的管理主义，这是全球化力量的影响之一。因此，21 世纪的教育改革政治反映了这种新兴的以标准驱动和以成果定义的政策变革新范式（Zajda 2015，2020a）。一些政策分析家批评了全民教育框架（EFA）强制推行的教育标准化的普遍性和过度性（Carnoy 1999；Burbules & Torres 2000；Meyer & Benavot 2013；Zajda & Rust 2016a, b；Zajda 2020c）。

> 无论是关注其积极或消极的影响，归根结底，人们一致认为，教育发展的政策和做法，已与多边论坛达成的共识趋同（Carnoy 1999）。

为此，基于社会、政治和文化转型的视角重新定义的"全球化"，可以看作一种持续融合的新型主导意识形态，伴随着相应的经济、政治、社会、技术和教育转型（Zajda 2020c）。这一过程的特点在于国家之间经济和政治的相互依存度不断提高，并最终改变了民族国家和国民经济的民族核心。沃勒斯坦（Wallerstein）的社会变革世界体系概念图模型（仍被视为解释全球化的主要

理论视角)已经例证了这一点(1979)。其中,"世界体系"是发达国家和发展中国家之间不平等的经济和政治关系网络。他的世界体系模型,也与社会分层理论和话语不平等有关。社会分层通常被定义为具有社会价值的商品的不平等分配,如权力、地位、职业、教育和财富等。

那么,鉴于其"全球化"的多维性质,什么才是"全球化"? 它是否只是一个被强加了新自由主义经济纪律的"市场驱动的过程"? 如果是这样,它是由跨国企业集团牵头的吗? 它是否与现代性话语有关?(Giddens 1990; Robertson 1992)它是否受到压缩社会关系的时间和空间方面的激烈竞争模式的驱动?(Giddens 1990)这些问题源于人们对全球化多维度本质的批判性认识。

一般来说,"全球化"现象指的是世界各地人民比以往任何时候都更加紧密地联系在一起,国际交流速度、知识和资金流动的速度像量子通信速度一样迅猛,在世界各地都可以购买和享受到某一地区生产的消费品和服务,以及国际旅行的爆炸式增长。

全球化及其对社会的影响

现在比以往任何时候都更需要了解和分析全球化对各个国家的政治经济、教育系统和个人在经济、社会和政治方面有意或无意的影响。其中一个显著的发展是全球范围内日益加剧的不平等和社会分层。国际货币基金组织(2002)已承认高收入国家和低收入国家之间的收入差距已经有所扩大:

> 高收入国家和低收入国家之间的收入差距越来越大,这是一个值得关注的问题。世界上赤贫公民的数量之多令人深感不安。但是,如果贸然得出结论说是全球化造成了这种差距,或者说没有办法改善这种状况,那就错了。恰恰相反:低收入国家未能像其他国家一样迅速融入全球经济,是由于它们选择的政策和一些无法控制的因素。任何国家都无法承受与世界经济隔绝的代价,尤其是贫穷的国家(International Monetary Fund 2002)。

世界银行最近的数据表明,在欠发达地区,每天生活费不足1.25美元的人口比例"从1990年的47%下降到2010年的22%"(见 World Bank 2019; OECD 2018a,b; UN 2020)。与1990年相比,2010年生活在极端贫困条件下的人数减少了约 7 亿（The Millennium Development Goals Report 2015；另见 Edward & Sumner 2013）。根据经济合作与发展组织的报告（2013），"截至2010 年底，过去三年中，经济发展不平等的比例超过了过去 12 年的增幅"。该报告还指出，2012 年美国的不平等程度"打破了其 20 世纪 20 年代创下的纪录，其不平等程度在发达国家中位列第四"（OECD 2013）。

　　此外，人们需要在地方-区域-国家领域内，对与教育政策相关的国家身份、语言、边境政治和公民身份等不断演变和不断变化的概念进行批判，这也受到全球化的质疑。当前的教育政策研究反映了一个瞬息万变的世界，公民和消费者正在经历日益加剧的不确定性、不平等和异化。特恩（Teune）认为全球化的力量在富国和穷国之间产生了一个新的鸿沟：

　　　　全球化是什么，取决于国家内部实体的复杂程度。较复杂的实体，如受过教育的个人、高科技公司、高等教育研究机构和新技术先进入全球系统，较复杂、较富裕的国家也先进入。世界上贫穷落后的地区正在摆脱等级制度的国家权威，分离成碎片化的群体……所以人类社会有两个世界……一个是全球社会的一部分，而另一个则脱离了等级控制，除了增强群体团结和消灭敌人的技术以外，从事的活动似乎与任何全球性事物都无关。这两种现象都是全球化进程的一部分，成千上万的部落在复杂的世界社会中共存（Trune 1998）。

全球化的文化维度

　　与后现代主义一样，如今"全球化"一词在社会理论、政策和教育研究中被广泛使用，以至于它已成为陈词滥调（Held et al. 1999）。沃特斯（Waters）在解释全球化的起源时认为，全球化是"欧洲文化通过定居、殖民化和文化模仿在世界范围内扩张的直接结果"（1995，p. 3）。沃特斯对全球化本质的分析，突出了其两个主要且相互关联的维度——经济和文化，而其他研究者关注更多的是全球化的政治、社会、教育与技术维度。

　　近年来，"全球化"的建构已成为教育和社会科学中无处不在的标志。我们有必要运用丰富多样的认知、学科和方法论，以分析不同个体对这一术语的内涵和外延的矛盾复杂性和模糊性的理解。通过寻找一些共同特征和差异，我们或许能够在教学话语中提供一个更有意义的范式。全球化，被描述为"当前政治词汇中使用最频繁的术语"，它既指对世界的压缩，即当地发生的事情受若干公里以外发生的事件影响，反之亦然，全球化也指"整体世界意识的强化"（Bromley 1996，p. 120）。

由于全球化范式的复杂性、大量相互竞争和有争议的解释和用法，全球化并不是一个容易被定义的术语。最有趣的是，在大众传媒和互联网通信中使用的"全球化"一词"没有任何明确的定义"（Robertson & Khondker 1998，p. 27）。正如罗伯逊（Robertson）和洪德克（Khondker）所解释的，"全球化"这个术语具有模糊性，并且已经附着了多种含义：

> "全球化"一词已经变得如此模糊，并被赋予了如此之多的不同含义，以至于全球化的一般理论不得不被承认并纳入各种话语。"全球化"一词，目前最突出的用法无疑与市场经济形式的全球扩张有关（Robertson & Khondker 1998，p. 27）。

在试图为"全球化"提供一个务实但不断发展的定义时，包括"摩天大楼经济"和"贫民窟"之间的共生关系在内，我们应该关注日益发展的跨国进程和各国的相互依存关系，同时也涉及财富、收入、教育和权利等有关社会价值的商品不平等分配的国际话语，以及全球经济变化模式的性质、全球人权、平等、环境和其他与世界体系相关的重大问题。如今，经济理性主义和新保守主义意识形态已成为一种主流意识形态。其中，教育被视为促进经济增长的商品和服务的生产者（Apple 2004）。人权、社会正义、种族宽容和集体主义的理想被全球经济话语中的这些关键概念所取代，包括生产力、竞争力、效率和利润最大化（Zajda et al. 2006；Biraimah et al. 2008；Zajda 2008c，2020a；Zajda & Rust 2016a，b），教育受到福利国家危机和公民社会削弱的影响。因此，教育已将其重点从"意义学习"转移到了"收益学习"（Zajda 2015）。

此外，真正的问题不在于将全球化定义为一种现象，而在于理解和批判其对世界各国和个人有意和无意的影响（Biraimah et al. 2008，p. xvii）。全球化的定义因作者而异，有些人将其描述为一个过程，而另一些人则将其描述为一种条件、一种系统、一种力量或一种时空现象。在过去的近二十年里（1990—2008），比较教育学者和政策分析家对全球化的兴趣实际上呈爆炸式增长（Appadurai 1990a，b；Banya 2005；Bray 2005；Cheng 2005；Daun

2005；Giddens 1990，2000；Robertson 1992；Waters 1995；Arnove & Torres 1999；Sklair 1999；Carnoy 1999；Stromquist & Monkman 2000；Welch 2001；Crossley & Jarvis 2001；Carnoy & Rhoten 2002a，b；Arnove 2015；Geo-JaJa & Zajda 2005；Rhoads et al. 2005；Rust & Jacob 2005；Sabour 2005；Zajda 2005a，b，2020b；Zajda et al. 2006；Biraimah et al. 2008）。然而，从文献来看，关于其基本特征或核心过程的普遍共识仍然不明显。总的来说，有关全球化的文献分为经济、社会和文化三个维度。鲁斯特和雅各布（Roster & Jacob）从政治经济学的角度出发，认为全球化是由巨型跨国公司和市场力量定义、支配和控制的，这些力量有时几乎是无国界的：

> 全球化涉及空间和时间的转变，超越了国家领土、国家边界和历史传统。国际关系体现了全球化、教育改革和政策的概念，全球关系意味着社会、经济、政治和文化活动脱离了领土权威和司法管辖，并根据全球利益领域更直接的要求发挥作用。通过全球化，经济被跨国公司经营的市场力量所支配，这些跨国公司不效忠于任何国家，并且依靠全球优势在全球各地开展业务（Rust & Jacob 2005）。

与跨国产业发展并行的是全球电子金融市场，这个市场每天的交易额超过 1 万亿美元（Held et al. 1999，p.2）。

作为一种建构的全球化

首先，如前文所述，有许多关于全球化的定义和看法。正如《全球化指南》（*Globalisation Guide*）所述，仅在 1998 年学界就提出了近 3 000 种全球化的定义（2002）。其次，对全球化的解释也存在争议。保守派将全球化定义为"将世界经济转变为单一市场"。就教育而言，其市场化、不断削减成本和促进教育与经济之间建立更紧密的联系的趋势，威胁到许多社区和国家，它们试图通过税收和贸易法规将优质教育本土化或以其增加国内生产总值（GDP）。对于一些批判理论研究者来说，全球化意味着经济霸权，它提供了全球各国采用的唯一模式（Apple 2004；McLaren & Farahmandpur 2005；Rhoads et al. 2005；Zajda 2014a）。斯坦利·费舍尔（Stanley Fischer）在他的演讲《全球化对非洲的挑战》中强调，"全球化"是一个多方面的概念，包含许多重要的"经济和社会、政治和环境、文化和宗教"维度，并以某种方式影响着每个人：

它的影响范围从经济学家关注的贸易和投资流动，到我们在日常生活中看到的变化：我们可以轻松地与世界各地的人们交谈；数据可以轻松快速地在世界范围内传输；旅行更加便利；我们可以轻松地看到和听到世界各地的新闻和文化活动；最特别的是互联网，它使我们能够访问世界上几乎所有计算机中的知识库。同样引人注目的是，互联网技术并不是特别昂贵或资本密集型的，但它却是人力资本密集型的，这就是全球化对经济和社会政策的影响之一（Fischer 2001）。

费舍尔还强调，全球化并不是新事物，它与人类文明史一样古老：

> 全球化并不新鲜，经济全球化与历史一样悠久，反映了人类寻求新视野的驱动力；全球化一直在向前发展，尽管它有时也会倒退——最典型的是在 20 世纪 30 年代，它拉开了第二次世界大战的序幕（Fischer 2001）。

另一方面，罗伯逊指出，全球化的概念与空间的重构和强化密切相关。他认为，"全球化作为一个概念，既指对世界的压缩，也指整个世界意识的强化"（Robertson 1992，p.8）。斯蒂格利茨提出了相互依存的主题，他认为"全球化伴随着新机构的创建，这些新机构与现有机构联合起来进行跨界工作"（Stiglitz 2002，p.9）。赫尔德等人（Held et al.）建议，全球化可以被理解为"当代社会生活各个方面的扩大、深化和世界范围内相互联系的加速"（Held et al. 1999，p.2）。赫尔德等将观察到的维度延伸到"从文化到犯罪，从物质到精神"。赫尔德和麦克格鲁（Held & McGrew）将全球化描述为一种跨越时间和空间、影响不同文化的复杂现象，并表示由于信息与通信技术（ICT）的进步，带来"时空压缩"、国家之间"加速相互依存"，以及普遍经济和文化的"全球一体化"（Held & McGrew 2000，p.3）。

作为一张概念图的全球化话语

在将全球化重新定义为比较教育范式时，我希望能够区分出至少四种重叠的全球化话语：

- 区域/文明话语，例如北美和南美、东方和西方、大洋洲和东南亚等
- 左翼和右翼的意识形态话语，涉及支持和反对全球化的（发展论题）观点

- 学科话语,主要学科领域的学科理论,包括政治、经济学、文化研究、教育、社会学和媒体研究
- 全球化背景下的后结构主义和后现代话语,以其对宏大叙事的批判为特征

亲全球化与反全球化的研究者

作为社会理论中的理论建构,"全球化"在支持和反对全球化的研究者中都获得了相当大的情感力量。支持全球化的学者认为,越来越多的证据表明,全球收入不平等和贫困正在减少,而且全球化在 20 世纪 90 年代就已经促成了这一积极的经济成果:

> 世界银行指出,中国对世界贸易的开放使其人均收入从 1980 年的 1460 美元增长到 1999 年的 4120 美元。1980 年,美国人的人均收入是中国人的 12.5 倍。到 1999 年,这一比例已经降至 7.4 倍。亚洲和拉丁美洲大多数国家的贫富差距也在缩小。那些越来越贫穷的国家是那些对世界贸易不开放的国家,尤其是非洲的许多国家(http://www.globalisationguide.org/03.html)。

反全球化的研究人员指出,根据世界银行的调查结果,从 20 世纪 60 年代到 90 年代,世界上富国与穷国之间的差距不断扩大。联合国开发计划署(UNDP)《1999 年发展报告》(1999 Development Report)显示,最富有国家和最贫穷国家之间的差距从 1960 年的 30:1 增长到 1995 年的 82:1:

> 在过去的十年中,每天收入 1 美元或更少的人数一直维持在 12 亿,而每天收入低于 2 美元的人数已从 25.5 亿增加到 28 亿。20%的最富有国家和最贫穷国家之间的收入差距从 1960 年的 30:1 扩大到 1995 年的 82:1。20 世纪 90 年代末,世界上生活在高收入国家的五分之一的人口,收入占全球 GDP 的 86%——而五分之一的底层人口的收入只有 1%。82%的世界出口市场——五分之一的底层人口仅占 1%。68%的外国直接投资——五分之一的底层人口仅占 1%。电话通信作为当今的基本通信方式,全球占有率为 74%——而五分之一的底层人口仅占 1.5%(http://www.globalisationguide.org/03.html)。

联合国开发计划署《2019年发展报告》揭示了不平等的问题，并指出"证据无处不在"：

> 证据无处不在，担忧也是如此。无论政治派别如何，世界各地的人们都越来越相信，他们国家的收入不平等现象应该得到改善。这些新的不平等无论是在国家之间还是国家内部，都具有巨大的影响。在建设21世纪社会的过程中，人们致力于推动健康和长寿、知识和技术的前沿发展，而这些不平等现象可能会影响人们抓住21世纪机遇的能力（pp.1-10）。

联合国教科文组织开发的世界教育不平等数据库（WIDE）强调，"不断加剧的高度不平等是美国最紧迫的经济和社会问题之一"（World Inequality Database on Education 2017）。

全球化与社会经济转型

如前文所述，全球化与定义新的社会分层形式的过程有关。这些过程使得贫富差距日益扩大。例如，一家公司如果决定将其业务转移到另一个劳动力价格低廉、税收很低且利润率很高的地区或国家，那么本地的工人就会失业。2007—2008年的巨大金融危机导致了一些银行、建筑公司和相关企业的倒闭，许多年收入超过10万美元的中层高管突然失业，这说明了快速"从富到穷"的全球综合征的内在危险性。同样，2020年2月开始的新型冠状病毒（COVID-19）导致经济衰退，大规模停工影响了许多行业和工人，许多人因此失去了工作。

与此同时，20世纪90年代末，世界上最富裕国家的五分之一人口与最贫穷国家的五分之一人口之间的收入差距，从1960年的30∶1扩大到1997年的74∶1。这在由于通货膨胀而陷入经济危机的"债务"经济体（例如2002年的阿根廷，20世纪90年代的俄罗斯等）产生了严重后果。到1996年，由此产生的财富更加集中，"世界上最富有的个人的收入……相当于52%人类的收入"。"基于家庭收入和支出调查的最全面的世界收入数据发现，仅在1988年至1993年的短短时间内，就可观察到不平等现象急剧增加"（*The Chronicle of Higher Education* 2002）。

一些评论家认为，全球化是一个有益的过程——是未来世界经济发展的关键——也是不可避免和不可逆转的。其他人则对其充满敌意甚至恐惧，认为它加剧了国家内部和国家之间的不平等，威胁就业和生活水平，阻碍社会进步。经济"全球化"是一个历史过程，是人类创新和技术进步的结果，它指的是世界各地经济体日益一体化，特别是通过贸易和金融流动的形式。有时，该术语也指人员（劳动力）和知识（技术）跨越国界的流动。全球化还有更广泛的文化、政治和环境维度。

鉴于其经济和文化主导地位，全球化发展被用作评估一些国家及其福祉的绩效指标，在某种意义上影响和颠覆了当地文化、价值观和信仰。全球化强加了无休止且无边限的消费主义、竞争以及市场力量，引发了意识形态和经济战争以及个人、社区和整个社会之间的冲突。鲁斯特和雅各布（2005）认为，教育和教育政策改革在全球化议程中发挥着重要作用：

> 当代教育改革的争论，已经被所谓的新自由主义团体接管，这些团体推广一种在传统教育话语中没有的特殊语言，这种语言基于一个自由企业的经济隐喻。根据这个隐喻，一个富有成效的社会和教育体系，是以个人利益为基础的，在这个系统中，人们能够在一个"开放的市场"中"交换商品和服务"，以实现所有人的共同利益（McLean 1989，转引自 Rust & Jacob 2005）。

在这样一个由全球化和市场力量定义和控制的环境中，"政府被局限在狭窄的职能中，如监督、许可等，这些职能旨在保护个体利益，并使其能够做出自由选择"（Rust & Jacob 2005）。简而言之，个体的主动性、选择权和进取心过去是未来也将继续是效率和生产力的来源。根据鲁斯特和雅各布的说法，这一论述的核心是呼吁家长在公立和私立学校之间做出选择，将学校置于市场力量的影响下，使那些满足消费者需求的学校得以蓬勃发展，而那些不能满足消费者需求的学校会陷入困顿并被淘汰。在各种以问责制、效率和成本效益为基本要求的学校改革提案中，最激进的是教育券制度：

> 教育券制度是由保守派经济学家米尔顿·弗里德曼（1962）提出的，当时他建议资金应跟随孩子而不是直接流向教育机构。也就是说，应该允许家长使用政府资源，在国家认可的教育机构中，自主选择并购买教育服务。在欧洲的一些国家，包括英国、荷兰和瑞典，教育券是一个重要的

教育政策问题（Rust & Jacob 2005）。

文化、政治和经济全球化话语

作为世界体系的全球化

一些学者主要使用全球化的经济维度及其伴随的市场力量，来解释世界经济的进程。当全球化通常指世界范围内社会和经济关系的发展时，它就指定了一个经济维度。如果全球化的关键方面之一是由沃勒斯坦于 1974 年提出的世界体系的出现，即世界形成了一个单一的社会秩序，那么这个建构就获得了另一个新的维度——世界体系的概念图。该图基于中心国家、边缘国家和半边缘国家之间的不平等经济关系，将世界体系划分为不同的社会层级（Wallerstein 1979）。

作为全球资本模型的全球化

斯克莱尔（Sklair）使用他的全球资本主义模型（Sklair 1999，pp. 156 - 158）批判了全球化进程（见 Sklair 2001, 2002；McLaren & Farahmandpur 2005）。一方面，一些从事全球化分析的研究者倾向于接受一种线性和一维的全球化模型，即整个世界由一个单一劳动分工运作的经济体组成（参见他们对这种劳动分工的理论）（Wallerstein 1979, 1989）。另一方面，对当代全球化进程的分析表明，一些学者接受这样一种观点，即当代世界经济在质上（如果包括全球电子金融市场的规模和速度，也可在量上）与以往时代不同：

> 考虑近年来主导了比较教育调查的新自由主义议程，这是使世界资本主义关系合法化的一种全新且不同的方式吗？或者如沃勒斯坦（1983）所言，自 16 世纪以来，正是这些基本意识形态多次使霸权地位合法化吗？

跨国经济霸权与以往任何国家的经济、政治、社会或技术霸权有着根本不同。越来越多的新国际机构，如国际货币基金组织、世界银行、世界贸易组织、石油输出国组织和其他机构，一直非常积极地进行监管，有时还能帮助各国免受全球经济萧条的经济灾难。世界经济的变化被一些评论家称为"后福特主义"和"无组织的资本主义"(Lash & Urry 1987),促成了"市场、贸易和劳动力的放松管制和全球化"(Featherstone 1990,p.7)。随着资本全球化而加速或减速的全球化进程还受到"资本流动全球化和全天候股票市场交易"的支配(Featherstone 1990,p.7),这导致地方市场的放松管制和相关政治经济转型成为必要。

作为文化转型的全球化

吉登斯(Giddens 1990)和其他社会理论家(见 Robertson 1992;Paulston 2000)认为,全球化是现代性的结果之一,其特征是新的结构性政治、经济、文化和技术发展的纽带。全球化代表了资本、劳动力生产、消费、信息和技术转移的新模式,带来了重大的质变。一些批判理论家(McLaren & Farahmandpur 2005)将全球化称为帝国主义的一种新形式,这种新的文化和经济帝国主义表现为商品标准化——同样的设计师品牌出现在世界各地的商店中,资本-劳动关系的全球重组,社会再生产从属于资本再生产,流动资本的全球化,劳动力市场放松管制,生产外包给廉价劳动力市场,以及跨国公司之间竞争的加剧。沃勒斯坦(1998)认为,全球化是受市场扩张和利润最大化驱动的消费主义意识形态的最终表达。运用批判理论话语,我们可以主张,全球经济的目的论是基于维持、扩大和保护财富、权力和特权。最后,全球化作为政治、经济和文化的一个新维度,依赖于资本和先进技术的融合,导致了"技术决定论"(technodeterminism)(Zajda 2008a,b,c,d,e)和"技术资本"(techno-capital)(见 Langman & Morris 2007)。

全球化及其对社会的政治经济影响

上述比较教育研究表明,"全球化"这一术语具有复杂的含义,是一个隐含争议的委婉说法,其描述的范围包括沃勒斯坦(1974,1980,1989)宏大的"世界体系"模型,吉登斯(1990)的"时空距离"概念,强调社会关系"脱嵌性"——社会关系有效地脱离了当地环境的直接影响。而卡斯特(Castells)(1989)则认可通过网络的方式实现全球化,他提出通过资本、技术和信息流动的力量,构成一个新兴"网络社会"的基本形态,形成新自由主义和资产阶级霸权,使"剥削制度"合法化。左翼知识分子本身也在延续"资产阶级霸权",他们用"全球化"代替"帝国主义",用"结构调整"代替"财富垄断",同时寻求"资产阶级的威望、认可、制度归属和认证"。他们自称"鸡尾酒左派"(cocktail left)①，倾向于忽视"意识形态扭曲"的做法和名校大学所教授的不恰当的理论框架，并在他们宣泄"无关紧要的激进观点"时攀上了学术的阶梯(The *Chronicle of Higher Education* p.3, http://chronicle.com/chronicle)。

从宏观社会的视角来看，在语言、政策、教育和民族认同等领域，民族国家很有可能失去影响其未来方向的能力和力量，因为争夺知识统治、生产和传播的斗争成为一种新的文化统治形式，并且知识驱动着社会分层，全球化削弱了民族国家的概念。沃特斯认为，全球经济使受影响的国家更难实施"受国家利益支配"的社会政策：

> 然而，自20世纪70年代中期以来，全球化的加速仍然造成了国家政策在福利领域的失效(Waters 1995, p.19)。

此外，与教育政策相关的民族认同、语言、边境政治和公民身份等概念的不断发展和变化，需要在地方-区域-国家范围内进行批判性分析，这也受到了全球化的影响。当前的教育政策研究反映了在快速变化的世界里，公民和消费者正经历着日益加剧的不确定性和疏离感。

上述研究反映了在被全球化、文化帝国主义和全球霸权势力"入侵"的世界中，人们的疏离感和涂尔干式(Durkheimian)的失范感不断增强，这些势力决定着新的经济、政治和社会制度。这些新构建的教育政策要务，很可能作为全球主流叙事，在全球化的经济、政治和文化混合框架内发挥霸权作用。

在全球化背景下，发达国家和发展中国家的经济和政治秩序的主导意识形态(以及特定文化中的"政治正确性")很可能会影响比较教育研究的性质和方向。对经济决定论、种族和种族统治以及政治制度的看法，是教育和社会变革的关键因素。因此，对比较教育的认识，不仅要结合文化主义和美学，还要结合经济和政治维度。这对于政治和教育行政层级中的政策分析者和政策制定者来说是必要的，因为他们优先考虑和决定教育和研究的资助水平。

全球化对世界经济的巨大影响，改变了我们对后工业时代教育和社会的假设的理解。正如20世纪90年代阿根廷、日本、韩国、印度尼西亚等国的经

---

① 译者注：鸡尾酒一词可以指可憎可恶的人。同时，鸡尾酒也含一种混合的意思，比如将内政与外交勾兑在一起称为"鸡尾酒"做法。

济崩溃（其他国家未来可能也会发生）所证明的，国家经济的概念正在变得过时。日本的"经济崩溃"引发了其他国家的重大经济危机，澳大利亚也受到了其影响。"国家企业、国家资本、国家产品和国家技术"的概念，也变得模糊。使用类似的论据，我们可以认为"国家教育"的概念也是模糊的。在经济、文化和信息技术日益相互依存的时代，这一点尤其明显，各国政府"无法快速控制流动的国际资本"。

全球化是全球性的吗

正如一些作者所认为的，全球化并非"真正的全球化"，因为富国（发达国家）和穷国（发展中国家）之间存在显著差异。欠发达国家或"第三世界"贫困国家这一委婉说法，最初由法国人口学家阿尔弗·雷德索（Alfred Sauvy）提出，通常不受全球化进程的影响。同样，把"全球文化"视为单一且普遍的生活方式也很困难。社会学家使用"文化"一词作为"人类社会的象征和学习方面，包括语言、习俗和惯例"，或指"人类行动的全部内容"。因此，如果我们将"文化"理解为"一种集体的生活方式"或"信仰、风格、价值和符号的集合"，那么我们只能认为文化"绝不仅仅是文化，因为日常生活的集体模式呈现出多样性"。尽管世界上存在文化差异和多样性，似乎与全球主义背道而驰，但"全球文化"的概念仍被广泛应用于媒体、教育和广告中。

全球化及其对教育的意蕴：全球教育学

全球教育学

伊万·伊里奇（Ivan Illich）是未来学校教育的先驱之一。他在《非学校化社会》（*Deschooling Society*）一书中提出了一系列激进的政策建议以变革学校和教育。伊里奇认为，学校必须转型，尤其是在其预见到教育分权和信息技术在未来学校教育环境中的应用后。他坚称，信息技术有可能创造去中心化的"学习网络"，这将为所有人提供高质量的学习机会：

> 一个好的教育系统应该具有三项功能：为所有想学习的人随时提供可访问的资源；使所有想分享的人对接到那些乐意接受他们分享的人；最后，为所有希望向公众提出问题的人提供机会，使他们的声音被公众听到

（Illich 1971）。

全球教育学的道德功能

自 20 世纪 90 年代以来，一些学者和政策分析家开始强调全球教育学的道德功能。例如，雅克·德洛尔（Jacques Delors）在他提交给联合国教科文组织的 21 世纪教育国际委员会报告《学习：内在的财富》（*Learning: the Treasure Within*）中认为，教育在促进全球宽容与和平方面发挥着重要作用："面对未来的诸多挑战，人类将教育视为实现和平、自由和社会正义理想不可或缺的资产"（Delors 1996，p. 13）。宾都（Bindé）对教育中的道德维度也有类似的关注，他建议教育的新范式转变应以"人性化的全球化"为目标（2000）。宾都提醒我们，教育未来的主要挑战之一将是"利用新的信息和通信技术传播知识和技能"（2000）。

未来学校教育项目

全球教育领域的重要工作之一是"未来学校教育"（The Schooling for Tomorrow，SfT）项目的实施，这是经合组织教育研究和创新中心（CERI）提出的。作为 CERI 的一个国际项目，"未来学校教育"项目于 1997 年 11 月在广岛召开的一次国际会议上启动，提供了六种未来的学校教育方案，这些方案通过 OECD/CERI 的"未来学校教育"计划构建，其目的是加深我们对未来几年学校教育发展的理解，并评估教育政策和教学法在塑造这些设想中的潜在作用。其中有两种方案涵盖了现有模式的持续发展（"外推现状"），有两种方案描述了通过赋予学校新的活力、认知和目的来实现其实质性强化（描述为"再教育"），还有两种方案描述了见证未来世界中学校地位显著下降的情况（"非学校化"）。该报告建议，迫切需要开发不同的方法将未来思维与全球教育更充分地融入教育政策和实践中。全球教育更有可能促进对教育和社会中诸如经济、社会、政治和技术等重大变化的批判性思维和反思（见 OECD's 2009 *A Decade of Schooling for Tomorrow*）。

未来教育中的比较教育政策问题

2002 年 12 月第 57 届联合国大会宣布，2005 年至 2014 年为"可持续发展教育的十年"。可持续发展教育(EfS)的行动需求,源于国际社会对世界面临的社会、经济和环境挑战日益增长的关注以及对"提高生活质量、保护生态环境、实现社会公平正义、经济公平"的需求(http://www. environment. gov. au/education/publications/caring. html)。

2009年10月,经合组织秘书长安吉尔·古里亚(Angel Gurría)在《面向未来的教育——促进政策和实践的变革:前进的道路》中描述了未来教育中的一些变化和优先事项。其中包括:

> 第一,我们需要为一个更具包容性的世界培养人才:能够欣赏和建立不同价值观、信仰和文化的人才,培养人们建立包容性解决方案的人际交往能力变得越来越重要。第二,学校的传统做法往往是将问题分解成可处理的碎片,然后教学生如何单独解决这些单个碎片。但在现代经济中,我们通过综合不同领域的知识,将以前看似毫无关联的碎片联系起来并创造价值。第三,如果我们今天登录互联网,就能找到我们要找的一切。但是,我们可以搜索和访问的内容越多,教会学生如何筛选和过滤信息就越重要。在大量的信息面前,寻找知识的关联性显得尤为关键。因此,21世纪的学校需要帮助年轻人不断适应和成长,发展他们的能力和动力,拓展他们的视野,让他们在新的环境中学会迁移和应用知识(Gurría 2009)。

教育学的新范式转变

佩尔·达林和鲁斯特在《走向二十一世纪的学校教育》(*Towards Schooling for the Twenty-First Century*)一书中指出,21世纪的学习和教学必须进行新的范式转变。作者讨论了全球范围内的重大变革,包括政治、经济、生态、认识论、技术和道德"革命"(Dalin & Rust 1996, p.32)。他们强调,在一个充满冲突的世界中,"学校的和平教育必须发挥基础性作用"(Dalin & Rust 1996, p.64)。可以说,教育学中新兴的范式转变受到全球化、政治经济变革、"知识社会"和信息技术革命等多种因素的驱动(Zajda & Gibbs 2009a, b; Zajda 2020c)。正如最近的论述,"全球化"一词是一个复杂的文化和社会理论结构,有时是一种方便的委婉说法,掩盖了有争议的含义以及主导性的观点和意识形态,包括沃勒斯坦(1979,1998)宏大的"世界体系"模型,吉登斯(1990,2000)的"时空概念"(强调社会关系的"脱嵌性"及其从当地环境直接剥离的即时性），以及卡斯特（1989）通过网络实现全球化的方法，即由资本、技术和信息流动构成的一个新兴的"网络社会"的基本范式，把全球化视为一种新自由主义和资产阶级霸权，从而使"剥削制度"合法化（见 Apple 2004；Bowles & Gintis 1976；Carnoy 1977, 1984, 1999；Geo-JaJa & Mangum 2002；McLaren & Farahmandpur 2005；Zajda 2008a, b, c, d, e, 2020c）。

我们认为，全球化及其政治、社会、文化和经济体系，以及竞争性的市场力量，为知识产业和信息通信技术（ICTs）带来了大规模增长，它们对教育机构和国家产生了深远而不同的影响（OECD 2001；Zajda 2020a）。全球化力量的影响之一是，教育组织在目标和战略上以创新型商业模式为蓝本，从而被迫接受效率、问责制和利润驱动的企业精神。因此，21世纪的教育改革反映了这种新兴的、标准驱动和结果定义的政策变化范式（Zajda 2009b，2014a, b, 2020a）。

全球化和竞争性的市场力量，促进了知识产业的大规模增长，对社会和教育机构产生了深远影响。在全球文化中，大学和其他教育机构一样，有望将其资本投入知识市场，越来越多地表现为创业机构（见 Globalisation & the Changing Role of the University）。这种管理和创业的重新定位，在过去被视为与大学传统的"为自身提供知识"的精神背道而驰（Sabour 2005；Zajda 2015）。德兰蒂（Delanty）指出："随着商学院和技术科学的兴起，创业价值观正在享受新的合法性……对大学的批评声音更有可能因为全球化被扼杀而不是加强。"（Delanty 2001，p. 115）。可以说，全球化可能会对高等教育部门乃至整个教育领域产生不利影响。全球化的影响之一，是大学被迫接受效率和利润驱动的管理主义企业精神。因此，新的创业型大学在全球文化中受制于新自由主义意识形态所带来的经济收益（Zajda 2020a）。

全球经济中的教育，可能会产生大量的不满情绪和冲突。正如那句常被引用的名言："一切历史都是阶级斗争史"（Marx & Engels 1848）。全球化也不例外，随着国家、技术和教育系统的分层不断复杂化，社会冲突也可能随之而来。在讨论全球经济中生产和消费之间复杂且常被视为理所当然的共生关系时，值得考虑扩展马克思著名的商品理论。商品流动或全球广告带来的全球消费主义使消费者的社会身份发生转变。阿帕杜赖（Appadurai）提出，通过媒体和商品广告，消费者已经转变为"一个符号"，无论是在鲍德里亚（Baudrillard）的"模拟"（simulacrum）意义上，还是在"真正的机构所在地不是消费者，而是生产者和构成生产的许多力量"的意义上（Appadurai 1990a，b，p. 308）。从后现代的角度来看，后工业化的全球文化可以被视为一种全球文化帝国主义的新混合体(McLaren & Farahmandpur 2005)。

　　世界各地的重点教育系统呈现出一种趋势,即从以儿童为中心的进步主义课程转向"以经济为中心"的职业培训。在对中国、日本、美国、英国、德国、俄罗斯和斯堪的纳维亚半岛的教育进行比较研究时发现,虽然这些国家和地区在政治、历史和文化以及主导意识形态方面存在巨大差异,但它们在追求全球市场的国际竞争方面却是一致的。因此,课程改革和学校政策越来越多地关注全球经济话语中的总体要求——竞争、生产力和质量。

评论

　　自 20 世纪 80 年代以来,全球范围内的全球化、市场化和质量、效率驱动的改革,导致教育和政策在结构和质量上发生了重大变化,其中包括越来越重视"全民终身学习"或"从摇篮到坟墓"的学习以及全球文化中的"知识经济"的愿景。各国政府在追求卓越的教育质量和问责制的过程中,越来越多地转向国际和比较教育的数据分析。所有人都认同,教育的主要目标是改善个人的社会和经济发展前景,而这只能通过为所有人提供优质教育来实现。现在,学生的学术成就在经合组织国际学生评估计划(PISA)的"国际认可框架"内定期进行监测和衡量。这是为了满足对教育成果进行国际比较的日益增长的需求(OECD, 2001, *Education Policy Analysis*, p.8)。为了衡量全球文化中的学术表现水平,经合组织与教科文组织合作,使用世界教育指标(WEI)计划,涵盖了广泛的比较指标,报告教育资源投资及其对个人的回报(OECD, 2019a, b, *Education at a Glance—OECD Indicators*, p.6)。

　　显然,这些新的全球化现象以不同的方式影响了全球教育和政策发展。首先,政策、贸易和金融的全球化对教育和改革的实施具有深远的影响。一方面,周期性的经济危机(如 20 世纪 80 年代),以及国际货币基金组织和世界银行的优先政策(如结构调整计划,SAPs)严重影响了一些发展中国家和转型期的经济体向全民提供基础教育的能力。贫困家庭连基本的温饱问题都无法解决,更不用说为孩子提供教育。这种情况在撒哈拉以南非洲、拉丁美洲、亚洲、中亚、东南亚等地尤为明显。例如,在阿富汗、塔吉克斯坦和印度农村,那里的儿童(尤其是女孩),被迫留在家里协助父母打工,因而无法上学。其次,经合组织、联合国教科文组织、世界贸易组织的政策具有强大的力量,它们作为国际组织,塑造并影响着全世界的教育和政策。最后,在语言、政策、教育和民族认同等领域,民族国家可能会失去影响其未来方向的权力和能力,因为知识支配、生产和传播的斗争正在成为知识和技术驱动的社会分层的新形式。我想强调的是,在后现代主义背景下,全球化进程中的一个核心且未解决的问题是"文化同质化和文化异质化"之间的紧张关系和矛盾状态(Appadurai 1990a,b,p.295,italics),或者说是全球主义和地方主义、信仰和理性、传统和现代之间,以及极权主义与民主之间持续的辩证关系。

除了全球化的多面性引发了各种激烈的意识形态争论外,从现代性到后现代性的许多范式和理论模型也被用来解释全球化现象。例如,当一位作家或研讨会发言人在教学和教育政策背景下使用"全球化"一词时,人们不禁要问他们所假设的经济、政治、社会和意识形态背景是什么? 这些假设是否被不加批判地视为理所当然的存在,从而将全球化视为一种全球性的(如技术性的)现象? 全球化的政治,特别是全球化话语中所包含的各种意识形态,需要进行批判性的分析,以避免对该术语的肤浅和单维的解释。

如果我们将全球系统(如全球经济、全球市场、全球媒体等)定义为经济、政治和社会联系,这些联系跨越了国家之间的边界,并对"生活在其中的人的命运"有重大影响,那么我们关注的则是文化和经济上相互依赖的"地球村"。"文化"一词已经包括所有其他维度以及人工制品。全球化进程的特点在于接受"统一的全球时间",国际公司和机构数量的增加,不断增加的全球通信形式,全球竞争的发展,以及对公民权、平等、人权和正义等全球概念的接受(见Featherstone 1990,p.6)。

上述对全球化、政策和比较教育研究的批评,反映了文化"帝国主义"的新的经济和政治维度(Zajda,2020a)。这种意识形态和政策上的霸权主义转变可能会对国家的教育体系、改革以及政策的实施产生重大的经济和文化影响(Zajda 2020c)。例如,鉴于WTO《服务贸易总协定》的限制,以及跨国教育公司和组织在全球市场上的持续主导地位,"在知识驱动型经济背景下,国家知识生产政策的基础可能被削弱"(Robertson 1992,p.494)。这种对教育政策和改革的削弱,标志着大学传统角色的相应弱化,正如尼斯贝特(Nisbet)指出的,大学的宗旨是追求知识本身(内在价值)(intrinsic):

> 学术的核心,是对知识本身的追求。知识和认识知识的过程本身是好事,而大学,在所有机构中,应该——或者曾经——都致力于追求知识,致力于去调查、去发现、去组织和思考知识,这些就是大学存在的意

义……(Nisbet 1971，p. vi)。

结语

上述比较教育研究中对社会变革和教育政策改革的分析表明，全球化、意识形态和教育改革之间存在着复杂的联系。一方面，民主化和进步教育学等同于平等、包容、公平、宽容和人权；另一方面，全球化被认为(至少在一些批评者看来)是一种综合力量，它扩大了社会经济地位(SES)的差距，加剧了贫富之间的文化和经济资本差距，并提高了法人团体和强大组织的权力、支配能力和控制水平。因此，我们需要继续批判性地探索教育和政策改革所面临的新挑战，提供真正的民主、社会正义和跨文化的价值观以促进变革性的教育学发展(Dalin & Rust 1996；Zajda 2018)。要想真正的以智慧、同情心和跨文化理解为特征的文化学习变革成为现实而不是纸上谈兵，我们就必须关注当前正在进行的教育改革的核心问题，包括克服全球教育不平等。

第九章　全球化与比较教育：变化中的范式及问题

教育政策的图景与变革

《国际教育评论》(*International Review of Education, IRE*)上发表的教育政策文章，涵盖了教育的分析和评估、学校改革的国际比较、教育政策和课程改革等多个方面。政策声明通常涉及初等、中等、职业和高等教育指标(跨国比较、招生模式、教育公共支出等)，以及教育的其他方面，如课程的国际维度、多元文化、学校有效性和成果以及全球化。*IRE* 收录的大量的比较教育研究集合展示了基于政策变化和创新不断演变的教育政策目标和重点、结构性教育和课程政策变化，以及教育政策方法论和理论方法的重点变革，这些可以与研究重点和重点的变化加以联系，以应对不断变化的经济和社会政治趋势。

鉴于 1955—2001 年直接或间接涉及教育和政策的文章数量庞大，以及本章范围的有限，所以本章重点放在以下三个相互关联的主题：

- 教育政策研究方法论的转变，包括期刊的比较基础和重点问题
- 教育和政策的中心问题和重点转变
- 教育和政策的结构性变化

政策与教育：竞争的观点

作为概念，政策和决策涉及某些概念和认识论上的困难。正如 1976 年

IRE 的一篇文章所指出的，这些困难源于对"政策"一词的各种不同定义，从"系统的明显行为"到更多关注"行为视角"的政策（Coombs & Luschen 1976, pp. 133－135）。也可以说，这些困难部分源于19世纪发展起来的两个概念之间的区别，其取代了早期包括培根学派将政策视为国家理性的包容性观点。反过来，这种二元论引起了政策和政策实施之间的对立，这往往导致人们去追求对政策承诺与其实施的实际经验之间差异的解释。

多年来，《国际教育评论》一直在寻求解释教育政策与其实施之间的这种差异（Stellwag 1957；Brodbelt 1965；Psacharopoulos 1989）。在1957年《荷兰教育中的问题和趋势》一文中，斯黛维（Stellwag）讨论了教育理想在实施过程中遇到的"具体障碍"，尽管荷兰有"牢固确立的高标准的文化和学术传统"以及教育部的"堪称模范的"立法活动（p. 54）。然而，在1965年的一篇文章《比较视角下的教育理想与实践》中，布罗贝尔特（Brodbel）通过比较法提出，只有当一个国家的政策目标中的"理想和事实"一致时，它才可能"形成理想的教育体系"。他通过引用美国未能实现18岁以下普及教育的目标来阐明他的假设（pp. 144－145）。在早期的文章中，教育政策的概念往往被等同于规划。直到1976年，政策一词才首次出现在文章的标题中。然而，许多文章的核心关注点是现今所称的"政策"领域，尽管早期的文章中提到了"政策"，但它经常与"规划"和"改革"等术语混淆使用。正如萨卡罗普洛斯（Psacharopoulos）后来证实的那样（1989）：

> "教育政策"或许是二十年前被称为"教育规划"的当代等同术语，无论其具体内容如何，也不管它有多少其他伪装形式（例如"教育改革"），几乎每个国家都曾显示或做出过影响社会教育某些方面的意图或决定（p. 180）。

教育与政策：范式的转变

1955—2001年，方法论的研究范式发生了几次重大转变。对已发表文章的调查表明，这些转变并不意味着现有研究与早期使用的方法完全划清界限。相反，这种转变促进了政策处理中使用的工具和技能的逐步完善，主要是对涉及教育和政策复杂性的认识日益加深，以及对适应变化条件和需求的意识日益增强。

正如米特尔(Mitter)(1977)在《比较教育的挑战:回顾与期望之间》中提醒我们的,范式的概念是指"主题领域与相应的关键概念以及理论方法之间的相互关系"。他还表示,范式的转变是为了响应某些感知到的条件和需求,无论是政治还是经济方面:"……这些范式反映了社会政治趋势和研究重点之间的特定相互关系。"(p. 405)

其中一次主要的范式转变发生在 20 世纪 70 年代初期,导致人们开始对教育中的"价值中立"的实证研究提出质疑。这反映了 20 世纪 60 年代社会科学中两种主要研究范式——经验/定量与解释/定性研究之间的以二分法为特征的认识论争论,*IRE* 的作者们开始更加关注定性与定量研究的问题。在那之前,鉴于其中心主题,尤其是政策和教育领域一直秉持着 50 年代早期出现的政策科学思想。勒纳(Lerner)和拉瑟韦尔(Lasswell)的重要著作《政策科学》(*Policy Sciences*)提出,政策分析是一门独特的科学学科(1951)。它包含两个维度:①政策过程中的科学;②科学在制定各种政策中的运用。特别是在教育和政策领域,它催生了对政策过程科学的研究。

然而,到了 20 世纪 70 年代,*IRE* 的一篇文章认为,"科学"的"无价值"内涵导致"政策"有时被视为一种"无价值"的研究,因此"任何关于系统或个人行动的预测性理论都被当作目的论而被抛弃"(Coombs & Luschen 1976, p. 134)。库姆斯(Coombs)和卢辛(Luschen)在 1976 年的一篇文章中提出,为了更好地理解教育系统的特征,需要分析整个系统,这篇文章主张超越"当前情况下观察到的变量之间的相互关系"。

> 只有与系统的其他要素(如教育目标、成本、需求和社会需求)相联系,教育系统的输出才能进行有意义的分析和比较。

他们认为,"对系统性能的不满,通常是因为感知缺乏有效性、效率、响应能力或真实性",因此应该根据这四个方面来分析系统(p. 149)。

达林(Dalin)在《教育变革规划:教育规划的定性方面》(*Planning for Change in Education: Qualitative Aspects of Educational Planning*)论证了理解"教育变革过程"定性本质的必要性:"规划者必须对人提出定性的问题,比如'我们为什么要变革?''我们要去哪里?''我们为谁服务?'"(1970, p. 437)。关于这种范式转变的争论,在 20 世纪 80 年代达到了高潮。在《教育研究方法论中的理论、政治和实验》(*Theory, Politics, and Experiment in Educational Research Methodology*)一书中，沃克和伊瓦斯(Walker & Evers 1986)对他们认为研究中仍在持续的实证主导地位提出了批评。他们提出了一种替代范式，即把任何教育研究的"主体"认识论纳入实际的研究设计中：

> "……理论化的过程，必须包括那些传统上被视为主体的理论活动。在探究他们的社会现实时，他们很可能会在社会现实中反思和试验他们的行为，这可能会导致社会现实发生与传统实验者引入的同样戏剧性的变化。"(1986, p.385)

20世纪90年代，方法论的进一步转变引发了广泛的讨论。社会科学从结构主义向后结构主义和后现代主义的范式转变，也在 *IRE* 的文章中有所体现。在讨论后现代社会的另一种范式时，阿维拉姆(Aviram)提出了从基于"解谜"方法的"过时"范式转向"跨学科搜索"连接的教育范式的根本性转变：

> 它需要实现从现今在教育思想中占主导地位的"解谜"方法的"过时"范式，即侧重于对特定问题的特定学科处理，转向寻求特定问题之间以及这些问题之间联系的宏观层面的系统方法的飞跃……这种飞跃需要跨学科寻找可能的联系……寻求替代范式必须从以下问题开始考虑：是否有可能确定全国性的后现代民主社会目标？如果有，它们是什么？(1996, pp.435–438)

1997年，"比较教育中的后现代性"的概念出现在梅思曼(Masemann)和韦尔奇担任客座编辑的特刊《比较教育中的传统、现代和后现代》的标题中(Vol.43, Nos.5–6)。在这里，米特尔看到了范式转变从"古典的"历史研究和对国家系统的调查，转向了多元文化社会中的跨文化教育，以及普遍主义和文化多元主义之间的相互关系，最终演变为"后现代主义对先前定义比较教育的主流现代性理论的反抗"(Mitter 1977, pp.406–409)。他进一步警告说，"当前的经济、技术和科学全球化的趋势以及文化多样性意识的逆流复兴"为比较教育改革创造了新的必要性。就当下和未来的"普遍主义和文化多元主义"而言，必须在"世界体系理论的信息与作为人类历史永久形式的理论，即文化多样性"之间找到一种富有成效的平衡(Mitter 1977, pp.407–410)。

杨(Young)则在比较教育研究中摒弃了"后现代相对主义"和"普遍主义"的极端观点,并提出了一种基于"渐进式对话的跨文化研究的新实践,既重视差异,也重视共性,既重视相对性,也重视普遍性"(Young 1997, PP.497‒504)。

比较教育与政策转变

《国际教育评论》(*IRE*)最初由来自科隆大学的弗里德里希·施耐德(Friedrich Schneider)于1931年创立。他和保罗·门罗(Paul Monroe)(哥伦比亚大学教师学院)同是创刊编辑。*IRE*以刊登英文、法文和德文国际比较教育研究文章为特色,成为世界上发行时间最长的教育期刊。1955年,该期刊被位于汉堡的联合国教科文组织教育研究所接管。第一篇社论旨在促进国际理解与合作,1955年的创刊号社论提到了"提供一个国际论坛,促进国际信息交流"的意图。该期刊旨在"向读者介绍各国的教育理论和实践……并探索这些思想和活动在多大程度上具有超越国界的有效性"。这种一直强调国际问题、国际理解和比较教育研究的编辑政策成为其近70年来的定位。

《国际教育评论》强大的比较教育传统,为该期刊多年来广泛讨论国际教育政策奠定了基础。该期刊在联合国教科文组织教育研究所所长瓦尔特·默克(Walther Merck)成立研究所仅3年后就问世,并力图延续其前身《国际教育科学杂志》(*Internationale Zeitschrift fur Erziehungswissenschaft*)的比较研究传统(Dave 1984, p.3)。

在联合国教科文组织成立之初,国际教育理解是一项重要的政策举措,也是二战后的主要关注点。

通过学校间的国际联系在世界范围内建立和谐的关系,维护世界和平最初在《学校的国际联系》(*International Linkage of Schools*)(Dobinson 1955)中讨论过:

> 大多数国家的教师都希望教育能够努力发挥其应有的作用,解决人类面临的最大问题——建立所有国家之间的和谐合作……
>
> 学校的职能,是培养广泛意义上的优秀公民。但是,一个人如果不首先成为国家的好公民,就不可能成为世界的好公民。因此,学校的任务是培养其社区内的正确态度,然后这种态度自然会通过本地社区意识扩展到世界社区意识(p.229)。

同样,国际教育研究合作的概念最早由诺尔(Noll)提出,他写道:

> "在国际前沿,目前最活跃的机构可能是联合国教科文组织,对它在改善教育研究领域交流方面所作的开拓性努力怎么赞扬都不为过。" (1958，p.80)

哈比(Harby)和阿弗里(Affifi)在该期刊中,首次尝试基于世界理解教育概念进行决策分析(1958)。在评论阿拉伯民族主义和世界理解问题时,他们声称,当时的民族愿望"席卷了从大西洋到阿拉伯海湾地区,且已被凝聚在阿拉伯民族主义之中"。他们认为,这种民族意识在阿拉伯联合共和国的建立中得到了体现。他们继续建议:

> 阿拉伯联合共和国人民开始意识到,在未来几年里,他们不仅要在加强自身社会文化建设方面努力,还要在加强世界和平和世界理解方面发挥重要作用(p.437)。

然而,康德尔在其文章《比较教育的问题》(*Problems of Comparative Education*)中提出了一些与作为方法论的比较教育概念有关的问题,他对比较教育本质的论述至今仍然具有现实意义:

> 它不应与国际教育的目标相混淆,后者旨在促进世界各国人民的共同目标——友好、友谊、兄弟情谊、和平等。比较教育的研究可能有助于实现这一目标,因为比较教育可能会展示其实施的途径和方法,但它本身并不是国际教育……(Kandel 1956，p.2)。

他进一步主张,研究比较教育的学生必须超越教育政策声明,去发现指导政策改革背后的"原则":

> 必须从官方目标声明和学校系统背后发现影响政策改革的基本原则和力量……(pp.2-5)

他还提到了比较各国教育改革的主题,这在许多后续文章中都有涉及,他警告说，不应直接比较不同国家的教育：

> 基本上，方法论的问题涉及已经提到的问题，即"我们比较的是什么？"答案应该是思想、理想和"形式"。比较教育没有也不应该尝试做的一件事，是展示一种教育体系比另一种教育体系要好多少……尽管有可能去衡量一个教育系统的实际结果与其设定目标的关系，但没有任何一个可比的标准来衡量教育系统的质量（Kandel 1956, p.6-7）。

安德森（Anderson）讨论了这个问题并建议使用可靠的研究方法，以"更合适和更尖锐的问题"引导：

> 几乎每个国家对当今学校运作的不满，都为当代比较研究的复兴提供了很大的推动力，有什么比相信其他国家避免了我们学校的缺陷更自然呢？ 太多的作者在使用过时的工具（1961, p.1）。

随后，贝雷迪（1961）在比较方法学中提出了种族中心主义影响的概念，这个概念至今在教育政策中仍然具有重要意义：

> 比较教育学者也是普通人，而人会表现出人类的偏见……大多数人都会无意识或有意识地表现出自我中心主义……但自我中心主义在比较方法论中最常见的影响，不是简单的狂妄自大或引发当地人的自卑感。相反，它是一国公民随时准备抵御另一国公民可能的批评的防御资本（pp.24-27）。

在研究描述性和解释性的比较教育范式时，斯腾豪斯提出了对政策进行宏观和微观分析的有效技术：

> 微观方法的特点是它缩小了调查范围……正如贝雷迪所说，"它关注教育中的一个方面、一个部分或一个主题，并追踪其在国外不同条件下的变化"……相比之下，宏观方法"试图从单一或集体的所有要素方面分析教育系统"（Stenhouse 1961, p.413）。

霍姆斯进一步推动了关于比较方法论的辩论,提出了在比较方法论中使用"理性建构"的建议:

> 建立理性或理论结构,将使某些类型的测量成为可能……毫无疑问,比较教育学家需要了解不同社会中的人所认同的规范,以及他们是否愿意按照这些规范来生活……制定可比较的理性结构的任务要困难得多(Holmes 1965, pp.467 - 475)。

方法的转变越来越跨文化和跨学科。在这种背景下,卡扎米亚斯(Kazamias)分析了历史和社会科学在比较方法论中的作用,他与萨德勒、康德尔、汉斯和乌利希一样认为:

> 比较教育在很大程度上也涉及借鉴和传播,而对这些过程的追踪更多的是历史学家的工作……对教育模式、实践等的完整比较研究最终将取决于历史学、社会学的综合,以及思考现象的人类学和心理学的知识(Kazamias 1962, pp.396 - 397)。

这一观点也得到了科内尔(Kneller)的支持,他在研究比较教育的前景时认为,美国在努力重建德国和日本教育过程中忽视了比较教育早期的历史、社会和文化关注点,从而证明了他们在"将思想和制度从一个国家转移到另一个国家"方面的无能(1963, p.397)。这一观点在今天仍然适用。科内尔指出,尽管战前比较教育具有"粗略的"经验主义,但它们:

> 使用不断强调教育作为文化和历史环境产物的独特特征的概念,这具有不可估量的优势(Kneller 1963, p.403)。

科内尔指出,这种强调个体和独特性的"人文主义偏见"在系统的实证调查面前似乎正在逐渐减弱(Kneller 1963, p.403)。

20 世纪 60 年代,比较教育和政策转变的核心是相互竞争的定义和范式。到了 20 世纪 70 年代,安德森提出了教育社会学在比较教育中可以发挥的特殊作用:

对社会的比较视角必须依赖于人类学,但社会学本身具有一种特殊的能力,其在分析"制度体系"之间的国际相互联系方面颇具经验(Anderson 1970,p.147)。

萨卡罗普洛斯(1995)在研究比较教育不断变化的性质时,基于对国际比较的解构,提出了一种更加务实的教育政策评价方法。他评论了围绕国际成就比较(国际能源署 IEA 和国际内部审计师协会 IAEP 关于不同国家成就的研究)有效性的争议,揭示了使用成就指标的误区(包括使用总入学率而不是净入学率,忽略了上学者的年龄因素),并提出了各种新的和更相关的比较数据分析方法,包括教育产出:

自萨德勒时代以来,比较教育发生了很大变化,之前研究的问题可能是应该在什么年龄教授希腊语和拉丁语,或者英语学校如何从费城学校的教学方法中学习。而今天的问题是:
- 不同教育政策的福利效应是什么?
- 教育产出的决定因素是什么?(Psacharopoulos 1995,p.280)

从国际合作政策到全球教育

可能最具创新性的想法,是将"全球安全"模式作为确保人类生存的新范式(Williams 2000)。威廉姆斯认为,鉴于"国际教育"作为一个研究领域在"过去十年全球变化的影响下"正在失去其特性,全球安全的概念在今天变得更加重要:

它整合了对人类福祉威胁的理解……这反映了满足人类需求(发展)、资源限制(环境)和冲突(暴力)之间的相互关系……通过我们的教学方式来播种全球安全的种子,这必然会反映出国际差异……(Williams 2000,pp.187 – 200)

教育规划和政策中的核心问题

尽管从广义上讲,教育的扩展、变化和改革是 1955—2001 年间发表的研究文章的主要特点,但在不同年代,教育和政策的某些优先事项还是占据了主导地位。

吉列(Gillette)在同一期刊中也观察到了1955—1979年间有关教育和政策的文章数量有显著增加。他写道:

> "多多益善"——冒着回顾性的过度简化的风险,我们可以认为这很可能是25年前教育政策制定者和实践者的座右铭。在一个刚刚从战后重建中崭露头角的以欧洲为中心的世界里,他们关注的核心问题应该是为更多的人提供更多已经存在的教育。就愿望和意图而言,变革意味着线性增长(Gillette 1979, p.142)。

一个有影响力的政策研究的例子是20世纪60年代收集的关于入学数据的资料。这些关于入学模式的描述性报告在"人力资本"理论的背景下,成为全球基础教育令人印象深刻的扩张因素之一(Zajda 2007)。

例如,1960年,苏丹制订了一项为期五年的教育重组计划,其中包括增加教育开支:

> 在这些新措施中,可以列举的一是增加教育在国家预算中的份额,这个份额现在是13.5%,应该有可能提高到15%、18%,甚至20%。二是在更大程度上由地方议会和市政当局分担初等教育的责任……(Akrawi 1960, p.280)

在南斯拉夫,茨尔文科夫斯基(Crvenkovski)指出,与战前的南斯拉夫相比,教育有了显著扩张:

> 四年制义务教育并未覆盖南斯拉夫全境,在该国某些地区,文盲率超过75%……在过去十年间,学校系统的扩大可见于以下数据……在1960—1961学年,84.3%的学龄儿童上了小学(Crvenkovski 1961, pp.394-5)。

在20世纪50年代、60年代和70年代,教育增长的量化视角仍然是教育和政策研究的一个主要议题。我们可以看到,教育和政策结果的定性指标转变,成为20世纪80年代和90年代教育政策话语的一个特征。

作为一个概念的教育规划

20世纪60年代，教育规划成为教育和政策中的一项"主要活动"出现。1964年，"教育规划"这一概念首次出现在《经济规划框架下的教育规划》一文中（Ewers 1964）。这里的转变，是从早期基于数量的线性扩张方法转向了将教育规划视为投资和消费的经济观点。库姆斯（1964）总结了与过去相比，20世纪60年代教育规划的"新特点"：

> 一方面，它具有更广阔的视野，涵盖了一个国家的整个教育体系……另一方面，说明其有意识地努力使教育成为经济和社会发展的主要力量和组成部分。因此，教育规划在这个更广泛的框架中，既包括教育的内部事务，也包括其与社会和经济其他部门的外部关系（Coombs 1964，p.53）。

在研究20世纪60年代教育规划中出现的一些操作问题时，尤尔斯（Ewers）提出了一些策略，其中包括：

> 现在，教育规划者需要确保他所规划的系统能够吸引足够且合适的学生。他需要确认学生目前的偏好，并确定可能需要的激励类型，以促成这些模式中所需的任何必要的变化……教育史将成为教育计划和政策中的核心问题并且表明，教育偏好往往会随着时间的推移而自我调整以适应经济现实（Ewers 1964，p.138）。

根据胡森（Husen）的说法，教育改革是在教育机会均等和经济增长的双重旗帜下启动的，但它相应地忽视了"教育规划的质量方面"：

> 然而，作为20世纪60年代初教育规划的基本假设——人力资本理论……受到了挑战，对经济增长的关注导致其忽视了教育规划的质量方面（Husen 1979，pp.212-13）。

在政策层面，规划在教育改革中的作用成为重点（Husen 1979，p.213）。国家发展计划（例如五年计划）成为教育和政策规划的标准模式。因此，不同于苏联，教育规划在西方逐渐成为新事物。到了 20 世纪 60 年代初期，教育政策和规划变得狂热起来。

20 世纪 70 年代向定性观点全过程规划模型的转变

如果说 20 世纪 50 年代和 60 年代以传统的线性"步骤规划"模型为特征，那么在 20 世纪 70 年代初，教育和政策已经开始明显地向定性观点"全过程规划"模型转变。温（Winn）基于社会变革的原则，阐述了一个全面的过程规划策略，该原则"提倡受决策影响最大的人群广泛参与决策制定"（Winn 1971，p. 267）。他解释道，整个过程规划涉及"验证、建构、评估和奖励"（p. 272）。他认为，教育规划"要求在州、地方和概念层面上建立有影响力的组织"以促进和指导教育过程。然而，他批评了"大多数规划仍然专注于顺序方法"的方式（Winn 1971，p. 272）。

在《发展中国家的教育规划：苏丹》一文中，阿克里（Akrawi）考虑了与教育筹资和社区在管理学校中的角色相关的一些政策行政变化：

> 第一类涉及现行支出方法和政策变化将导致此类经济体……在新措施中会增加教育在国家预算中的份额……第二项措施可能是地方议会将比目前在更大程度上与市政当局分担初等教育的责任……（Akrawi 1960，p. 280）

1980 年，麦克道威尔（McDowell）在《国家教育政策对尼日利亚原住民教育的影响》一文中对原住民群体的负面影响进行了批判性研究，他解释说，政策制定者未能认识到原住民教育所作出的贡献，并且最近的变化可能"威胁"到当地社区：

> 最近的国家教育政策没有承认原住民教育作出的贡献……然而，分析也表明，这些新政策实施太快会对学校提出过高和不切实际的要求，并威胁到非学校教育适应变化的能力（McDowell 1980，p. 51）。

1983 年，政策规划发生了显著的转变，这一概念在休·霍斯（Hugh Hawes）的文章《初等教育普及》（*The Universalization of Primary Education*）的第二部分中得到了体现，表明了政策规划从早期的"数字"方法转向了更全面的概念模型。在这一阶段，规划讨论的范围涵盖了国家和国际倡议的框架，"宏观和微观规划"与"权力下放"的关系变得日益重要（Hawes 1983，p. 165）。同时，权力下放对当地社区也具有重要意义。

> 除非社区能够得到信任和支持，能够担负组织人员配备和为自己的学校提供服务的责任……否则，初等教育的数量尤其是质量将会受到影响。权力下放，是中央集权政府通常不愿意考虑的一步……（Hawes 1983，p. 165）

从优先考虑入学率和成本调查的线性以及定量方法向更定性的方法转变，可能会导致一些批评者认为教育和政策规划正面临身份认同危机。1984 年雷库姆（Recum）在《教育规划中的身份危机》（*The Identity Crisis in Educational Planning*）中首次讨论了教育规划中的这种身份危机，鉴于教育扩张未能产生预期结果，其对教育规划的"传统和当代技术方法"提出了质疑：

> 20 世纪 60 年代初是教育政策制定的新起点……然而，教育政策未能实现预期目标……另一方面，现代教育规划则有助于带来可控的变化。同时，有助于为教育决策过程带来更多客观性，并提高其有效性……（Recum 1984 pp. 142 - 143）

布雷（Bray 1984）在《教育规划中的危机是什么？》一文中表达了与雷库姆以及其他"危机中的教育"政策研究者不同的观点。布雷通过对一个发展中国家的案例研究，认为教育规划并不存在真正的危机，除非政策决策者为自己设定了不切实际的目标：

> 教育规划……仍然存在数量和质量上的弱点，其影响力需要加强，但它并未遭遇身份危机或声望缺乏……这可能暗示教育规划如果没有实现预期的目标时才会遭受身份危机（Recum 1984 pp. 434 - 436）。

萨卡罗普洛斯（如前所述）在分析教育政策目标和结果之间的差异时指出，改革失败的原因在于"既定政策从未得到实施"，并且政策是基于"善意"而非"经研究证明的因果关系"：

大多数教育政策之所以没有得到实施是因为其表述含糊,而且融资问题并不总是能够解决……为避免过去的失误,制定教育政策时应满足以下条件。就目标而言,政策声明应具体且目标可行……(Psacharopoulos 1989,pp.179 - 193)

教育与政策的结果

在教育政策优先事项方面,1955—1979 年的特点是增长、权力下放和以学校为基础的革新。在研究社会变革、教育和政策的过程中,一些作者建议,需要将关注重点从狭隘的增长战略转向更全面和"灵活的教育战略",并基于国际合作、"快速扩大的学习需求"和"日益增长的财政紧缩"作出决策(Coombs 1982,pp.144 - 145)。教育和政策的新焦点需要解决"顽固的不平等问题"。库姆斯认为:

结构变化,尤其是发展中国家的结构变化,往往倾向于扩大而不是减少长期存在的教育不平等……帮助纠正这些严重的不平等显然是 20 世纪 80 年代教育政策面临的主要挑战之一……首先,每个国家……必然需要一种更全面、灵活和创新的教育战略——考虑到全体人民不断变化和扩大的学习需求的战略……其次……现在将比以往任何时候都更需要在教育方面加强国际合作,并采取许多新的和不同的形式(Coombs 1982,pp.153 - 157)。

官方政策规划和实施领域的关键指标之一是普及初等教育。布雷(1983)在评论巴基斯坦的国家教育政策(1970)关于普及初等教育的成果时指出,鉴于入学率低(例如,1978 年俾路支省仅 11% 的女性入学),巴基斯坦不太可能实现其期望的本世纪末普及初等教育(UPE)的政策:

到本世纪末,巴基斯坦几乎不太可能实现普及中等教育的目标,这并不是说政策制定者不应该设定目标并努力实现它们……(Bray 1983,p.177)

教育的结构性变化和政策：改革与创新

定义、指导教育和政策结构变化的关键问题包括义务教育普及、教育机会的公平和平等，以及家庭背景对学业成就的影响（Husen 1979，pp. 204 - 205）。如果说20世纪50年代和60年代西欧教育政策的核心问题是为15～16岁的所有儿童提供义务教育（Husen 1979，p.204），那么对于发展中国家来说则是普及初等教育。

普及初等教育的政策

普及免费义务教育的概念最早由联合国教科文组织于1951年在日内瓦提出，随后通过了普及初等教育的《卡拉奇计划》（*Karachi Plan*）（1960）：

> 这次会议起草了一项为期20年的工作计划，以期在1980年之前在所有亚洲国家实施至少七年的免费义务教育（Rahman 1962，p.257）。

关于印度现代初等教育的第一篇文章是卡比尔（Kabir）对普及初等教育的描述：

> 《印度宪法》（*the Constitution of India*）的一项指导性原则是，在其颁布后的十年内，为所有6～14岁的儿童提供普及、义务和免费教育。在独立前夕，当时的教育设施甚至没有覆盖到四分之一的儿童，这一指令被认为是具有革命性意义的（Kabir 1955，p.49）。

奥莱塔（Orata）在1959年预估，在20世纪50年代，在发展中国家8.6亿名5～19岁的儿童和青少年"学龄群体"中，只有30%接受过小学教育，7%接受过中学以及中学后教育，而63%（近三分之二）则中断学业或"根本没有上过学"（Orata 1960）：

> 在许多发展中国家的学校系统中，教育往往是关于辍学的故事……成千上万的儿童在一年级入学，但大多数儿童到不了三四年级就会辍学，更不用说六年级了，而六年级是学习读写能力的最佳年级（Orata 1960，

p. 10）。

哈比和阿弗里讨论了埃及的教育政策成果：

> 小学已成为一个独立的机构，为广大儿童提供全面的普通教育课程，并免费向所有人开放（Harby & Affri 1958，p. 423）。

乌干达的小学多设立在农村地区，学校位置和教学质量低下是实现初等义务教育困难的两个重要因素：

> 当前的政策是"确保每个希望上学的孩子在离家步行可达的范围内接受至少四年的学校教育"，但这个目标目前也尚未实现（Macintosh 1958，p. 461）。

《国际教育评论》（*IRE*）1983 年第 29 卷第 2 期将普及初等教育（UPE）作为重点。哈维斯（Hawes）认为，引入与可用性专业协会（Usability Professionals' Association, UPA）相关的政治、经济和社会因素可能会产生新的不平等：

> 普及教育试图缩小的不平等现象实际上有扩大的危险，这种情况在拉丁美洲发生过，在尼日利亚正在发生，而且很可能也会在孟加拉国和巴基斯坦发生（Hawes 1983，p. 129）。

平等与公平的政策问题

教育不平等辩论的出发点之一可以追溯到加尔（Gal）关于法国教育改革缺陷的讨论，他认为改革并没有解决教育系统的根本问题：

> 法国儿童唯一真正的平等是在小学阶段，从 11 岁起，我们孩子的命运就由社会经济标准决定……因此，很少有来自底层家庭的学生能进入高等教育（工人家庭子女不到 3%；农民家庭子女约 4%）……法国儿童获得中等教育以及高等教育的机会，因儿童的社会出身而异（Gal 1957，

pp. 470－473)。

在 20 世纪 50 年代，*IRE* 已经讨论了由社会、文化、经济和认知因素引起的教育不平等等问题。教育机会均等是康德尔(1957)在 *IRE* 第 3 卷开篇文章中的重点，当时他指出，尽管提供义务基础教育是过去的主要问题，但对机会均等的需求却要求一种新的思维方式：

> 提供平等教育机会需要社会和政治的觉醒，认识到个体作为公民的价值和尊严，以及承认受过基本识字教育的工人的经济价值(Kandel 1957，pp. 1－2)。

布罗姆奎斯特(Blomqvist)在《一些社会因素和学校失败》中提出了其他相关的问题，他认为儿童的学业表现与经济和社会因素有关，包括环境和家庭背景：

> 大多数研究结果表明，来自社会底层的学生比来自上层的学生更容易失败……与缺乏文化标准、文化动机和教育传统相比，低收入似乎影响较小(Blomqvist 1957，pp. 166－171)。

后来，正如我们所见，平等和公平的话题已成为"另一个压倒一切的政策问题"(Husen 1979，p. 204)。事实上，教育机会的平等成为教育和政策研究的关键问题。而政策的转变是来自保守派"人才储备"的观念——从即使社会底层的年轻人也能够获得教育机会，转变为人人平等接受教育的观念。激进派作家对"遗传"能力的概念，即遗传能力而非社会阶层决定生活的机会提出了质疑，声称它反映了资产阶级的信念。

在锡兰(现斯里兰卡)，贾亚苏里亚(Jayasuriya)阐述了教育不平等的历史背景，将其归因于学校教育的双重结构：

> 由于存在"两种类型的学校"——一种是主要由有能力支付教育费用的人就读的学校，另一种是由经济条件不允许的人就读的学校，因此真正的平等机会并不存在(Jayasuriya 1962，p. 293)。

种族和民族的教育不平等现象引起了众多学者的兴趣。洛克（Roucek）强调了许多与美国黑人教育相关的问题：

> 事实仍然是，黑人的问题在美国日益突出。由此造成的长期的道德、社会和政治问题已经形成，或者至少是受其存在的影响——并且这些问题仍未得到解决（Roucek 1964, p.162）。

在 20 世纪 60 年代，财富开始取代种族成为许多公平研究的关键问题。马尔科娃（Malkova）批评美国的高中通过使用智商测试进行学生分班，从而延续了教育不平等，因此：

> 智力天赋理论一直对美国学校产生重要影响……调查表明，智商与儿童所处的社会经济环境有关，贫困家庭的儿童通常被归类为"无能力"……这些"无能力"的儿童接受的是一种简化的学习课程（Malkova 1965, p.259）。

机会平等和标准提高是"平等、质量和数量：印度教育中难以捉摸的三角"会议的主题。在会议上，奈克（1979）回顾了印度教育政策制定者所面临的困境：面对有限的财政资源、成人高文盲率和高辍学率，他们试图实现教育机会的平等。

> 我们最糟糕的成就是普遍保持了这样一种状况，在每 100 名入学的儿童中，只有约 30 人能上到五年级，约 25 人上到八年级。更糟的是，这些高流失率在过去 30 年中几乎没有变化……它（教育系统）主要为 30% 的上层阶级服务，他们垄断了 70% 的中学教育名额和 80% 的高等教育名额（Naik 1979, pp.53‑55）。

最近，詹宁斯（Jennings）在评估圭亚那 14～25 岁青年中义务教育对识字率的影响时发现，只有 11% 的人表现出"高水平的识字"能力：

> 研究表明，（圭亚那）在加勒比地区的英语国家中拥有最悠久的初等义务教育历史，但只有大约 11% 的年龄在 14～25 岁之间的年轻人具备识

字能力……显然，有必要为那些在学校系统中未能发展识字能力的年轻人，提供发挥社会作用的进一步扫盲计划（Jennings 2000，p. 113）。

拉玛（Rama）和特德斯科（Tedesco）为拉丁美洲教育和发展（1950—1975）的分析提供了一个罕见视角，即洞察教育作为复制主流文化模式和意识形态的机制所发挥的作用：

> 通过这一过程，它还维持了一个分层社会的社会分化结构，众所周知，在一个分层的社会中，劳动力市场成为滋生不平等的等级结构的一个实例（Rama & Tedesco 1979，p.74）。

择校政策问题与社会不平等

赫希（Hirsch）在《学校选择与教育市场的探索》（第41卷　第3—4期）中研究了与学校选择相关的教育特权，他参考了经合组织对六个国家选择政策影响的研究（1993,1994），指出了各种"学校市场在实践中的不完善"，包括"选择标准的任意性"（Hirsch 1995，p.239）。

在20世纪90年代，全球的政策制定者建议，父母应该在为子女选择学校方面行使更多的决策权。关于教育选择的政策辩论主要受到"理论和意识形态的驱动，而非实证研究"的影响（Plank & Sykes 1999，p.390），并且基于将责任从国家转移到消费者的战略：

> ……"选择"是一项极其保守的改革策略，因为它未能解决在社会和经济背景下，父母做出实际选择的问题……它也是一种策略，避免了解决与贫困和不平等相关困难问题的责任，而是将这些问题的"解决方案"留给市场。从教育政策的角度来考虑，这种选择权否认（并削弱）了国家解决这些问题的能力，并承诺通过市场的运作来解决这些问题（Plank & Sykes 1999，pp.412‑413）。

在这里，政策的转变是从一个理论的保守的"市场力量"意识形态，即决定学校选择的意识形态，转向对国家在维持社会分层中的操纵作用进行批判性地分析。

对教育政策的批判性评价

在回顾 1955—2001 年间《国际教育评论》发表文章中所涉及的问题的性质、意识形态的转变以及教育和政策变化的概念时,我们可以观察到在比较教育和政策研究中的以下转变:

（1）20 世纪 50 年代见证了人口增长和经济扩张以及随之而来的对"教育规划"的兴趣,迫使世界教育组织收集信息以准确描述不同国家的教育状况。在这一数据收集过程中,联合国教科文组织的作用变得非常重要。教育政策的主要关注点是"社会问题"。20 世纪 50 年代教育领域的另一个问题是,教育政策在言辞与现实之间的差距日益扩大。

（2）在 20 世纪 60 年代初,教育和政策"在乐观主义的浪潮中前进",被认为是"社会变革和进步"的主要工具。在 20 世纪 60 年代,教育和政策进入了一个"科学控制"的创新时代。教育规划作为一项"主要活动"出现,可以被引为"20 世纪 60 年代一般跨学科方法在概念化和解决教育问题方面取得突破"的一个良好例证。教育规划与教育和发展之间的经济联系以及经济和社会因素的重要性日益凸显:决定优先事项和资源分配。

（3）在 20 世纪 70 年代初,"教育改革"获得了突出地位。这是一个对教育和政策进行严肃批判性分析的时代,其典型特征就是反对资本主义,寻求对保守传统更好的替代。同时,全球对增加教育支出的需求持续存在。

（4）在 20 世纪 80 年代,教育规划日益强调宏观规划和微观规划之间关系的重要性,比如"政治家和规划者之间的紧张关系"以及"UPE 复杂性"（Hawes 1983，p. 1983）。

（5）经合组织关于可持续灵活性的研究表明,21 世纪以信息和知识为基础的新经济很可能对工作性质产生重大影响,进而要求重新定义教育规划和教育过程。

结语

在考察过去 50 年中概念思维在教育和政策方面的转变和方式变化时,我们可以得出以下结论:

（1）20 世纪 70 年代初期,实证主义（实证/定量研究）和反实证主义（非实证/定性研究)之间的主要范式转变开始质疑"无价值"实证研究的理念和经验主义的科学主导地位。这种范式转变在 20 世纪 80 年代达到了顶峰,正如后结构主义和后现代主义教育和政策文章所描述的那样,它是一场反对启蒙运动和现代性主导理论的"后现代主义反抗"(Mitter 1977,p. 407)。这种政策方向的范式转变挑战了教育和政策的元叙事以及纪律社会,并通过重新肯定学习者在课程中的中心地位和学习者需求的多样性,承诺赋予学习者权力。

(2) 教育规划和政策改革的方向,已从 20 世纪 50 年代和 60 年代基于"多即是好"隐喻(Gilette 1979,p. 142)和人力资本理论的"线性"教育扩张模式,转变为更定性、更全面(Hawes 1983,p. 165)、聚焦于"全球安全"(Williams 2000,p. 187)以及"整合性"(Hoppers 2000,p. 24)的政策方向和政策改革。

(3) 在过去的 50 年里,教育和政策改革反映的关键政策问题可以说是对平等主义的政策重申——平等目标——确保以前只有少数人才能享有的平等和高质量的教育机会能够惠及所有人。具体而言,核心教育政策问题涉及为所有儿童提供义务教育,包括在发展中国家普及初等教育的性质变化、公平、学校选择以及家庭背景对学业成绩的影响(e. g. Kabir 1955,p. 49;Jayasuriya 1962,p. 293;Naik 1979,p. 53,Husen 1979,p. 204;Coombs 1982,p. 153;Bray 1983,p. 177;Hirsch 1995,p. 239)。

上述比较教育研究和政策分析表明,就明确的"战略挑战"和"可交付目标"(OECD 2001,p. 139)而言,关键的政策问题和选择已经从基于入学率、投入和产出以及市场力量的人力资本和供应决定的经济规划模型,转变为多维度的政策分析模型。后者在回应"私人行动者"的权利时(Plank & Sykes 1999,p. 390),继续保持对学校和社会的政治和文化环境的敏感性。

关键的教育和政策问题以及改革总体上继续保持不变,1957 年,康德尔(Kandel 1957,p. 2)首次提出的"顽固的不平等问题"(Coombs 1982,p. 153)依然存在(Jennings 2000,p. 113)。教育中不平等现象扩大的趋势,部分是由于以市场为导向的学校教育以及"对不平等和排斥的实质性容忍"(OECD 2001,P. 126)的存在。1982 年之后的 20 年政策方向的关键问题包括:

• 考虑到不断变化和不断扩大的学习者需求的新的内部策略(更全面、灵活和创新的学习模式)

• 克服"不可接受"的社会经济教育差距和不平等

• 提高教育质量

• "协调教育和文化"

- 每个国家在教育和政策方向上促进"国际合作"（Coombs 1982, pp. 145–157）

总而言之，最近的比较教育政策文章涉及：

- 通过教师资源（辅助教师）克服弱势地区学生之间"成绩差距"的问题（Crespo & Carignan 2001, pp. 31–58）
- "加速学校改建计划"，或提高学校的效能并缩小成绩差距（Gaziel 2001, pp. 7–29）
- 非洲基础教育危机以及促进"非正规教育"发展的新基础教育政策，以提供符合当地需求的教育（Hoppers 2000, p. 27）
- 衡量"功能性识字"成果的新扫盲方法（如詹宁斯指出，在圭亚那，这一比例为 11%）
- 学校和行业课程需求之间的不匹配（Aska 2000, p. 148）

所有这些都表明，1979 年政策方向和观念的关键问题均立足于《国际教育评论》（禧年卷）对 1955—1979 年教育政策的 25 年影响的回顾。同时，也表明 1982 年（Coombs 1982）的政策方向仍然在政策议程上。

最后，我们可以得出结论，比较教育研究和政策分析显示了许多重要的教育政策范式的转变，从结构主义到后结构主义的政策分析，不一而足。然而，最重要的政策和教育改革，包括解决教育机会平等、为所有人提供优质教育以及顽固的不平等问题，仍然继续存在于各种教育政策和改革文件中，并需要作为重新解决全球持续存在的教育不平等问题的优先事项加以解决。

第十章　高等教育改革的最新研究

全球高等教育性质的变化

很难想象在历史上的某一时代，全球化对文化、经济、教育和政治会产生如此大的影响。知识产业的重要性增加，信息和通信技术创新、市场经济的强烈导向，以及区域和国际治理体系的发展，都促进了世界各国在人口、思想、文化、技术、商品和服务等方面的快速流动。全球化的影响既不是中性的，也不是统一的（Turner 2020）。全球化以不同的方式影响着各个国家——这些影响有些是积极的，有些则是消极的。社会的各个领域都受到全球化的影响，高等教育也不例外（Knight 2008；Omwami & Rust 2020）。

全球化的影响如此深远，以至于高等教育的许多基本假设都受到了冲击。高等教育的基本假设仍然认为我们生活在一个学习型社会中，终身学习的概念已深深植根于我们的意识之中，并成为我们专业和职业认知的一部分。尽管如此，一些关于教育机构结构与教育方式的基本假设正受到人们的质疑。我们不再能够明确地界定学生扮演的角色。同样，我们对教师传统角色的认知也发生了改变。实际上，学生和教师之间的区分界限也变得不再明晰。对于课程设计，我们也有类似的感觉。知识变革要求教师摆脱详细的教学计划，转而开始为教育制定更广泛的目标。同时，教科书也不再被视为教育过程的基础，现在人人都能接触到广泛的知识，教科书逐渐被视为过时信息的载体。我们对教室的认知也在逐渐淡化，随着电脑、平板、电子书和其他电子设备的技术革新,教室的内涵与外延不断扩大,变成了一个没有围墙的社区。事实上,我们已不再能明确界定大学的具体概念(Dalin & Rust 1996),因此任何关于大学改革的讨论都充满了不确定性。然而,具有虚拟和混合的学习环境性质的信息通信技术为未来的教学提供了新的方向:

> 除了完全的在线教学,技术也在影响传统的课堂教学。在过去的几年里,虚拟学习环境、翻转课堂和混合学习都已成为课堂词汇的一部分。这三种课堂教学方法都为传统的课堂教学提供了新的方法,如"Blackboard"和"Moodle"等虚拟学习环境主要用于课程管理、课程内容及其他资源的存储。而翻转课堂通过将在线学习和课堂学习相结合,对教学法产生了极大影响(*International Trends in Higher Education* 2015,p.16)。

萨布(Sabour)探讨了不断变化的高等教育性质和大学的使命(Olssen 2020;Majhanovich 2020)。他认为,无论是在制度上还是知识上,当代大学都起源于中世纪和启蒙运动(Sabour 2015,p.246)。然而,他也指出,大学的角色已经转变为新知识和技能的生产者,这对社会进步和福祉是必不可少的:

> 就其对文化和知识的诠释与运用而言,这在很大程度上被现代性所淹没。换句话说,知识的生产和阐释被视为实现社会进步和增进社会福祉的一种手段,而大学成为生产和传递这种知识的主导场域(Sabour 2015,p.246)。

全球化与高等教育改革的研究趋势

《高等教育国际趋势》(*International Trends in Higher Education*)(2015)探讨了高等教育的最新变化,涉及政治、经济和人口因素,这些因素都持续影响着全球国际学生的流动:

> 随着学生流动的总体趋势逐渐放缓,政治和人口结构的变化继续影响着政府对国际学生的政策。例如,在亚洲,东盟国家正努力鼓励本国学

生前往亚洲国家而非西方大学学习。基于此,东盟国家建立了"高等教育共同空间"(Common Space of Higher Education),以鼓励东盟国家间的跨国学生流动和学术交流。

在博洛尼亚进程(The Bologna Process)和欧洲高等教育区,学分转换协议已经启动(*International Trends in Higher Education* 2015, p.6)。

过去十年见证了高等教育发生的重大变化,其中之一就是国际学生在本土和全球大学之间的竞争方式日益激进,且更具有创业精神和竞争力:

国际学生曾是大学国际化以及更广泛的经济国际化的晴雨表,而如今世界一流大学学生群体则成为其标志(*International Trends in Higher Education* 2015, p.5)。

关于创业型大学,克拉克(Clark)(2004)在考察了美国这类高等教育机构后,提出了两个基本问题:一是创业型大学是如何形成的? 二是这些创业型大学如何保持自身的可持续性? 在讨论这些问题时,克拉克强调,根据富马索利(Fumasoli)和斯滕塞克(Stensaker)的说法,这些大学是"通过结构和文化因素的结合而构建的,这些因素赋予了这些大学独特的身份,也使它们能够在不断变化的环境中保持稳定和充分的状态"(Fumasoli & Stensaker 2013)。巴格利(Bagley)和波尔特诺伊(Portnoi)(2015)继续就创业型大学的本质和全球大学排名展开讨论,他们认为,高等教育领域的全球竞争已在全球化加剧的时代凸显出来——这是一种涉及社会、经济、政治以及文化的多维现象,将对国际学生和他们进入名牌大学产生影响;大学并不能免受全球化带来的影响,事实上,高等教育机构不可能再以完全孤立的方式合作。高等教育的发展趋势,尤其是全球大学排名和相应的大学排行榜,导致人们更加重视国际评估标准以及其在全球的竞争力(Zajda & Rust 2020)。

此外,根据洛克等人的研究,外部驱动因素的特征包括问责制、效率、对技术的高依赖以及私有化:

但许多学者认为,这些变化是由上层强加的,没有征求意见,并且对传统上指导学术工作的信仰和价值观考虑不足。学术信仰和当代驱动力之间的紧张关系在某些国家体系中更为明显,而在每个体系内部,这种紧张关系往往会引发特定的问题(Locke et al. 2011)。

《理解明天：关于高等教育趋势及其对英国影响的研究报告》（*Understanding Tomorrow: A Research Report on Trends in Higher Education and Their Impact on UK*）(2014)调查了最近高等教育的变化趋势，确定了以下九个方面：

（1）财政状况的变化和资金来源的可持续性（由于州和联邦层面的传统支持来源已经减少，学费、私人捐赠、大型竞争性赠款等其他收入来源占据了更重要的地位）

（2）重新定义公立高等教育的目标（在财政支持不断变化的背景下，许多学术界内外的人士都对高等教育的目标和治理提出了尖锐的问题）

（3）加强问责制（高等教育中的所有人都面临着更严格的审查，包括问责制、效率、学术标准和成果）

（4）技术的广泛应用（技术在教学和研究中具有巨大的潜力，可以用于教学和与学生的交流。但是，我们如何以一种积极的方式最大限度地发挥其影响，而又不降低我们所期望的质量水平呢？）

（5）国际化程度的提高（高等教育中的学生在日益复杂的全球和相互依存的全球经济中竞争。近年来，我们服务和教育的国际学生人数显著增长）

（6）不断变化的本科生人数和课程（一些高等院校的学生人数正在增长，而其他国家进入高等学府的人数则在减少。这些不断变化的人口结构对我们的教学和服务方式，以及我们提供的服务的负担能力意味着什么？）

（7）研究生教育面临的挑战：专业学位（对某些学位课程的需求正在快速增长，而对于其他学位课程的需求正在下降。在一个以其深度和广度而自豪的校园里，这些不断变化的动态将如何影响我们提供高质量的研究生教育和专业课程的策略呢？）

（8）研究经费的变化（英国和其他机构研究经费的最大来源是联邦拨款，近年来这些资金基本保持平稳或锐减。如何才能最大限度地增加并利用这些资金，并创建满足大学和政府需求的项目和研究计划？）

（9）教师队伍的变化（教师群体正迈向老龄化。我们应该制订哪些策略来应对这种变化以履行教育、研究和服务的使命？）

除此之外，还有另外三个方面，即：高等教育治理模式的变化与公平、社会正义和优质教育发展，以及主导意识形态。

全球化与高等教育改革中的新自由主义

自 20 世纪 80 年代以来，新自由主义和新保守主义高等教育政策的崛起，重新定义了教育和培训为人力资本和资源开发的投资，并主导了这一时期高等教育的改革。与人力资本理论相关的文献表明，教育始终被视为主要的人力资本投资。人力资本是指"人类作为经济中创收主体的生产能力"（Zajda 2008a, b, c, d, e, p.45）。人力资本研究发现，教育和培训通过传授有用的知识和技能，提高了工人的生产率以及他们在社会中的经济地位、职业获得率和收入（Becker 1964, 1994；Schultz 1971；Levin 1987；Carnoy 1999；Saha 2005），同时对推动经济运行发挥了重要作用。总之，高等教育政策改革中的新自由主义侧重于"满足市场需求、技术教育和职业培训以及增加收入"（Saunders 2010, p.54）。联合国教科文组织的报告表明，高等教育部门在问责制，实现教育公平和保障教育质量方面发生了转变（UNESCO, 2017a, b, c, 2018）。

当前高等教育改革的全球化、政策和政治暗示了新自由主义的经济和政治，以及文化帝国主义的新维度。20 世纪 60 年代，联合国教科文组织所倡导的人文主义教育模式颇具影响力，但随着它影响力的逐渐减弱，国际货币基金组织、世界银行和经济合作与发展组织所倡导的经济和技术决定主义模式日益突出（Zajda 2010a, b, c, p. xvi）。这种意识形态和政策上的转变可能会对澳大利亚高等教育体系的改革和政策实施产生重大的经济和文化影响。全球化的力量表现为新自由主义和资产阶级霸权，倾向于使"剥削制度"合法化（McLaren & Farahmandpur 2005），并对澳大利亚高等教育部门正在进行的新自由主义全球化作出贡献，这一特征表现为对绩效、全球卓越的质量标准、学术评估（OECD, PISA）、全球学术成就综合体系（OECD；World Bank 2019, 2020）、全球学术精英主义以及大学排行榜的不懈追求（Zajda 2008a, b, c, d, e, p.3；Zajda 2015）。大学排名意味着被赋予地位、区别、特权、卓越和排他性的定位。在经合组织、世界银行和澳大利亚的高等教育政策文件中，改革政策似乎被视为应对经济全球化和全球竞争力的必要反应。

在全球范围内，高等教育政策改革中的新自由主义一直是资本主义社会的特征（Zajda & Rust 2016a, b）。本土和全球高等教育改革的政治反映了这种新兴的问责制、全球化和学术资本主义、绩效指标以及标准驱动的政策变化范式。分离、高度精英化和分层的高等教育部门通过其霸权结构，使得不平等合法化。因此,公平驱动的(高等教育)政策改革举步维艰(Howson & Lall 2020)。此外,与知识经济、人力资本以及全球竞争力相一致的国家经济优先事项,促使越来越多的创业型大学鼓励高水平的知识、技能和培训。

全球化的影响之一是高等教育部门在将以市场为导向的创业型商业模式作为目标并战略建模后,被迫接受了效率、问责制和利润驱动的管理主义的企业精神(Zajda 2020a)。

最近世界经济的变化促使高等教育对市场力量和提高竞争力作出了至少四种反应:

• 竞争力驱动的改革(由于对技能、商品和市场需求的变化而进行的改革)

• 财政驱动的改革(公共/私营部门的财政预算、公司收入以及教育支出削减的改革)

• 全球主导下市场力量驱动的改革

• 公平驱动的改革(旨在提高教育质量,促进社会流动,以促进经济平等)

正如贾克布(2015)在其概念图(见图10-1)中所解释的,高等教育的政治环境由结构、文化、战略和技术四个核心要素组成。在此我想补充一点,还有意识形态。正是占主导地位的意识形态推动了问责制、学术标准、竞争力驱动的改革以及全球大学排名。

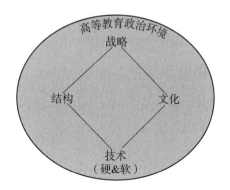

图10-1 高等教育环境(HEI)模型(资料来源:Jacob 2015)

教育中的治理

为了应对教育中治理的多维复杂性,此处需要对其含义进行界定。治理是一个不稳定的概念,可以从不同的层面进行探讨:意识形态、话语分析以及情境实践。这三个方面并不总是协调统一的，这使得在政治领域和地理空间内处理治理问题变得困难并可能引起泛化。由于治理涉及多个利益相关者——除了国家之外，还包括智库集团、政策制定者、私人基金会和工会等，这使得教育治理变得更加多元化，因此难以全面把握。除了政治层面之外，教育的社会性质也增加了治理的复杂性。正如全民教育（EFA）全球检测报告《消除不平等：为何治理如此重要？》（*Overcoming Inequality: Why Governance Matters*）所述，教育治理除了涉及行政和管理之外，还涉及影响政策制定和实施的正式和非正式过程，并最终促进"各级决策中的权力分配"：

> 教育治理不仅仅是一个国家的教育行政管理体制。从普遍意义上说，它涉及制定政策的正式和非正式过程、优先事项的确定、资源分配以及改革的实施和监测……它最终关注的是各级决策中权力的分配（EFA GMR 2009, p.129）。

近年来，高等教育的质量和基于标准的改革受到了全球化力量的影响，特别是受世界银行、经合组织和 PISA 指标的影响明显。以学术成就、技能和标准为目标的教育改革已导致本土和全球教育成果监测的显著增强。当前教育治理的趋势表明，教育和政策改革都是以问责制、绩效和产出为驱动的。

对全球化与教育治理实践之间关系的重视反映了教育治理和教育政策改革的动态变化。全球化对全球教育政策和改革的影响，因其表达了现代性中最普遍但人们知之甚少的现象之一，已经成为一个具有重要战略意义的问题。此外，有足够的证据表明，全球化的力量促成了社会经济分层的新局面，这为发达国家和新兴经济体，尤其是金砖国家的极少数经济精英带来了巨大效益。与此同时，这种新兴的社会经济分层在全球范围内造成了贫富差距的日益扩大，从而为未来埋下了不满和冲突的种子。

全球大学排名

在地化和全球化高等教育政策改革，以及对问责制透明度的要求促成了世界大学排名和大学排行榜的形成。美国和一些欧洲国家多年来一直使用国家 HEI 排名或排行榜。然而，就在 2003 年，由上海交通大学高等教育学院发布了第一个世界大学学术排名（Academic Ranking of World University, ARWU）。这对高等教育政策和研究来说是一个重要举措，因为从那时起，高等教育排名成为全球性的重要尝试（Hazelkorn 2014）。

目前主要的全球大学排名包括：上海交通大学的世界大学学术排名（ARWU 2003）、泰晤士高等教育世界大学排名（THE 2010）、QS 世界大学排名（2010）以及欧盟委员会的 U-Multirank 世界大学排名（2010）。

QS 世界大学排名（2012—2013）、泰晤士高等教育世界大学排名（2012—2013）和上海交通大学（2011）世界大学学术排名，主导着高等教育对教育质量的卓越追求。

高等教育改革是对全球化市场意识形态的一种政策性回应，其重点是促进全球竞争力、问责制、效率、质量、标准驱动的政策改革和高等教育分层，这些也反映了新自由主义和新保守主义占主导地位的意识形态在各个方面的影响。新自由主义政策很大程度上以市场为导向，而非民主的政策改革。高等教育的商品化也是新自由主义意识形态以市场为导向的结果，其重点是增值教育并提高毕业生的技能，以适应当今的劳动力市场。

莫克（2015）认为，由于全球化和知识经济的推动，高等教育进行了一系列的改革。这些政策改革的重点是促进优质教育、高等教育大众化和全球竞争力：

> 面对日益增长的全球大学排名的压力，亚洲各国政府和大学试图在专项资助计划方面采取不同的策略，包括特别资助计划以及在塑造教学、学习和研究活动方面采取不同的措施，从而提升其在全球范围内的排名（Mok 2015，p.1）。

为了解决高等教育领域内严重的不平等问题，最新的高等教育改革由关注入学机会公平转变为更多地关注经济竞争力、学术精英主义、质量和标准等。

面向国际化的持续性趋势

尽管全球化在高等教育发展中日益受到关注，但这些机构仍停留在关注国家基础设施上，它们在世界范围内进行的许多变革具有国际性质。高等教育国际化历史悠久，强调不同国家间的密切合作，这一特点促进了大学合作伙伴关系、思想交流以及学生和学者的互动交流：

当今的全球化趋势强调知识生产和信息流动，在推动高等教育国际化进程中发挥着越来越重要的作用。随着新技术的兴起，英语成为国际社会的通用语言，国际学生和教师的流动性正在不断增长，促使世界各国的学术交流日益密切（Kogan & Teichler 2007）。

　　国际化的第一个显著指标是，高等教育机构积极地从国外招揽学生和学者，而对于某些没有招收外国学生传统的国家来说，国际化的趋势影响甚微。经合组织报道的数据显示，大约四分之三的留学生选择前往美国、英国、德国、法国、澳大利亚和日本等国家求学（2014）。目前，全世界的大学都竞相吸引国际学生和访问学者。各大学为留学生及学者提供英语课程，使得学生可不必为了上学而学习荷兰语、阿拉伯语或西班牙语。

　　国际化的第二个指标是海外游学，如研学旅行或短期交换生项目。长期的沉浸式学习方式使得学生能够真正接触到当地国家及其高等教育，而研学旅行的方式则在某种程度上类似于旅游，尽管开设的某些课程较为严格。

　　国际化的第三个指标是外语教学。有多种方式可以对此进行评估。多少学生选修了外语课程？这所学校教授多少种不同的语言？这些语言是否仅限于世界上的某些特定地区？

　　国际化的第四个指标是课程内容和学位制度。衡量一个国家国际化水平的方法之一是评估该国高等教育工作者在传播国际信息方面的水平和能力。尽管对于国际信息很难进行界定，但我们认为外语研究、区域研究、比较政府研究和比较文学研究等领域本质上属于国际化的内容。然而，也有一些大学正在设计国际课程，其国际化内容并不明显。例如，德国杜伊斯堡大学（Duisburg University）提供计算机科学和通信工程的国际互认学位，目的不仅是帮助来德国学习的留学生，也是为本国学生在全球环境中更轻松地发挥作用作好准备（Schwarz et al. 2003）。

　　最后，我们关注的是教师队伍的国际范围。教师来自哪里？他们在哪里获得学位？他们的研究成果在哪里发表？教职员工和管理人员创造的学术环境确保学生和教师能够拥有应对全球化的能力，学生也必须掌握全球变化的关键因素。文化全球化指向一个 24 小时开放的"信息世界"，在这里，人们每时每刻都在消费信息，而且发达国家中高达 75% 的劳动力都在从事信息的生产和传播。因此，学生必须学会在一个知识成倍增长的世界谋生，必须持续警惕新的思维方式以及学会应对创新（Rust 2003a, b, pp. 305 – 308）。

我们将上述传统特征看作国际化的指标，它们长期以来重视合作、和谐共处、相互依存。但近来，我们发现这些国际化特征开始与全球化融为一体，全球化更加关注高等教育中的竞争、贸易和商品化，而不是被视为广泛的公共产品。甚至民族国家的国际化努力也常常是为了在全球舞台上获得竞争优势。换句话说，国际化常常被全球性的需求所淹没。

全球化开始取代国际化

今天，我们发现几乎所有大学的文件和使命宣言都强调高等教育在全球舞台上日益凸显的重要性。竞争与全球自由市场经济密切相关，在全球化的冲击和全球"知识经济"的发展推动下，这些竞争力量导致全球竞争现象的出现。

高等教育供给系统的转变

许多发展表明了高等教育参与全球竞争现象的机构类型的转变。在本节中，我们打算谈论其中一些问题：国家对私立高等教育的日益依赖、远程教育的创新发展、大学图书馆地位的下降、高等院校的分校发展。

近年来，高等教育领域的一个显著发展特征是私立高等教育的增加。现如今，全球大约有三分之一的学生就读于私立院校。虽然部分私立院校由宗教团体和人道主义团体赞助，但越来越多的私立院校是营利性或准营利性机构。这些高校的投资者将高等教育视为一项可以赚取丰厚利润的业务，并希望像出售肥皂、汽车或牙膏一样销售他们的教育产品。高等教育商品化的趋势引起了越来越多的关注，这些高等教育机构按照某种商业模式运行，几乎所有权力都集中在执行董事会或高层管理者手中，这种模式并非在全世界都普遍存在，但它正在成为拉丁美洲和中东地区高等教育的主导趋势。

创新的远程教育正彻底改变高等教育的提供方式。一个多世纪以来，远程教育早已成为高等教育课程扩展的重要形式，采用扩展课程和函授课程，通过技术的应用为大学创造一系列卓越的在线学习方式提供了可能性。在美国，许多名校向全球愿意支付课程学费的人提供在线课程，例如凤凰城大学（Phoenix University）在线课程招收了近50万名学生。英国开创了开放大学的模式，作为一种公立研究型大学，招收大量学生并提供多种全日制和非全日制教学形式的课程，这促使大多数前英国殖民地也纷纷效仿。例如，在印度，英迪拉·甘地国立开放大学（Gandhi National Open University）宣称其招收了 300 多万名学生。而许多其他非英国殖民地国家也遵循了这一模式。例如，墨西哥国立自治大学（Universidad Nacional Autonoma de México，UNAM）就在其国家和国际分校招收了近 40 万名学生。中国的开放大学招生人数达到了 270 万。

最重要的教学创新可能要数大规模在线开放课程（慕课）（Massive Open Online Courses, MOOC）了。自 2012 年以来，已有 2 000 多万名学生在慕课上进行注册学习。这些课程通常是由领域内的领军人物开发的免费或低成本的大型在线课程，且对任何人都开放。

世界各地的大学图书馆都在经历着巨大的变革。长期以来，它一直是大学的中心。哈佛大学引以为豪的图书馆，藏书超过 1 600 万册。对许多人来说，图书馆仍然是知识生产和传播的中心。但是，目前数字化变革正撼动图书馆的地位，以至于许多优秀的学者很少或几乎不再进入图书馆。图书馆所提供的资源现在在互联网上更容易获取，这导致许多人认为藏书丰富且精美装修的图书馆最终可能会变得多余。

跨境机构和卫星校园的出现对传统大学构成了另一种威胁。分校最初的目的是扩大大学的影响力，方便学生在兼顾家庭、工作的同时在不同的区域就读大学，不因资源短缺或其他问题妨碍他们接受高等教育。现如今，这一趋势已经国际化，本土机构的卫星校区现在已跨越了国界。例如，澳大利亚在建立分校方面尤为积极，不仅在东南亚，甚至远至南非建立了分校。许多美国大学也在东亚、中东、印度以及世界其他地方设立了分校。

全球排名影响的扩展

2003 年，上海交通大学首次发布了国际排名系统，名为"世界大学学术排名"（SJTUIHE 2008）。一年后，伦敦《泰晤士报》世界大学排名项目启动（Times 2008），与 SJTUIHE 的不同之处在于，它的目标是为英国的高等教育机构做宣传（Rust & Kim 2015）。英国人声称，上海的排名报告未能给予英国大学应有的认可，这两份年度报告都激发了更多排名系统的发展，并"引发了世界范围内高等教育的变革"（Marginson 2010）。

在 21 世纪初，也就是十多年前，全球排名还未出现，但在一些国家内部会对大学进行绩效比较，但尚未发展至全球范围。当上海交通大学发布了世界大学排名时，就发生了戏剧性的变化。高等教育专家、媒体和公众都开始关注大学排名,这些排名也逐渐影响到大学管理者、政治领导人、学生以及媒体。实际上,中国、德国、法国和俄罗斯的国家领导人迅速启动了旨在提高其高等教育地位的研究和发展(R & D)政策(Hazelkorn 2014)。大学排名持续影响着人们的态度和行为,以至于现如今各国都认识到高等教育在全球地位中的重要性。

高等教育负责人和政策制定者对大学的国际排名做出敏锐反应,是因为他们非常关注本国高等教育机构的国际地位。菲利普·阿尔特巴赫(Philip Altbach)认为,每个国家"都希望拥有一所世界一流大学,所有国家都认为这是可以做到的。但问题的关键是,没有人知道什么是世界一流大学,也没有人清楚如何创造一所世界级大学,然而,每个人都在提及这个概念"(Altbach 1991)。

众所周知,在世界众多大学中,只有极少数是世界一流的,而最顶尖的大学也仅集中在少数几个国家,如美国、日本和英国。相比之下,大多数国家的大学都存在层级和差异化,而那些世界一流大学只是众多大学机构的一个微小顶峰,即使是在美国的4 400多所学术机构中,也只有极少数大学能够跻身顶尖学府之列。在其他拥有顶尖大学的国家,顶尖大学的数量甚至更加有限。当然,其中也有一些国家无法拥有世界一流大学,它们发现很难突破,跻身精英行列。

中国政府采取的政策是通过向选定的大学投入大量资源以创建世界一流大学(Mohrman & Wang 2010)。而在其他国家,竞争交由各高等教育机构自身进行。这种不干涉、不监管的做法是受自由市场经济的影响,并由此鼓励了高等教育领域多个层面的竞争。很多国家并不指望能拥有世界一流大学,所以他们常常根据区域动态来调整自己的定位。

全球竞争中的一个特征是学术资本主义,即大学已经成为具有创业精神的市场营销机构,并将知识视为一种商品而非公共产品(Slaughter & Rhoades 2004)。另一个特征是高等教育机构合并的增多,这涉及"强"和"弱"机构的融合,旨在增强一个国家的竞争优势(Harman & Harman 2008)。随着自由市场体系对高等教育需求的不断增长,全球高等教育环境也面临着私立和跨境高等教育的增多,并伴随着国际学生的流动。

全球高等教育体系正在不断发展,竞争力成为决定其在全球地位的关键,全球定位是与其他国家和机构竞争的必要条件(Marginson 2010)。一些学者认为,大学目前正处于一场"声誉竞赛"之中,竞争的焦点是声誉和学术声望

（van Vught 2008）。此外，西蒙·马金森（Simon Marginson）认为，"一所大学越渴望在竞争中名列前茅，全球参考就变得越重要"（Marginson 2006，p.27）。因此，大学及其所在国家或地区会尽可能在这场竞赛中展现出良好形象，以便争取获得丰厚的研究经费，吸引"最优秀、最聪明"的国际学子和"明星"教师的到来。

此外，"所有这些强调……都朝向一个理想的、特定类型机构的典型图景"（Huisman 2008），也是凯瑟琳·莫尔曼（Kathryn Mohrman）、万华·马（Wanhua Ma）和大卫·贝克（David Baker）等人所称的新型大学模式（Mohrman et al. 2008），并作为研究型大学的终极目标。

如前所述，大学机构排名表明了对问责制和效率的新自由主义意识形态的治理。问责制日益控制学者和政策制定者的生活和职业，它们评估和管理高等教育的质量和标准，包括"认证、周期性审查、同行外部评价、检查、审计、基准和研究评估"（Robertson 2012，p.241）。此外，越来越明显的是，大学排名和大学排行榜正在"自行其道，远超出其发起人预想的目的（Robertson，2012，p.244），这显然是对这一现象的'物化'。"

当一个描述社会状况的抽象概念变成现实和真理时，物化现象就会发生，比如全球化的高等教育在经济改革中成为优先事项的情况下。正如贝格尔（Berger）和卢克曼（Luckmann）所说的，当特定的人类创造物被误认为是"自然事实、宇宙法则的结果或是神圣意志的表现"时，就会发生物化（Berger & Luckmann 1966，p.89）。不同于马克思在《资本论》（*Das Capital*）（1867/1996）中使用物化的概念来证明其作为经济价值固有和必要的特征。我在这里广义地运用"物化"概念，即包括所有涉及权力、统治和控制的政策以及教育改革。在这个意义上，"物化"也与鲍德里亚（1994）的"意义"概念相关联，其中，被感知的关键概念和政策目标除了它们自身之外，在任何"现实"中都没有参照物。

质量保障

在激烈的全球化时期，质量保障变得愈发重要。教育机构的激增、学生数量的快速扩张、国际学生的流动以及其他因素迫使政策制定者关注问责制和教育质量。大多数国家也从过去主要关注高校的入学率转变为现在的不仅关注学生，更关注质量及教育所取得的成效。

在这里必须提出一些问题。首先，大多数国家都有评估其高等教育机构质量的机制。然而,随着一些机构超出了正常控制范围,特别是所谓的跨境机构,通常没有相应的评估机制。其次,许多国家已经尝试或正在尝试建立认证机构。他们求助于高度发达国家及其机构来帮助确定质量标准。在这个过程中,质量保证带来了一个争议性问题。事实上,一些观察家声称,这只不过是世界大国再次将其质量观念强加给世界其他地区,并将质量的标准普遍化(Ntshoe & Letseka 2010)。

当国际趋势面对本土传统文化时,不可避免地会发生矛盾与冲突。正如安东尼·韦尔奇所言,在马来西亚和越南,任人唯亲和腐败在监督质量评估的官僚机构根深蒂固,以至于无法对这些国家的大学做出客观判断。此外,他还发现种族歧视是一个长期存在的问题(Welch 2010)。在阿根廷,实施质量评估进程非常缓慢,主要是因为这个过程面临着与大学管理机构决策过程相关的复杂性。换句话说,新的质量评估标准不仅涉及技术层面,还涉及社会层面。

区域高等教育对全球化做出了响应。例如,亚洲和太平洋大学协会(Association of Universities of Asia and the pacific)携手,以确保该地区的每个国家都有一个明确的认证程序(Hawkins 2009)。欧洲的博洛尼亚进程作为地区的教育主导力量,也确立了互认的学位制度和相应的质量评价体系。长期以来,欧洲一直是教育创新、教育质量和教育标准的发起者和制定者。然而,在过去的半个世纪里,它却停滞不前,而美国的大学则在教育标准和研究方面处于竞争领先地位。为了应对这一问题,欧洲的教育工作者、部长和政策制定者在意大利的博洛尼亚举行会议,通过了所谓的博洛尼亚进程(或称博洛尼亚协议),其目的是使欧洲高等教育标准更具可比性和兼容性。1999 年,欧洲 29 个国家的教育部长签署了该协议,随后,欧洲理事会(Council of Europe)的其他成员国也陆续签署了该协议,参与国的数量高达 47 个。此外,还在布拉格(2001)、柏林(2003)、卑尔根(2005)、伦敦(2007)、鲁汶(2009)、维也纳(2010)、布加勒斯特(2012)和埃里温(2015)举行了其他政府会议。

博洛尼亚进程的总体目标是到 2010 年建立一个欧洲高等教育区(EHEA),并实现一个统一的学位和课程学分体系。允许学生在欧洲国家之间自由流动,而无需转换他们的学分或资格证书——实现教育的单一货币化。这一进程现在已远远超出欧盟的范围,几乎涵盖了该地区的所有国家。值得注意的是,推行由学士、硕士、博士学位组成的三级学位体系的进程已经开始改变教育的格局。

高等教育部门的教学与科研绩效

高校教学和科研绩效的总结性评价包括教师年度职业和绩效计划、个别学者的年度科研计划以及教学强制性评价。在一些大学，所有教职工都必须接受教学评估，并实行在线管理模式，由学生在线给教师课程进行打分。学术人员的年度职业和绩效计划涵盖教学工作量、短期或长期职业目标，以及教学、研究和其他活动（如大学领导力、专业水平和服务质量）的绩效目标，同时还包括与学校、教师和大学目标的战略联系以及专业和职业发展，其中包括为实现商定的绩效结果而进行的发展活动。所有这些都是新自由主义意识形态的典型特征，它注重问责制、效率以及对学习、教学和研究的持续绩效监管。

所有这些评价教学和研究的新方面都表明了对教师职业生涯的高度监督（Foucault 1980a, b, c）。高等教育演变成了一个全球性的、无处不在的"圆形监狱"（panopticon），或者说是一间没有墙壁、全是玻璃的办公室。"圆形监狱"是由英国哲学家和社会理论家杰里米·边沁（Jeremy Bentham）（约1798年）设计的一种建筑形式，福柯对这一概念进行了延伸，即个人处于不断受到监视的监狱或组织中。随着时间的推移，主体将这种权力或知识机制内化，从而在系统的正常化压力方面产生自我检视和自我分析，这种权力或知识机制会自动"比较、区分、分层、同质化、排斥"，简而言之，它对事物进行规范化（Foucault 1970, p.183）。这种机制表现在诸如年度评估、绩效审查，不断更新的简历和电子档案袋等管理系统中——这已经成为当今高等教育环境中普遍存在的特征。

在解构大学绩效评估模式时，我们也可以参考"拟像"来批判系统问责制、质量和标准的具体化。鲍德里亚（1994）所指的拟像是指构建可感知现实的文化和媒介的意义和象征。根据他的观点，我们对世界或现实的感知是由模型或拟像构建而成的，这些拟像除了它们自身以外，在任何"现实"中都找不到参照或根据。有人可能会说，从物化的角度来看，用于衡量高等教育系统整体质量的模型有其自身的生命力，并以自身的权利作为真理进行展示。罗伯逊（2012）认为，大学排名是基于对知识"碎片"的选择标准而建立的：

> 我们必须提醒自己，排名仅仅是关于大学知识和经验意义的知识片段，而不是对整体的某种本质或精华的提炼（Robertson 2012, p.244）。

评论

在地化和全球化的高等教育政策言论中存在一种倾向,即利用强大的逻辑工具提高全球竞争力,同时促进卓越和高质量的教育、培训和技能的发展(Zajda 2020c)。然而,政策辞令的主要问题在于,它的主旨在于传统价值观和常识。谁会反对提升全球竞争力,反对为改善生活条件而提供卓越和优质的教育、培训和技能,反对创建一个世界一流的高等教育体系使所有人无论其背景都能受益呢?

有人认为,围绕标准、卓越和质量的高等教育改革的政治"很大程度上是世界银行的意识形态"(Watson 2000,p.140;Zajda 2005a,b;Zajda & Geo-JaJa 2005;Zajda 2015)。与此同时,摩西(Moses)和南娜(Nanna)(2007)认为,由政治和文化意识形态所驱动的高风险考试改革,以及对效率和经济生产力的关注,有碍于实现教育机会的平等,尤其是对弱势的学生而言(p.56)。尽管教育的集权和分权改革反映了正在发挥作用的新自由主义意识形态,但他们未必能抓住推动教育和政策变化的力量的复杂性。那些学术标准、学业成绩和教育质量将继续主导着全球改革议程,尤其是成绩排行榜。

分化、高度精英化和层级化的高等教育部门通过其"结构,使社会不平等合法化"(Zajda 2008a,b,c,d,e,p.4)。一般来说,社会经济地位较低的学生很难成功进入大学,更不用说进入名牌大学了。因此,以公平为驱动的高等教育政策改革很难成功。此外,与知识经济、人力资本和全球竞争力相一致的国家经济优先事项,迫使越来越多的创业型大学奖励高水平的知识、技能和培训。最新的高等教育改革更多地关注经济竞争力、学术精英主义、质量和标准,而不是解决准入和公平问题以改善高等教育领域严重的教育不平等(Majhanovich 2020)。

结语

正如前文的比较教育研究所讨论的,全球高等教育改革显示了对全球化市场意识形态的政策回应,这些政策重点关注促进全球竞争力、问责制、效率、质量和标准驱动的政策改革,同时也体现了高等教育的层级化。它们反映了新自由主义和新保守主义主导的意识形态的各个方面。新自由主义政策在很大程度上是以市场为导向的意识形态，而非民主政策改革。

上述结果表明，全球化的新自由主义层面和市场驱动的经济需求对高等教育改革产生了四种影响：竞争力驱动的改革、资金驱动的改革、公平驱动的改革和质量驱动的改革。全球竞争力一直是高等教育政策议程上的一个重要目标(Carnoy et al. 2013；Turner & Yolcu 2014；Zajda 2020)。创业型大学所关注的问责制、效率、学术资本主义、教育质量、以市场为导向的模式代表了一种新自由主义意识形态，其主要关注经济全球化的市场驱动要求。

第十一章　全球化与文化认同：跨文化对话的作用

全球化、教育与跨文化对话

明晰而平衡的跨文化对话可以帮助我们定义、解释和批判在当前全球化、身份政治、民主和教育改革的形势之下，如何促进和谐、有效的跨文化互动，尤其是推动和平的可行性（Zajda & Majhanovich 2020）。本章在比较教育研究的背景下，探讨全球化、跨文化对话和国家之间的关系问题（Appadurai 1990a, b, 1996；Robertson 1992；Huntington 1996；Arnove 1999；Stiglitz 2002；Banks 2006；Portera 2008；Levrau & Loobuyck 2018；Štrajn 2018；Zajda 2020a）。同时，试图回答一个重要问题：我们如何为每个人创造更和平、更公平和更公正的社会？最近全球发生的暴力冲突和战争事件表明，我们需要更加显著和有效地利用比较教育研究，关注全球跨文化理解中新出现的重大问题，并提供消除偏见和冲突，促进全球和平与和谐的策略（Zajda & Zajda 2007）。这些努力对于解决当今社会挑战的复杂性至关重要，并有助于推动社会向更具包容性和凝聚力的全球社区迈进。

欧洲委员会（2020）在定义跨文化教育概念时指出，"跨文化对话，指的是不同文化背景的个人和群体之间公开且尊重地交换意见，从而深入理解他人的整体感知"（Bindé 2000；Coulson 2002；Portera 2008；Štrajn 2018；Zajda 2020c）。

因此，跨文化对话的目标是"学会在多元文化的世界中和平、建设性地共处，并培养社区意识和归属感"。

跨文化对话还可以通过加强对人权、民主和法治的尊重，成为预防和解决冲突的一种工具。具体而言，跨文化对话包括以下目标：

- 分享世界观，理解那些与我们不同世界观的人
- 辨识不同文化传统和观念之间的异同
- 达成不应以暴力解决争端的共识
- 通过对现有的各种社会和政治安排进行必要的调整，以民主的方式管理文化多样性
- 弥合将多样性视为威胁的人和将多样性视为优点的人之间的鸿沟
- 分享最佳实践，特别是在跨文化对话、社会多样性的民主管理和促进社会凝聚力等领域（https://www. coe. int/t/dg4/intercultural/concept_EN. asp）

联合国教科文组织(2020)在其关于跨文化对话的政策声明中指出，根据联合国教科文组织《世界文化多样性宣言》（*Declaration on Cultural Diversity*)的原则，有必要在全球范围内增强和平价值观和接受文化身份认同。

在我们日益多元化的社会中，必须确保多元化、多样化和动态化的文化特性，以及愿意共同生活的人民和群体之间的和谐互动。所有公民的包容和参与政策，是社会凝聚力、民间社会活力与和平的保障。因此，文化多元主义给予了文化多样性现实的政策表达。文化多元化与民主框架密不可分，有利于文化交流和维持公共生活创造能力的蓬勃发展（来源："从文化的多样性到文化多元主义"第2条）。

此外，欧洲委员会(2020)将跨文化对话定义为"具有不同种族、文化、宗教和语言背景的个人和群体之间相互尊重的意见交流"。欧盟有27个国家，各自有着不同的文化团体与特性。因此，必须将跨文化对话作为促进和平和避免因个体文化特性而产生潜在冲突、歧视和偏见的工具。

上述联合国教科文组织和欧洲理事会关于跨文化对话的政策声明，大家都有一个政策共识，即处理跨文化对话的话语涉及基于和平、尊重人权、民主

和法治的价值观教育。其总体目标是促进"多元、多样和动态文化身份的个人和群体之间的和谐互动"，以及尊重他们和平共处的意愿。

认识论问题

研究教育学和跨文化对话之间关系的首要问题之一，是了解术语的使用、其附加的意义以及由此产生的解释和行为模式（Wilk-Woś 2010；Taylor 2012；Barrett 2013；Lee 2016；Gonçalves & Majhanovich 2016；Zapata-Barrero 2016；Lähdesmäki et al. 2020）。与许多其他跨文化研究人员一样，贝娜莉·拉菲尼（Béatrice Rafoni）解释说，跨文化研究在多学科方法中有许多定义，并且"在著作、方法和定义方面具有丰富的多样性"。拉菲尼认为，在法国，跨文化一词"无论是在术语还是在项目中，都不是一个固定的概念"。斯蒂芬·达尔（Stephan Dahl）在对霍尔（Hall）、霍夫斯泰德（Hofstede）、琼潘纳斯（Trompenaars）、汉普顿-特纳（Hampden-Turner）和施瓦茨（Schwartz）等人跨文化交流主要概念和理论的概述中，阐明了跨文化和跨文化对话中的术语和方法的模糊性。他认为，在跨文化交流领域，"文化"一词在日常语言中经常被"松散"地使用，它会影响一个人的身份和国界。此外，施瓦茨（1971）在对 63 个国家的跨文化研究中得出了不同的价值观类型。霍夫斯泰德在研究中提出，尽管做出了一切努力，但"没有公认的'正确'的文化概念"（Dahl 2005）。

一些学者，如莫琳·吉德姆（Maureen Guirdham）（2004）和耶日·斯莫利茨（Jerzy Smolicz 2005）认为，真实且具有对话性质的跨文化沟通技能，是解决全球政治、社会和宗教冲突的关键。斯莫利茨认为，有效的跨文化交流、跨文化价值观教育和跨文化转型，可以影响人们的认知和世界观，并可能反映在元认知、反思和批判性思维领域的增强上，进而影响他们的思维、价值观和行为（Smolicz 2005）。同样，罗西塔·阿尔伯特（Rosita Albert）（2006）观察到，为了解决种族间的冲突，跨文化研究应更多地关注种族间关系、减少偏见和解决冲突。另一方面，马哈诺维奇（Majhanovich）（2006）在提到跨文化对话时，强调了新自由主义经济、全球化对教育、移民及少数民族学生的影响。全球化的必要性影响着世界上大多数国家，特别是在美国、加拿大、英国、法国、德国、日本和澳大利亚，全球化的教育注重批判性素养以及"在全球经济中竞争所需的知识和技能"。

本体论问题

另一个围绕教育辩论和跨文化对话本质的核心问题，是理解"学会生存"的跨文化意义，这是21世纪教育的支柱之一。《德洛尔报告》指出，个体发展是一个辩证的过程，从认识自我开始，然后与他人建立关系。从这个意义上讲，跨文化教育学变成了一种"内在旅程"（*Delors Report* 1996，p.95）。在认识论层面上，"学会生存"应用于跨文化对话，具有跨文化的意义（Zajda 2004，p.84）。可以说，从辩证和存在主义的角度来看，"学会生存"是介于文化之间，跨越文化和超越文化的。在这种跨学科行动研究的背景下，"学会生存"提供了一种真实且有价值的跨文化维度，使个人能够对生命、和平和宽容的意义形成一种真实而有力量的愿景。

跨文化对话和研究的先驱之一是莎拉·E.罗伯茨（Sarah E. Roberts），她撰写了许多有关美国跨文化研究问题的文章。从那时起，跨文化研究的主体逐渐发展成为一棵坚持文化多样性和人权保障的"大树"：

> 随着各国努力将其文化多样性与坚持普遍人权原则的稳定且有弹性的民族国家相协调，"树状图"的使用表明，某些权利在民主国家中确实是必不可少的。如"树状图"中的"树干"包括公民权利、政治权利和文化权利。然而，文化权利不必遵循单一模式，"树冠"具有不同的配置，这取决于构成国家的各群体的文化传统及其成员的当前愿望（Smolicz, 2005）。

文化差异

吉利恩·邱（Gillian Khoo）（1994）指出，在跨文化研究中，仅仅了解文化差异是不够的，还需要发现这些文化差异在多大程度上可以"泛化"到不同的文化中。特别是，未来研究需要解决以下问题："对特定外群体的看法、期望和自我实现的预言在跨文化冲突中扮演什么样的角色"，以及性别社会化和文化价值观之间的关系：

> 作为跨文化研究人员，我们仅仅了解人们在文化上的差异及其原因是不够的。我们还需要知道，在与文化背景不同的个体互动时，这种差异在不同情境下能够有多大程度的泛化。通过研究不同文化个体之间的互

动与交流，可以增强对人、组织、态度、规范、群体过程、价值观以及运作方式的全球性理解（Khoo 1994）。

全球化影响了跨文化对话中的辩论性质（Dahl 2005；Hanel et al. 2018）。它导致了教育和政策结构，以及质量的变化，包括越来越关注"全民终身学习"和"从摇篮到坟墓"的学习隐喻，以及"知识经济"和全球文化：

> 全球化对教育政策和改革的影响对我们所有人来说都是一个具有战略意义的问题……与教育政策相关的民族认同、语言、边境政治和公民身份等不断演变和不断变化的概念，需要通过对地方-区域-国家等特定环境因素进行批判性审视才能理解，这些因素有时会与全球化的国际要求不相适应……并且，公民和消费者正在经历日益增长的不确定性和日益减少的灵活性（Sheehan 2005，p.xi）。

同样，费舍尔（2001）在他的演讲《非洲全球化的挑战》中强调，"全球化"是一个多维度的概念，涵盖许多重要的"经济和社会、政治和环境、文化和宗教"维度，它们以某种方式影响着每个人。正如亨利·特恩（Henry Teune）所解释的，"全球化已经改变了世界，并要求我们在全球化时代对比较社会研究重新进行认真审视"（2002，p.8）。

詹森（Jensen）（2000）进一步阐述了全球化、文化认同和跨文化对话之间的关系。他主张，全球化进程使得"文化身份"成为跨文化研究中最重要的概念之一。因此，他认为，跨文化研究面临的真正挑战在于提供"为实践者开发的分析工具——这些工具必须能够应对多民族社会的复杂性"。他还否定了霍尔对主要文化身份的定义，认为其在跨文化交流方面有一个重要的认识论弱点。他对此描述如下：

> 他假定民族身份始终是主要身份，这意味着我们并没有脱离跨文化研究的基本方式，即把民族文化视为交流情境中最重要的解释（Jensen 2000，pp.16-19）。

在现代身份政治、自由、民主和移民的论述中，有人提出，现代自由社会已经"超越了宗教和国家定义的身份"，表现出一种"弱集体身份"，并遭受身份危机：

尤其是在欧洲,后现代精英认为他们已经超越了宗教和国家定义的身份。然而,如果我们的社会不能坚持积极的自由主义价值观,他们可能会受到那些更坚定地认同自己身份的移民的质疑(Francis Fukuyama 2007)。

全球化、教育及他者

演变中作为他者的伊斯兰国家

全球化和竞争激烈的市场力量推动了知识产业的大规模增长,这些产业对社会和教育机构产生了深远影响。从宏观的社会角度来看,在语言、政策、教育和民族认同等领域,包括伊斯兰国家在内的民族国家很可能会失去影响其未来方向的权力和能力。这是因为对知识的支配、生产和传播成为一种新的文化统治形式,也是知识和技术驱动的社会分层的体现。

这与正在经历文化转型的社会尤为相关,包括目前正在经历全球化力量和相互竞争的意识形态带来的深刻身份认同危机和文化危机的伊斯兰国家。一方面,全球化及其高科技商品、科学和知识为一些国家带来了物质利益。另一方面,全球化、文化同质化和全球贸易的存在,则可能侵蚀穆斯林传统信仰和文化体系的价值。它似乎反映了传统与现代之间的冲突,以及西方驱动的技术决定论、技术与科学对传统伊斯兰精神价值观的挑战。是否有可能克服这种文明冲突和文化困境,并调和西方后工业时代的知识和技术进步与不断发展的穆斯林社会之间的关系?

先进的知识、科学和技术带来的好处"太重要了,不能否认"。同样,赛基德(Saijid)和阿什拉夫(Ashraf)也认为,如果否认科学技术的进步,伊斯兰国家将无法仅靠信仰根除不平等、文盲、贫困和疾病。

伊斯兰国家可以通过它们丰富的学术历史遗产,调和知识、技术和文化全球化。此外,正如《古兰经》(Quran)、《圣训》(Hadith)和其他资料所证明的,伊斯兰教的信条之一,是学术和学习本身就是一种道德和伦理上的优越活动。

演变中的国家认同

与教育政策相关的国家民族特色、语言、公民身份等概念也在不断发展和变化,需要在地方-区域-国家的舞台上进行批判性评估,这也受到了全球化带来的挑战。当前的教育政策研究反映了一个快速变化的世界,公民和消费者正经历越来越多的不确定性和异化(Smith 1991; Zajda 2020c)。贾维斯(Jarvis)在积极的公民身份中解释了"重新发现"个人社会身份的必要性:

> 我们可以看到,在全球化迅速发展的世界中,公民身份是一个问题性概念……民主进程正在被推翻,越来越需要重新构建积极的公民身份。在这种身份框架下,男性和女性可以为了共同利益而工作,特别是对于那些因全球文化机制而被排斥在外的人们而言(Jarvis 2002, p.295)。

上述情况反映了日益增长的异化感,以及世界上被全球化、文化帝国主义和全球霸权主义"入侵"的涂尔干式的失范感。这些势力支配着新的经济、政治和社会制度。教育政策中这些新构建的必要条件,可以作为全球主导叙事有效地发挥作用,并在经济、政治和文化全球化的混合框架内扮演主导角色。

全球化的多重层面

虽然人们普遍认为全球化是一种多层面的意识形态建构,定义了文化、经济和政治层面的融合("地球村"传达着全球文化),但关于全球化的论述存在显著差异,部分原因与理论、意识形态和学科视角相关。从某种意义上说,全球化的多维类型学反映了对文化多样化的更多解释——技术、意识形态和组织的综合体,特别是人员的跨境流动、全球金融和贸易、信息技术融合以及跨文化和通信的融合。从另一种角度看,全球化作为一种后结构主义范式,引发了许多相互争论的解释。这些解释不仅包括意识形态的解读,还包括基于学科的话语,其中涵盖文化同质化和混合化、超越国界的社会网络增长、国家主权的衰落,以及改变人们时间和空间观念的通信和信息技术新模式(Zajda 2005a, b, xix - xxvii)。

后结构主义话语在"共同生活：教育和跨文化对话"这一主题中尤为重要,并且似乎在一种目的论式的探索中寻找为所有人创造美好生活的答案。通过开启迫切的国家认同和公民身份的对话,可能有机会重新评估文化相对主义和民族中心主义、民主和极权主义或宗教激进主义,从而为持续的辩证关系提供新的见解。当前全球政治经济和社会变化,在新多样性的背景下,越来越多地挑战现有的公民身份和概念,并迫使我们重新思考"我们是谁?"和"我们为什么这样做？"等问题。

移民问题以一种非常尖锐的方式，迫使我们讨论由塞缪尔·亨廷顿、耶日·斯莫利茨和其他人提出的"我们是谁"这个问题。亨廷顿在他那篇颇具争议的文章中预测了一场文明的文化冲突，他写道：

> 我的假设是，在这个新世界中，冲突的根本原因不再是主要是意识形态或经济。人类之间的巨大分歧和冲突的主要根源将是文化。民族国家仍将是世界事务中最强大的行为体，但全球政治的主要冲突将发生在不同文明的国家和群体之间。文明的冲突将主导全球政治，不同文明之间的断层线将成为未来的战线（Huntington 1993）。

亨廷顿的文化冲突假说虽然具有挑衅性，但他对文化的定义和其塑造的概念模型其实存在缺陷。他认为冲突主要是文化性的，而非意识形态或经济性的，这是一个自相矛盾的观点。文化，顾名思义，包括意识形态、组织（经济系统）和技术这三个社会核心维度。因此，文化战争必然具有霸权性和政治经济性的本质。亨廷顿的模型似乎是线性的，因为它未能反映出全球化多维类型学的复杂性。

如果后工业化和后现代社会要更认真地讨论全球文化中的身份危机问题，就需要揭示那些界定更广泛社会成员身份的积极美德。如果不这样做，可能会被那些对自己身份更为确定的人所打败（Fukuyama 2007）。

文化综合体的出现，提供了"主导文化"理念——如德国公民必须遵守宽容和平等尊重的标准。"主导文化"一词——意为"引导"或"参考性文化"，可用于跨文化对话。欧洲，创造了由公民身份而非种族和宗教定义的国家身份。法国，利用其权力使社会趋于同质化。国家在身份政治辩论中的作用，特别是在当前冲突和恐怖主义的气氛中，继续获得发展的动力。为了提高国民公民身份的知名度，英国不得不借鉴法国和美国的文化传统。

教育和跨文化对话中的方法论问题

当前教育和跨文化对话中至少存在三个相关的概念和方法论问题。首先，假设"跨文化"一词具有单一文化和线性的定义。然而，"跨文化"一词是一个多层次的理想结构，具有认识论和语义上的模糊性，这指的是跨文化对话的认知水平和跨文化解释是一个有争议的概念（Banks 2006）。其次，人们理所当然地认为跨文化对话确实是可能的，并且可以在全球文化范围内引发重大的社会政治变革。最后，社会不平等与跨文化对话之间存在一种矛盾的联系。社会不平等越突出，人们就越难发现文化之间的和平、包容和理解（Zajda 2005a, b）。经济、社会和政治资本的不平等分配，可能使教育工作者难以解决全球学校和社会中的差异和压迫问题（Apple 2002; Bourdieu & Passeron 1990; Zajda 2006, 2020a, b, c, d）。一些批评者（Weiler & Maher 2002）认为，在社会不平等辩论处于休眠状态的全球社会中，文化转型难以实现：

> 变革教学法，尊重和鼓励学生，批判流行文化和分析社会不平等的课程，对未来的教师来说都是无价的。一方面，未来教师的培养计划需要包括进步教育学的模式与课程，以及探索教育历史和当代政治课程，以为未来教师提供分析和行动的工具。另一方面，在资金不足和不公平的背景下，对自由教学的呼吁似乎显得空洞无力，在公立学校中，知识和教学实践越来越标准化，并通过高风险的测试进行监控……（Weiler & Maher 2002）。

为地球上的每个人创造一个更公平、宽容与和平的社会，是所有赋权和平等主义教育者的梦想。但除非我们更积极地辩论全球文化中的社会不平等问题，否则它仍将只是空洞的言辞或魔术（Weiler & Maher 2002）。因此，我们有必要批判社会和文化分层的现状：

> 正如许多教育研究者所记录的，很多国家现有的学校在种族和阶级分层上存在着若干问题，如严重的不平等，越来越多的学生和教师被标准化测试所驱动，以及通过引入与标准化测试相适应的打包课程来提高教师技能（Weiler & Maher 2002）。

在一个日益相互依存的世界中，重新确认跨文化对话的相关性显得尤为必要。爱泼斯坦（1992）认为，围绕其他文化的比较性和国际性话语通常可以通过"使熟悉的事物变得陌生"和"使陌生的事物变得熟悉"，来"识别和质疑被视为理所当然的信念和假设"，从而质疑我们信念和假设的"普遍性"。尤其在当前全球化的背景下，明晰和平衡的跨文化对话有助于我们定义、解释和批判可以实现的目标。

通过"共同生活：全球教育和跨文化对话"这一主题，我希望探讨一个最紧迫的全球问题：国家之间、教育行政部门之间、学校之间以及学生之间的社会、经济和文化分歧，是在增加还是减少？为了回答这个问题，我们需要重新审视和评估当前关于跨文化对话、文化可转移性与人权，以及民主模式之间关系的证据（Zajda 2004，2020a，b，c，d）。我们需要研究诸如全民教育、跨文化研究和教育中的语言问题，以及区域和全球文化中的种族和民族问题。我们还需要更多地关注宗教、政治和价值观教育之间尚未缓和的紧张关系，以及它们对公平、准入和民主的影响。此外，我们还需要批判性地审视跨文化对话、教育和国家之间的整体互动。这可以通过借鉴最近在教育、跨文化对话，以及全球的教育转型等领域的主要研究来实现。

结语

在全球政治、社会和宗教冲突的背景下，跨文化对话的竞争性话语日益受到关注。我们需要对影响全球文化的新兴的跨文化对话的性质和背景，以及其主导意识形态、教育改革和政策变化的原因和结果进行批评性评估。有效地理解和利用跨文化对话，可以作为营造和平、宽容与和谐的世界氛围的一种手段。它有可能围绕身份政治、自由和民主，针对在西方驱动的跨文化对话模式中的地位，提出一个更为深入和有力的批判。在跨文化研究中，仅仅描述文化差异是不够的，现在有必要重新发现这种文化差异在多大程度上可以通过文化被"泛化"。特别是，未来研究中需要解决的问题包括：我们对文化、身份和民族国家的认知，在跨文化对话和冲突分析中扮演了怎样的角色？全球化、社会变革和新兴文化价值观之间关系的性质和背景是什么？明晰而平衡的跨文化对话是一种有效的策略，可以用来解释和批判促进和平、和谐以及有效的跨文化互动的价值观。全球化已经显著影响了跨文化对话中辩论的性质，导致了比较教育研究和政策的结构性和质的变化。本章主张，在日益相互依存又冲突不断的全球化背景下，有必要重申跨文化对话的重要性。围绕其他文化、国家建设和身份政治的讨论，往往会让我们因对熟悉的东西变得陌生，陌生的东西变得熟悉，而质疑我们信仰和假设的"普遍性"。引用布迪厄（Bourdieu）对批判性政策分析人士参与其自身实践背景的"批判性社会学"的呼吁，以及后结构主义和后现代主义的教育学，可以帮助我们理解围绕跨文化对话和教育辩论的核心话语，是如何在主导意识形态、权力、文化和历史衍生的观念和实践的背景下形成的，这些观念和实践定义了全球文化中国家建设和文化认同的过程。

第十二章　全球人权教育的最新研究

人权教育研究的历史

人权教育,对于维护民主、平等、自由以及充分实现人权至关重要。它在促进平等、尊重人的尊严、防止歧视以及加强民主进程参与方面作出了重要贡献,反映了每一代人需要学习并传承给下一代的社会标准。联合国在 1966 年通过和发布了两份重要的人权政策文件:《公民权利和政治权利国际公约》(*International Covenant on Civil and Political Rights*, *ICCPR*)和《经济、社会及文化权利国际公约》(*International Covenant on Economic, Social and Cultural Rights*)(1954 年起草,1966 年签署),后者宣告所有人都享有健康、食物和就业的权利。此外,联合国《千年发展目标报告》(*Millennium Development Goals Report*)将消除贫困,获得粮食、健康和教育等经济权利,视为全球面临的最大挑战(United Nations 2015)。其首要目标是"消除极端贫困和饥饿"(P.14)。然而,在人权教育的话语中,同样缺乏对人权政治(Zajda 2020b)的讨论。必须承认,人权政策文件本身并非中立,其起源、发展和应用均带有政治色彩(Zajda 2020c)。

大量数据表明,当今许多国家发生了不同类型的侵犯人权事件。2015 年,全球风险分析公司梅普克罗夫特(Maplecroft)在《人权风险地图集》(*Human Rights Risk Atlas*)中透露,过去六年中,面临"极端风险"人权侵犯的国家数量急剧增至 34 个。自 1948 年联合国通过《世界人权宣言》(*Universal*

Declaration of Human Rights, UDHR）以来，人权教育研究的重要性逐渐增强，《世界人权宣言》在其序言中倡议，我们都应"努力通过教学和教育促进对这些权利和自由的尊重"，并在第 26 条中要求我们努力"实现人的全面发展，加强对人权和基本自由的尊重"。

在过去的 70 年中，人权政策和标准得到了界定并在国际和地方出现了一系列教育方案、课程和最佳实践，推进了人权教育的发展。最初，联合国教科文组织接受了《世界人权宣言》的挑战，并成为第一个人权教育的捍卫者。然而，直到冷战结束，人权教育才成为联合国及其机构的核心活动。1993 年的世界人权大会，代表了国际层面对人权教育的重视。由此产生的《维也纳宣言和行动纲领》（*Vienna Declaration and Programme of Action*）宣称，"人权教育对于促进和实现社区间的稳定与和谐关系，以及促进相互理解、容忍与和平至关重要"（Part Ⅱ. D，para. 78）。在取得重大进展之后，联合国宣布了"人权教育十年计划"（Human Rights Education）（1995—2004），并制定了"2005 年世界人权教育方案"（2005 World Program for Human Rights Education），其第三阶段持续到 2019 年。此外，联合国还将人权纳入 2001—2015 年"千年发展目标"（Millennium Development Goals，MDGs）框架。《千年宣言》（*Millennium Declaration*）承认了"社会发展、人权与全球和平的相互依存"（MacNaughton & koutoumpas 2017）。到目前为止，人权教育不仅涉及联合国的声明和官方认可的标准和教育方案，还是一项重要的社会运动，许多基层活动都致力于确保每个人都享有人权（Zajda 2020b）。

人权的概念内涵

人权，有许多定义和内涵，涵盖了自由、正义和平等，这已成为全球共识：大多数社会自动将其归属于个人权利。奥兹多夫斯基（Ozdowski）（2015）强调，人权有助于我们认识到每个人都有"固有的尊严和价值"。从这个意义上说，人权具有普遍性和全球性——适用于所有人。此外，从文化角度来看，人权是有助于保护全球各地人们免遭严重政治、法律和社会虐待的国际惯例和规范。人权，包括自由权、多样性权、隐私权、正当程序权和财产权、宗教信仰自由权、公平审判权以及参与政治活动权，这些也是多元民主的重要原则。这些权利，存在于国家和国际层面的道德和法律中。当代人权概念的主要来源是 1948 年联合国发表的《世界人权宣言》，该文件定义了人的基本权利，包括：

- 生命权

- 思想、观点与宗教信仰自由

- 法律面前享有公正审判和平等的权利

- 工作和受教育的权利

- 免遭酷刑和任意逮捕的自由

- 参与国家社会、政治和文化生活的权利

人权教育的社会与文化维度

建立一个更加公平、相互尊重、包容和公正的社会，是地球上所有公民的梦想，无论他们是民主决策者、赋权和平等的教育者，还是那些相信人权教育，迫切要求政策改革的公民。联合国宣布 1995—2004 年为"人权教育十年"，强调人权教育是在教育和社会各个领域打击种族主义和歧视的有力工具。在社会和文化层面，人权教育包括意识形态、权利、不平等、教育、性别、族裔、种族、宗教和社会正义等内容。

自世纪之交以来，人权学者和实践者一直特别倡导将人权纳入 2001—2015 年国际发展议程的千年发展目标框架。尽管以人权为基础的方法，在千年发展目标上基本未能取得成功，但它为 2015 年后可持续发展目标（2016—2030）的制定提供了有益的借鉴。麦克诺顿（MacNaughton）和库特松帕斯（Koutsioumpas）提议，在义务教育阶段全面普及人权教育，并作为可持续发展目标框架的一部分。人权教育不仅是国际法的要求，还能有效地培养尊重人权的文化，促进法律、教育和国际发展社区之间的协作，以实现消除贫困、保障人权和全球和平的共同目标。麦克诺顿和库特松帕斯（2017）还评论了美国在人权教育方面取得的一些进展，但同时也指出了其中的不足和差距：

> 最明显的一个问题，是缺乏确保普及人权教育的法律和道德义务的严格问责制度。包含人权条约机构在内的联合国人权机制，可以部分填补这一空白。这些机制，在定义各国实施普遍人权教育的法律义务方面发挥着积极作用。人权机制还可以要求各国对其未能确保在整个义务教育阶段开展全面且有意义的免费人权教育负责（MacNaughton & Koutsioumpas 2017）。

莫纳亨(Monaghan)和施普伦(Spreen)(2017)通过全球化和移民的视角，深入探讨了人权教育的历史背景和其特殊性，提供了更加细致、反思性更强的叙述。他们探讨了从人权教育(HRE)向全球公民教育(GCE)的转变，并呼吁继续推动人权教育的行动。此外，他们还批判性地审视了实现"人权教育作为新世界秩序的新公民教育"承诺所必需的关键原则。西罗塔(Sirota)(2017)在其比较研究结果中指出，人权教育在解决美国民权运动与南非反种族隔离运动的不公正问题中发挥了关键作用。

人权教育的主要话语，仍然停留在政策修辞和人本主义教育学的层面。因此，并不会对合法化的社会和经济不平等的现状加以批判。我们可以提出以下问题：我们需要采取怎样的社会行动，才能从简单宣布国家人民的权利和义务，转向有效地赋权和执行这些权利和义务？如何才能最好地确保人权言论与现实相匹配？我们需要认识到，人权的意识形态和政治在人权教育的话语中扮演着重要角色。此外，社会分层、不平等和人权之间存在着矛盾的联系。社会不平等的程度越严重，就越难实现人权和社会正义。由于以市场为导向的学校教育以及对不平等和排斥的广泛容忍，教育中的不平等现象日益加剧(Klees 2002；Milanovic 2012，2013，2016)。获取机会和公平，仍旧是教育领域持续关注的问题。经合组织(2009)在研究中证实了这一点：在经合组织国家中，超过40%的高中以下学历的人口没有工作……即使是那些受教育程度较高的人也面临着失业的危险。在25～34岁受过初等和高等教育的失业青年中，大约有一半属于"长期失业者"(OECD 2009，P.13)。

儿童的权利

人权教育与儿童权利教育尤为相关。奥兹多夫斯基(2009b)在《人权缺失：被拘留的儿童》(*An Absence of Human Rights: Children in Detention*)中指出，"澳大利亚拘留营中根据强制性拘留政策监禁儿童，是二战后澳大利亚历史上最严重的侵犯人权行为之一"。

儿童没有防御虐待的能力，因此他们有权获得特殊保护。联合国第一份专门讨论儿童权利的声明是1959年通过的《儿童权利宣言》(*Declaration on the Rights of the Child*)。这是一份道德文件，而非具有法律约束力的文件。1989年，联合国通过了具有法律约束力的《儿童权利公约》(*Convention on the Rights of the Child*)，并在其54条中纳入了公民权利、政治权利、经济权利、社会权利和文化权利的全部内容，规定了应确保儿童和年轻人享有这些权利的具体措施。

- 每年约有 1 100 万名儿童死于缺乏清洁水和医疗保健而导致的可预防性疾病。通过改善获取清洁水、食物和免疫接种的条件，可以挽救许多儿童的生命。
- 全世界约有 1.01 亿名小学适龄儿童没有入学。其中大多数是女孩。现在入学的儿童比历史上任何时候都多。
- 全球 5～14 岁的儿童中约有六分之一（占该年龄组的 16%）从事劳动工作。
- 在过去十年中，近 200 万名儿童在武装冲突中丧生。
- 世界上几乎所有国家都已签署《儿童权利公约》，并承诺促进、保护和实现儿童权利（Zajda 2010a，b，c）。

人权教育的概念化

从根本上说，人权教育运动旨在传授人权知识和必要的应用技能，以及促进尊重他人并符合这些普遍标准的价值观和行为。这在全球化的背景下尤为重要。因为不同文化和宗教信仰在这个世界上会相遇并需要和谐互动（Zajda 2015）。特别是《世界人权宣言》(UDHR)和其他相关条约，为我们提供了普遍认可的基本行为标准，这些标准跨越文化和国界。因此，人权教育可为我们建立全球人权标准、价值观及其实践之间的重要桥梁（Zajda & Ozdowski 2017）。

因此，人权教育鼓励跨文化对话、减少冲突并建立相互尊重的价值观。它提供了重要的和平建设能力，发展了实现和平与和谐共处所必需的知识、技能、理解和态度。此外，它还使个人能够更广泛地参与社区和真正的民主进程，从而推动公民包容性、平等和法治的进步（Ozdowski 2005）。

最近的研究指出，人权教育并未有效解决我们日益增长的多样性和相互依存问题，尽管这对于帮助学生应对影响其生活的全球复杂性至关重要（Spreen 2015）。因此，我们需要探索研究如何应对从人权教育向全球公民意识教育（GCE）的转变（Dill 2013；Spreen 2015）。人权教育存在多种模式。例如，提比斯（Tibbitts）(2012)确定了"与特定目标群体和社会变革以及人类发展战略存在隐性关系"的三种主要模式（p. 163）。其中包括：①价值观和意识模式。该模式主要关注学校课程和公众意识运动中的人权教育，将其视为传播人权问题和《世界人权宣言》基本知识的主要工具；②问责制模式（Accountability Model）。针对直接参与公共服务的专业人员（如律师、警察）教授特定权利文书和保护机制的知识；③转型模式（Transformational Model），旨在增强弱势群体的意识，并致力于预防侵犯人权行为（Tibbitts 2008）。

人权教育研究现状

当代人权教育的研究可以概括为以下几点：

（1）研究人员和教育工作者如何在特定的文化背景下更好地理解和分析人权教育？

（2）全球不同国家如何理解和概念化人权？

（3）更深入的知识和对人权的批判性理解是否能够提升学校人权教育的教学效果？

（4）发达国家与发展中国家在实施人权教育方面是否存在意识形态上的差异？

（5）以新殖民主义、极权主义、压迫、暴力、战争和冲突为特征的人权教育如何影响国家的发展？

（6）如何利用比较教育研究促进全球更平衡和有效的人权教育发展？（Adapted from *Contemporary Issues in Human Rights Education*，2011）

总的来说，全球人权教育研究可以分为三大类：人文主义视角、进步主义视角和重建主义视角。这些视角也与过去 50 年来的课程理论和设计模式相对应。

教育和人权教育中的人文主义视角侧重于知识、人类发展的进步、自主性和价值观。根据阿洛尼（Aloni）（2014）的观点，人文主义教育植根于《世界人权宣言》和《儿童权利宣言》：

人文主义教育，是指致力于人文主义世界观和人文主义道德准则的各种教育理论和实践。它将增进人类的发展、福祉和尊严视作超越宗教、意识形态或国家理想和价值观的所有人类思想和行动的最终目标。这种教育理念基于长期的哲学和道德传统，并在联合国的《世界人权宣言》和《儿童权利宣言》中得到体现（Aloni 2014）。

同样，维吉尔（Veugelers）（2011）提出了价值观和规范发展，以及公民教育的人文主义观点。他向我们展示了在过去的十年中，价值观发生的话语变化，以及人文主义观点在自治和社会参与方面的潜力。他主张建立一个"批判性的、强烈关注意义创造、多样性、桥接和嵌入道德发展的社会正义的政治进程"(P.4)。基万(Kiwan)(2015)在她的人权研究中与维吉尔(2011)类似，也关注于作为个体在《世界人权宣言》和公民教育背景下的重要性。如果人权的来源是个体的道德本性，那么个体就会以其道德罗盘为方向指引。简而言之，人权是基于价值的，因此也具有规范性。鉴于我们已经认识到道德教育是人类不可或缺的、具有决定性意义的一部分，我们可以进一步探讨价值观与积极公民教育之间的关系。因此，基万(2015)认为，当代人权话语与公民教育"日益耦合"。

进步主义教育观强调个人和经验学习，主要源于约翰·杜威及其以儿童为中心的教学法。杜威在其著作《民主与教育》(*Democracy & Education*，1916)一书中着重论述了儿童个人学习经历，该书成为20世纪进步主义和经验主义教育学的指南。这是一种新的教育思想，与19世纪以大学入学为核心的传统教育形成了鲜明对比。"在做中学"或"经验学习"，是进步主义教育学的关键原则。经验学习不同于传统的死记硬背式学习，它强调从实践经验中获取知识，而非仅依赖于正式的学校教育(Dewey 1938)。经验学习理论(Experiential learning theory, ELT)将学习定义为"通过经验转化创造知识的过程，知识源于经验的掌握和转化"(Kolb 1984)。这一理论为学习过程提供了一个实用而全面的视角。经验学习的理论基础可以追溯到约翰·杜威、让·皮亚杰(Jean Piaget)、卡尔·罗杰斯(Carl Rogers)、伊万·伊利奇(Ivan Illich)、保罗·弗莱雷(Paulo Freire)等人的实验教学法。经验学习与其他主要的教育理论，如"批判教育学、进步教育学、赋权教育学和转型教育学"(Zajda 2008a,b,c,d,e)密切相关。

教育和人权教育中的重建主义视角，侧重于改善个体在其文化背景下的生活。文化在我们的社会中无处不在，其核心要素包括意识形态、组织、语言、价值观和技术，因此它与人权教育最为密切。通过审查现有的经济和社会条件，界定不平等，个人能更深刻地意识到造成这种不平等的因素，并采取社会行动以改变使经济和社会不平等长期存在的条件。提比斯(2008)的人权教育"转型模型"(Transformational Model)就是一个很好的案例。

人权教育、实施以及新出现的问题

最近的研究表明，人权教育被认为是在后争端社会重新稳定的一个重要工具（Holland 2010；Smith 2010；Unicef 2011；United Nations 2015）。在某些情况下，它也可以有效地应对种族主义、偏见和仇外心理（Ozdowski 2009a）。尽管如此，许多人权教育问题仍未得到解决。在当今全球化和分化的背景下，人权能在多大程度上转化为地方行动？在真正的人权主张中我们会失去什么？我们如何在医疗、教育等领域采取人权方案，以减少社会不平等并在全球范围内消除贫困？或许答案潜藏于人权政治中。

人权教育不仅关乎原则和目标，还涉及可用于提供优质和增值教育的工具和方法的对话，这反映了社会正义和人权的价值观。它涉及处理战略和优先事项的问题。例如，我们是应该将重点放在发展中国家法律专业人员的人权教育上，还是应该优先考虑社区学习，或者将重点放在小学生身上？它也涉及适宜和有效的教学法和课程开发等问题。

虽然许多人权教育研究人员已经讨论了公民教育在批判人权教育政策和教学实践趋势中的相关性（Monaghan & Spreen 2017；Ozdowski 2015；Rapoport 2015；Spreen 2015；Tsyrlina-Spady & Lovorn 2015），但只有少数学者讨论了其他概念和主题，如身份政治、意识形态、社会不平等、种族、性别、语言意识和跨文化对话，这些主题都与当地和全球人权教育政策以及教育学的批判性话语分析相关（Tulasiewicz & Zajda 1998；Zajda & Freeman 2009；Zajda et al. 2006；Zajda 2009a, b；Tulasiewicz 2015；Zajda & Ozdowski 2017）。

尽管人权教育改革似乎具有平等主义精神，但在教育领域的平等和社会正义，鉴于市场力量决定了教育机构的私有化、分权和市场化，过去遗留的矛盾问题以及与社会正义有关但尚未解决的教育和政策问题，仍然保持不变并且仍在政策议程上（Zajda 2015）。因此，有必要考虑到全球所有公民，包括原住民的人权和社会正义问题。根据联合国儿童基金会（UNICEF）的数据，全世界约有 3 亿原住民，约占世界人口的 5%。尽管如此，国家教育系统往往"忽视、最小化或嘲笑他们与西方接触前后时代的历史，以及他们对社会和环境可持续性发展作出的文化贡献"（Arenas et al. 2009）。

一些研究人员认为，在社会不平等辩论处于休眠状态的社会中，很难实现人权和社会正义。芮可夫斯基（Rikowski）（2000）解释了在全球经济中难以实现社会正义的原因，他认为，在全球社会分层的基础上，实现可持续的社会正义是不可能的。我们今天面临的挑战之一，是解决全球社会的公平和公正问题。若要全面促进经济、社会和文化权利的发展，许多国家需要进行深刻的政治、社会和文化变革（Zajda 2020c）。

未来走向，也将取决于我们将人权教育提升至超越法律、政治机构或国际关系领域的能力。所有积极的公民，不论其意识形态、种族、民族、性别或宗教信仰，都必须探索和理解人权教育的重要性。全球化的影响，迫使我们必须解决经济和社会公平问题，遵从法律规定，并有意义地参与真正和实质性的决策。在重新设想将人权教育作为促进社会正义、和平与容忍的社会行动平台时，我们需要重新审视以下几点：

- 社会正义、文化可转移性与人权之间关系的最新证据
- 竞争和争议中的民主模式
- 跨文化研究、跨文化对话和教育中的语言问题
- 区域和全球文化话语中的种族和民族问题
- 宗教、政治和价值观之间悬而未决的紧张关系
- 全球文化中的性别研究
- 公民身份教育与终身学习
- 全球化、经济和社会变革对公平、准入和民主的影响

如上所述，为了解决全民获得优质教育和参与性民主的不平等问题，我们需要在各个层面开展更多的人权教育——首先是向儿童教授人权。在课堂上，大力强调人权、包容性以及社会和经济正义的价值观，以确保儿童在成年后对自己的权利和责任采取有意义和有根据的方法。家庭和学校作为儿童社会化的关键塑造者，也是培养和教授文化多样性、人权和民主理解的最佳场所。如果我们要维护民主和作为积极公民的权利，则必须把人权教育作为我们的首要任务。

结语

有效的人权教育，有可能在全球文化中为所有人创造一个更加公平、公正、宽容与和平的社会。然而，除非我们更积极地在人权教育的法律框架、《世界人权宣言》和千年发展目标报告内对社会、文化和经济上的不平等进行辩

论,否则它仍将只是一种空洞的政策辞令或"魔术词汇"。我们需要批评社会和国家的分层现状、新自由主义的政治经济要求和全球化力量,因为它们影响了社会的各个层面,加剧了文化和经济的社会分层,并使不平等和贫困长期存在。这对未来真正的人权教育和社会正义实现具有严重影响。因此,人权教育必须成为经济和教育政策改革的一部分,成为促进社会正义和多元民主的一种渐进和批判性的教育方法。

参 考 文 献

Abu-Lughod, J. (1997). Going beyond the global babble, culture, globalization and the world system. In A. D. King (Ed.), *Culture, globalization, and the world-system: Contemporary conditions for the representation of identity*. Minneapolis: University of Minnesota Press.

Aburdene, P., & Naisbitt, J. (1990). *Megatrends*. New York: Fawcett Columbine.

Adams, D., & Bjork, R. (1971). *Education in developing areas*. New York: McKay.

Adepoju, A. (Ed.). (1993). *The impact of structural adjustment on the population of Africa*. London: James Currey.

AFT. (2003). *Private school vouchers: The track record*, American Federation of Teachers.

Akrawi, M. (1960). Educational planning in a developing country: The Sudan. *International Review of Education*, 5(3), 257 - 282.

Albert, R. (2006, December 19). *Violent interethnic confict and human dignity: Major issues in intercultural research and knowledge utilization*. Paper presented at the Workshop on Humiliation and Violent Confict Conference, Columbia University.

Albrow, M. (1997). *The global age: State and society beyond modernity*. Cambridge: Polity Press.

Almanac. (2003). *Encyclopedia Britannica Almanac 2002*. Chicago/London: Encyclopedia Britannica.

Almond, G., & Coleman, J. (1960). *The politics of developing areas*. Princeton: Princeton University Press.

Aloni, N. (2014). Humanistic education. In M. Peters, T. Besley, A. Gibbons, B. Žarni & P. Ghiraldelli (Eds.), *The encyclopaedia of educational philosophy and theory*. Retrieved from: http://eepat. net/doku. php?id = humanistic_education.

Altbach, P. (1991). Trends in comparative education. *Comparative Education Review*, 35, 491 - 507.

Altbach, P. (2002). *Knowledge and education as international commodities: The collapse of the common good*. Boston: Center for International Higher Education, Boston University.

Anderson, A. (1961). Methodology of comparative education. *International Review of Education*, 6(1), 1 – 23.

Anderson, A. (1970). Sociology of education in a comparative framework. *International Review of Education*, 16(1), 3 – 5.

Anderson, A., & Bowman, M. (1965). *Education and economic development*. Chicago: Aldine Press.

Appadurai, A. (1990a). Disjuncture and difference in the global cultural economy. *Theory Culture and Society*, 7, 295 – 310.

Appadurai, A. (1990b). Disjuncture and difference in the global cultural economy. In M. Featherstone (Ed.), *Global culture: Nationalism, globalization and modernity*. London: Sage.

Appadurai, A. (Ed.). (1996). *Modernity at large: Cultural dimensions of globalization*. Minneapolis: University of Minnesota Press.

Apple, M. (2002). Between neoliberalism and neoconservatism: Education and conservatism in a global context. In N. Burbules & C. Torres (Eds.), *Globalization and education: Critical perspectives*. New York: Routledge.

Apple, M. (2004). *Ideology and curriculum*. New York: Routledge Falmer.

Arenas, A., Reyes, I., & Wyman, L. (2009). When indigenous and modern education collide. In J. Zajda (Ed.), *Race, ethnicity and gender in education: Cross-cultural understandings* (pp. 59 – 84). Dordrecht: Springer.

Armytage, W. H. G. (1967). *The American infuence on English education*. London: Routledge and K. Paul.

Armytage, W. H. G. (1968). *The French infuence on English education*. London: Routledge and K. Paul.

Armytage, W. H. G. (1969a). *The German infuence on English education*. London: Routledge and K. Paul.

Armytage, W. H. G. (1969b). *The Russian infuence on English education*. London: Routledge and K. Paul.

Arnove, R. (1980). Comparative education and world-systems analysis. *Comparative Education Review*, 24, 48 – 62.

Arnove, R. (1999). Reframing comparative education: The dialectic of the global and the local. In R. Arnove & C. Torres (Eds.), *Comparative education: The dialectic of the global and the local* (pp. 1 – 23). Lanham: Rowman and Littlefeld.

Arnove, R. (2015). Globalisation and public education policies in Latin America. In J. Zajda (Ed.), *Second international handbook of globalisation, education and policy research* (pp. 431 – 441). Dordrecht: Springer.

Arnove, R., & Torres, C. (Eds.). (1999). *Comparative education: The dialectic of the global and the local*. Lanham: Rowman and Littlefeld.

Aronowitz, S., & Giroux, H. A. (1985). *Education under siege: The conservative, liberal, and radical debate over schooling*. South Hadley: Bergin and Garvey.

Aska, K. (2000). Les enjeux pedagogiques et institutionnels du partenariat dans l'enseignement technique et professionnel. *International Review of Education*, 46(1 – 2), 147 – 167.

Astiz, F., & Akiba, M. (2016). *The Global and the local: Diverse perspectives in comparative education*. Rotterdam: Sense Publishers.

Aviram, A. (1996). The decline of the modern paradigm in education. *International Review of Education*, 42(5), 421 – 443.

Bache, A. D. (1839). *Education in Europe*. Philadelphia: Lydia Bailey.

Bagley, S. S., & Portnoi, L. M. (2015). Higher education and the discourse on global competition: Vernacular approaches within higher education policy Documents. In J. Zajda & Rust, V. (Eds.), *Globalisation and higher education reforms*. Dordrecht: Springer.

Balibar, É. (2001). Outlines of a topography of cruelty: Citizenship and civility in the era of global violence. *Constellations*, 8(1), 15 – 29.

Bank, W. (1994). *Higher Education: Lessons from Experience*. Washington, DC: The World.

Bank, W. (1999). *Knowledge for development: World development report: 1998/1999*. Oxford: Oxford University Press.

Bank, W. (2003). *The Private Sector Development (PSD) strategy of the World Bank Groupp*. Washington, DC: World Bank.

Bank, W. (2004). *Decentralization and subnational regional economics*. Washington, DC: World Bank.

Banks, J. A. (1988). *Multiethnic education: theory and practice*. Boston: Allyn and Bacon.

Banks, J. A. (1999). Multiculturalism's fve dimensions. *NEA Today Online*. Retrieved from http://www.learner.org/workshops/socialstudies/pdf/session3/3.Multiculturalism.pdf.

Banks, J. A. (2004). Multicultural education: Historical development, dimensions, and practice. In J. A. Banks & C. A. M. Banks (Eds.), *Handbook of research on multicultural education* (2nd ed., pp. 3 – 29). New York: Macmillan.

Banks, J. A. (2006). Democracy, diversity, and social justice. In J. A. Banks (Ed.), *Race, culture, and education: The selected works of James A. Banks* (pp. 199 – 213). New York: Routledge.

Banya, K. (2005). Globalization and higher education policy changes. In J. Zajda (Ed.), *The International Handbook of Globalisation and Education Policy Research* (pp. 147 – 164). Dordrecht: Springer.

Baptiste, H. P., & Hughes, K. R. (1993). *Education in a multicultural society*. Oslo:

IMTEC Schoolyear 2020 Map 490.

Barber, B. (1995). *Jihad vs. McWorld*. New York: Times Books.

Barnard, H. (1854). *National education in Europe*. Hartford: Tiffany and Co..

Barnard, H. (1969). *Education and the French Revolution*. London: Cambridge University Press.

Barnhardt, R., & Kawagley, O. (1999). Education indigenous to place: Western science meets indigenous reality. In: G. Smith & D. Williams (Eds.), *Ecological education in action* (pp. 117 – 140). New York: SUNY Press.

Barrett, M. (2013). Introduction: Interculturalism and multiculturalism: concepts and controversies. In M. Barrett (Ed.), *Interculturalism and multiculturalism: Similarities and differences* (pp. 15 – 42). Strasbourg: Council of Europe.

Barton, A. H. (1969). *Communities in disaster: A sociological analysis of collective stress situations*. New York: Doubleday and Company.

Baudrillard, J. (1988). Simulacra and simulation. In M. Poster (Ed.), *Jean Baudrillard: Selected writings*. Stanford: California, Stanford University Press.

Baudrillard, J. (1994). *Simulacra and simulation*. Ann Arbor: Éditions Galilée (French) and University of Michigan Press.

Bauman, Z. (1995). *Life in fragments: Essays in postmodern morality*. Oxford: Blackwell Publishers.

Becker, G. (1964). *Human capital*. New York: Columbia University Press.

Becker, G. (1994). *Human capital: A theoretical and empirical analysis with special reference to education*. Chicago: University of Chicago Press.

Behrman, J., Deolalikar, A., et al. (2002). *Conceptual issues in the role of education decentralizataion in promoting effective schooling in Asian developing countries*. Manila: Asian Development Bank.

Bellah, R., et al. (1985). *Habits of the heart*. New York: Harper and Row.

Bereday, G. (1961). Comparative education and ethnocentrism. *International Review of Education*, 7(1), 24 – 33.

Bereday, G. (1964). *Comparative method in education*. New York: Holt, Rinehart and Winstron.

Beresord-Hill, P. (Ed.). (1998). *Education and Privatization in Eastern Europe and the Baltic Republics*. Oxford Studies in Comparative Education. Wallingford: Triangle Journals Ltd.

Berger, P., & Luckmann, T. (1966). *The social construction of reality: A treatise in the sociology of knowledge*. New York: Anchor/Doubleday.

Bergsten, C. F. (1988). *America in the world economy: A strategy for the 1990s*. Washington, DC.

Berman, M. (1988). *All that is solid melts into air*. New York: Penguin Books.

Bhabha, H. K. (1989). Location, intervention, incommensurability: A conversation with Homi Bhabha. *Emergences*, 1(1), 63 – 88.

Bhagwati, J. (2004). *In defense of globalization*. New York: Oxford University Press.

Bhalla, S. S. (2002). *Imagine there's no country*. Washington, DC: Institute for International Economics.

Bindé, J. (2000). Toward an ethics of the future. *Public Culture*, 12(1),51 – 72.

Biraimah, K., Gaudelli, W., & Zajda, J. (2008). Education and social inequality in the global culture. In J. Zajda, B. Biraimah, & W. Gaudelli (Eds.), *Education and social inequality in the global culture* (pp. xvii – xxvii). Dordrecht: Springer.

Blomqvist, J. (1957). Some social factors and school failure. *International Review of Education*, 3(2),165 – 172.

Bok, D. (2003). *Universities in the marketplace: The commercialization of higher education*. Princeton: Princeton University Press.

Boli, J., & Thomas, G. (Eds.). (1999). *Constructing world culture: International nongovernmental organizataiaons since 1875*. Stanford: Stanford University Press.

Boshier, R., & Onn, C. M. (2000). Discursive constructions of web learning and education. *Journal of Distance Education/Revue de l'enseignement à distance*, 15(2),1 – 16.

Bourdieu, P., & Passeron, J.-C. (1990). *Reproduction in education, society and culture* (2nd ed.). London: Sage Books.

Bowles, S., & Gintis, H. (1976). *Schooling in capitalist America*. London: Routledge and Kegan Paul.

Bowman, M. J., & Anderson, C. A. (1967). Concerning the role of education in development. In M. J. Bowman & C. A. Anderson (Eds.), *Readings in the economics of education*. Paris: UNESCO.

Boyd-Barrett, O. (1977). Media imperialism: Towards an international framework for the analysis of media Systems. In J. Curran, M. Gurevitch, & J. Woollacott (Eds.), *Mass communication and society* (pp. 116 – 135). London: Edward Arnold.

Boyd-Barrett, O. (1998). Media imperialism reformulated. In D. Thussu (Ed.), *Electronic empires: Global media and local resistance* (pp. 157 – 176). London: Arnold.

Bray, M. (1983). Universal education in Pakistan: A perpetually elusive goal. *International Review of Education*, 29(2),167 – 178.

Bray, M. (1984). What crisis in educational planning? A perspective from Papua New Guinea. *International Review of Education*, 30(4),427 – 439.

Bray, M. (2003a). Control of education: Issues and tensions in centralization and recentralization. In R. F. Arnove & C. A. Torres (Eds.), *The dialectic of the global and local* (pp. 204 – 228). New York: Rowman and Littlefeld.

Bray, M. (2003b). *Comparative education: Continuing traditions, new paradigms and new challenges*. Dordrecht: Kluwer Academic Publishers.

Bray, M. (2005). Comparative education policy and globalization: Evolution, missions and roles. In J. Zajda (Ed.), *The international handbook of globalisation and education policy research* (pp. 35 – 48). Dordrecht: Springer.

Bray, M., Adamson, B., & Mason, M. (2007). *Comparative education research: Approaches and methods*. Comparative Education Research Centre, the University of Hong Kong & Springer.

Bredo, E., & Feinberg, W. (1982). The positivistic approach to social and educational research. In E. Bredo & W. Feinberg (Eds.), *Knowledge and values in social and educational research*. Philadelphia: Temple University Press.

Brembeck, C. (1962). Education for national development. *Comparative Education Review*, 5, 223 – 231.

Brenner, R. (1977). The origins of capitalist development: A critique of Neo-Smithian Marxism. *New Left Review*, 104, 25 – 92.

Brickman, W. W. (1968). In S. E. Fraser (Ed.), *A history of international and comparative education*. Boston: Scott, Foresman, and Co.

Brodbelt, S. (1965). Educational ideals and practice in comparative perspective. *International Review of Education*, 11(2), 144 – 145.

Bromley, S. (1996). Feature Article, *New Political Economy* 1 March 1996, p. 120.

Brown, R. H. (1989). *Social science as civic discourse: Essays on the invention, legitimation and uses of social theory*. Chicago/London: The University of Chicago Press.

Burbules, N., & Torres, C. A. (Eds.). (2000). *Globalization and education: Critical perspectives*. New York: Routledge.

Burger, T. (1987). *Max weber's theory of Concept formation*. Durham: Duke University Press.

Cardoso, F. H. (1972). Dependency and development in Latin America. *New Left Review*, 74, 83 – 95.

Cardoso, F. H., & Faletto, E. (1979). *Dependency and development in Latin America*. Berkeley: University of California Press.

Carnoy, M. (1977). *Education as cultural imperialism*. New York/London: Longman.

Carnoy, M. (1984). *The state and political theory*. Princeton: Princeton University Press.

Carnoy, M. (1999). *Globalization and educational reform: What planners need to know?* Paris: UNESCO, International Institute for Educational Planning.

Carnoy, M., & Levin, H. (1976). *The limits of educational reform*. New York: David McKay Co..

Carnoy, M., & Rhoten, D. (Eds.). (2002a). The meaning of globalization for educational change [Special issue] *Comparative Education Review*, 46(1).

Carnoy, M., & Rhoten, D. (2002b). What does globalization mean for educational change? A comparative approach. *Comparative Education Review*, 46(1), 1 – 9.

Carnoy, M., Loyalka, P., Dobryakova, M., Dossani, R., Froumin, I., Kuhns, K., Tilak, J. B. G., & Wang, R. (2013). *University expansion in a changing global Economy: Triumph of the BRICs?* Stanford: Stanford University Press.

Castells, M. (1989). *The informational city information technology, economic restructuring, and the urban-regional process*. Oxford: Blackwell.

Casti, J. L. (1994). *Complexifcation: Explaining a paradoxical world through the science of surprise*. New York: Harper Collins.

Chapman, D. W. (2000). Trends in educational administration in developing Asia. *Educational Administration Quarterly*, 36(2), 283–308.

Cheng, Y. (2005). Globalization and education reforms in Hong Kong: Paradigm shifts. In J. Zajda (Ed.), *The international handbook of globalisation and education policy research* (pp. 165–187). Dordrecht: Springer.

Cherryholmes, C. (1988). *Power and criticism: Poststructuralist investigations in education*. New York: Columbia University Press.

Chesterfeld, R. (1974). *The teaching of food production tasks in a modernizing pre-industrial society, education*. Los Angeles: University of California.

Clark, B. R. (2004). Delineating the character of the entrepreneurial university. *Higher Education Policy*, 17(4), 355–370.

Clark, M., & Nance, C. (2000). Teaching values of tolerance and peace through a holistic multicultural curriculum. *Curriculum and Teaching*, 15(1), 5–26.

Clignet, R., & Foster, P. (1981). French and British Colonial Education in Africa. *Comparative Education Review*, 8, 191–198.

Cole, M., & Gay, J. (1965). *The new mathematics and an old culture: A Study of learning among the Kpelle of Liberia*. New Haven: Yale University Press.

Compte, A. (1988). *Introduction to positive philosophy* (F. Ferre, Trans.). Indianapolis: Hackett Publishing Company.

Contemporary issues in human rights education. (2011). Paris: Unesco. Retrieved from http://unesdoc.unesco.org/images/0021/002108/210895e.pdf.

Coombs, P. (1964). The Adjustment of the educational structure to the requirements of economic development. *International Review of Education*, 10(1), 53–66.

Coombs, P. (1982). Critical world educational issues of the next two decades. *International Review of Education*, 28(1), 143–158.

Coombs, F., & Luschen, G. (1976). System performance and policymaking in West European Education: Effectiveness, effciency, responsiveness, and fdelity. *International Review of Education*, 22(2), 133–153.

Coulson, A. (2002). Delivering education. In E. Lazear (Ed.), *Education in the twenty-first century* (pp. 105–145). Stanford: Hoover Institution Press.

Council of Europe. (2020). *Intercultural dialogue*. Retrieved from https://pjp-eu.coe.int/en/web/youth-partnership/intercultural-dialogue.

Coutinho, J. M. (1988). *Industrial modernization, education and occupation in Aracruz, Espirito Santo: A survey case study of Brazilian Dependency*. PhD Department of Education, University of California, Los Angeles, Los Angeles.

Cowen, R. (1996). Last past the post: Comparative education, modernity, and perhaps post-modernity. *Comparative Education*, 32(2), 151 – 170.

Crespo, M. , & Carignan, N. (2001). L'enseignant-ressource en milieu urbain defavorise: Une intervention educative effcace. *International Review of Education*, 47(1 – 2), 31 – 58.

Creswell, J. , & Creswell, D. (2018). *Research design* (5th ed.). Los Angeles: Sage.

Crossley, M. (1990). Collaborative research, ethnography and comparative and international education in the South Pacifc. *International Journal of Educational Development*, 10(1), 37 – 46.

Crossley, M. , & Jarvis, pp. (2001). Context matters. *Comparative Education*, 37(4), 405 – 408.

Crossley, M. , & Vulliamy, G. (1996). Issues and trends in qualitative research potential for developing countries. *International Journal of Educational Development*, 16(4), 439 – 448.

Crossley, M. , & Watson, K. (2003). *Comparative and international research in education: Globalisation, context and difference*. London: Routledge Farmer.

Crvenkovski, K. (1961). Ability and educational opportunity in present-day Yugoslavia. *International Review of Education*, 7(4), 394 – 400.

Curle, A. (1964). Education, politics, and development. *Comparative Education Review*, 7, 226 – 245.

Currie, J. , & Newson, J. (Eds.). (1998). *Universities and globalization: Critical perspectives*. Thousand Oaks: Sage Publications.

Cutright, P. (1963). National political development: measurement and analysis. *American Sociological Review*, 28, 25 – 45.

Dahl, S. (2000). *Communications and culture transformation*. London: ECE.

Dahl, S. (2005). *Intercultural research: The current state of knowledge*. Retrieved from https://papers. ssrn. com/sol3/papers. cfm?abstract_id = 658202

Dalin, P. (1970). Planning for change in education: Qualitative aspects of educational planning. *International Review of Education*, 16(4), 436 – 449.

Dalin, P. , & Rust, V. D. (1996). *Towards schooling for the twenty-first century*. London: Cassell.

Daun, H. (Ed.). (2002). *Educational restructuring in the context of globalization and national policy*. New York/London: Routledge Falmer.

Daun, H. (2005). Globalization and the governance of national education systems. In J. Zajda (Ed.), *The international handbook of globalisation and education policy research* (pp. 93 – 107). Dordrecht: Springer.

Daun, H. (2020). Globalizations, meta-ideological hegemony and challenges from populism in education. In J. Zajda (Ed.), *Globalisation, ideology and education reforms: Emerging paradigms*. Dordrecht: Springer.

Dave, R. (1984). Introduction to the thirtieth volume of the IRE. *International Review of Education*, 30(1), 3 – 5.

Davies, D. (2004, January). *Comparative education in an increasingly globalised world*. Paper presented at the Honk Kong Comparative and international Conference.

Delanty, G. (2001). *Challenging knowledge: The university in the knowledge society*. Buckingham: Open University Press.

Delors Report. (1996). *Learning: The treasure within*. Paris: UNESCO.

Demont-Heinrich, C. (2011). *Cultural imperialism versus globalization of culture: Riding the structure-agency dialectic in global communication and media studies*. Retrieved from https://onlinelibrary.wiley.com/doi/abs/10.1111/j.1751-9020.2011.00401.x

Derrida, J. (1976). *Of grammatology*. Baltimore: John Hopkins University Press.

Desbarts, J. (1986). Ethnic differences in adaptation. *International Migration Review*, 20, 405 – 427.

Deutsch, K. (1961). Social mobilization and political development. *American Political Science Review*, 55, 493 – 514.

Devon, R. F. (1975). Foster's paradigm-surrogate and the wealth of underdeveloped nations. *Comparative Education Review*, 19, 403 – 413.

Dewey, J. (1916). *Democracy and education*. New York: Macmillan.

Dewey, J. (1938). *Experience and education*. New York: Macmillan.

Dill, J. S. (2013). *The longings and limits of global citizenship education: The moral pedagogy of schooling in a cosmopolitan age* (Vol. 109). London: Routledge.

Dobinson, C. (1955). International linkage of schools. A venture. *International Review of Education*, 1(2), 220 – 230.

During, S. (Ed.). (1999). *The cultural studies reader* (2nd ed.). London: Routledge.

Durkheim, E. (1958). *The Rules of sociological method* (Trans. S. A. Solovay, Ed. G. E. G. Catlin). Glencoe: Free Press.

Eagleton, T. (1996). *Literary theory: An introduction*. London: Blackwell Publishers.

Eckelberry, R. H. (1950). Comparative education. In W. S. Monroe (Ed.), *Encyclopedia of Educational Research*. Macmillan: York.

Edward, P., & Sumner, A. (2013). *The future of global poverty in a multi-speed world: New estimates of scale, location and cost.*. Retrieved from: http://www.kcl.ac.uk/aboutkings/world.wide/initiatives/global/intdev/people/Sumner/Edward-Sumner-Version04March2013.pdf.

EFA Global Monitoring Report. (2009). *Overcoming inequality: Why governance matters*. Paris: OECD.

Epstein, E. (1983). Currents left and right: Ideology in comparative education. *Comparative Education Review*, 27, 3 – 29.

Epstein, E. (1992). The problematic meaning of 'Comparison' in comparative education. In Jürgen Schriewer & Brian Holmes (Eds.), *Theories and Methods in Comparative Education* (pp. 3 – 23). Frankfurt-am-Main: Peter Lang.

Epstein, E. (2001). Commentary. *Comparative Education Review*, 50(4), 578 – 580.

Epstein, E. (2006). Commentary on Carnoy. *Comparative Education Review*, 50(4),

571 - 580.

Emerson, R. (1844). *Lecture read before the Mercantile Library Association*. Boston, February, 7, 1844. https://archive. vcu. edu/english/engweb/transcendentalism/ authors/emerson/essays/youngam. html.

Ewers, C. (1964). Educational planning within the framework of economic planning. *International Review of Education*, 10(2), 129 - 139.

Falk, R., & Kanach, N. (2002). Globalization and study abroad: An illusion of paradox. *Frontiers: The Interdisciplinary Journal of Study Abroad*, 4, 155 - 168.

Farrell, J. P. (1979). The necessity of comparisons in the study of education: The salience of science and the problem of comparability. *Comparative Education Review*, 23, 3 - 16.

Featherstone, M. (1990). Global culture: An introduction. In *Global culture: Nationalism, globalization and modernity*. London: Sage.

Feyerabend, P. (1975). *Beyond method*. London: New Left Books.

Fischman, G. (2000). *Imagining teachers: Rethinking gender dynamics in teacher education*. Lanham/Boulder/New York/Oxford: Rowman and Littlefeld Publishers.

Fisher, S. (2001, January 19). *The challenge of globalization in Africa*. Paper delivered at International Monetary Fund, at the France-Africa Summit, Yaoundé, Cameroon. Retrieved from https://www. internationalmonetaryfund. com/external/np/speeches/ 2001/011901. htm

Foster, P. J. (1965). *Education and social change in Ghana*. Chicago: University of Chicago Press.

Foster, A. (1995). *From emergency to empowerment: the role of education for refugee communities*. Washington, DC: Academy of Educational Development.

Foucault, M. (1970). *The order of things: An archaeology of the human sciences*. New York City: Random House.

Foucault, M. (1980a). *Power knowledge: Selected interviews and other writings 1972 - 1977* (G. Gordon, Ed.). Brighton: Harvester Press.

Foucault, M. (1980b). *The history of sexuality*. New York: Vintage/Random House.

Foucault, M. (1980c). Two lectures. In C. Gordon (Ed.), *Power and knowledge: Selected interviews and other writings* (pp. 1972 - 1977). New York: Pantheon Books.

Foucault, M. (1983). What is enlightenment? In P. Rabinow (Ed.), *Foucault reader*. New York: Pantheon.

Frank, A. G. (1967). *Capitalism and underdevelopment in Latin America*. New York: Monthly Review Press.

Freedman, M. (1962). *Capitalism and freedom*. Chicago: University of Chicago Press.

Freire, P., & Faundez, A. (1989). *Learning to question: A pedagogy of liberation*. New York: Routledge.

Friedenburg, L. V. (1979). Zur gesellschaftlichen Funktuion von Privatschule im oeffentlichen Schulsystem. In D. Goldschmidt & P. M. Roeder (Eds.), *Alternative*

Schulen. Stuttgart: Klett-Cotta.

Fukuyama, F. (1992). *The end of history and the last man*. New York: Free Press.

Fukuyama, F. (2007, February 13). Identity and migration. *Prospect*. Retrieved from http://www. prospect-magazine. co. uk/article_details. php?id = 8239

Fumasoli, T. , & Stensaker, B. (2013). Organizational studies in higher education: A refection on historical themes and prospective trends. *Higher Education Policy*, 26,479 – 496. https://doi. org/10. 1057/hepp. 2013. 25.

Gadamer, H. -G. (1998). *Truth and method*. New York: Continuum.

Gal, R. (1957). Guiding principles of French educational reform. *International Review of Education*, 3(4),469 – 485.

Gardner, D. P. (1983). *A Nation at Risk*. Washington, DC: National Commission for Excellence in Education.

Garrett, G. (2000). Globalization and national autonomy. In N. Woods (Ed.), *The political economy of globalization*. New York: St. Martin's Press.

Garver, N. (1996). Philosophy As Grammar. In H. Sluga & D. G. Stern (Eds.), *The Cambridge companion to Wittgenstein*. Cambridge: University Press.

Gaziel, H. (2001). Accelerated school programmes: Assessing their effectiveness. *International Review of Education*, 47(1 – 2),7 – 29.

Geo-JaJa, M. A. , & Mangum, G. (2002). Sapping human capital investment: The impact of structural adjustment policies on Africa's human development polices. *Education and Society*, 20(1),5 – 27.

Geo-JaJa, M. , & Zajda, J. (2005). Rethinking globalization and the future role of education in Africa. In J. Zajda (Ed.), *The international handbook of globalisation and education policy research* (pp. 35 – 48). Dordrecht: Springer.

Gereff, G. , & Fonda, S. (1992). Regional Paths of Development. *Annual Review of Sociology*, 18,418 – 448.

Ghosh, G. (2002). *Education: Is it worth the deal?* The Hindu: Online Edition of India's National Newspaper.

Gibson, M. , & Ogbu, J. U. (1978). *Minority status and education*. New York: Academic.

Giddens, A. (1990). *The consequences of modernity*. Stanford: Stanford University Press.

Giddens, A. (1995). *Beyond left and right: The future of radical politics*. Stanford: Stanford University Press.

Giddens, A. (2000). *Runaway world: How globalization is reshaping our lives*. New York: Routledge.

Gillette, A. (1979). Structural changes in education since 1954: A slow-motion explosion. *International Review of Education*, 25(2 – 3),141 – 170.

Giroux, H. A. (1983). *Theory and resistance in education: A pedagogy for the opposition*. South Hadley: Bergin and Garvey Publishers.

Giugni, M. G. (2002). Explaining cross-national similarities among social movements. globalization and resistance: Transnational dimensions of social movements. In J. Smith & H. Johnston (Eds.), *Globalization and resistance: Transnational dimensions of social movements* (pp. 13 – 31). New York: Rowman & Lanham.

Gleick, J. (1987). *Chaos: Making a new science*. New York: Penguin.

Gómez García, R., & Birkinbine, B. (2018). *Cultural imperialism theories*. Retrieved from https://www. researchgate. net/publication/326132192_Cultural_Imperialism_Theories

Gonçalves, S., & Majhanovich, S. (Eds.). (2016). *Art and intercultural dialogue*. Rotterdam: Sense Publishers.

Gould, E. (2003). *The university in a corporate culture*. New Haven: Yale University Press.

Gray, P. (1993). Teach your children well. *Time* (Special Issue),69 – 71.

Greene, B. (1999). *The elegant universe*. New York: Vintage Books.

Guirdham, M. (2004). *Confict, Culture and Communication, an address delivered at the Luton Intercultural Forum*. Retrieved from http://ic. intermundo. net

Gurría, A. (2009). *Education for the future-promoting changes in policies and practices: The way forward*. Paris: UNESCO. Retrieved from: http://www. oecd. org/education/educationforthefuture-promotingchangesinpoliciesandpractiesthewayforward. htm.

Guthrie, G. (1994). *Globalization of educational policy and reform. International Encyclopedia of Education*. Oxford: Peregamon.

Habermas, J. (1983). Modernity: An incomplete project. In H. Foster (Ed.), *The anti-aesthetic: Essays on postmodern culture*. Seattle/Washington, DC: Bay Press.

Habermas, J. (1984). *The theory of communicative action. Vol. I: Reason and the Rationalization of Society* (T. McCarthy, Trans.). Boston: Beacon.

Habermas, J. (1990). *The philosophical discourse of modernity* (F. G. Lawrence, Trans.). Cambridge, MA: MIT Press.

Hacking, I. (1999). *The social construction of what?* Cambridge, MA: Harvard University Press.

Hall, J. (1965). Changing conceptions of the modernization of Japan. In M. Jensen (Ed.), *Changing Japanese attitudes toward modernization*. Princeton: Princeton University Press.

Hanel, P. et al. (2018). *Cross-cultural differences and similarities in human value instantiation*. Retrieved from https://www. frontiersin. org/articles/10. 3389/fpsyg. 2018. 00849/full.

Hannertz, U. (1990). Cosmopolitans and locals in world culture. *Theory, Culture and Society*, 7, 237 – 251.

Hanlon, A. (2018). *Postmodernism didn't cause Trumpp. It explains him*. Retrieved from: https://www. washingtonpost. com/outlook/postmodernism-didnt-causetrump-it-explains him/2018/08/30/0939f7c4-9b12-11e8-843b-36e177f3081c_story. html.

Hans, N. (1955). *Comparative education: A study of educational factors and traditions*. London: Routledge and Kegan Paul.

Hans, N. (1962). K. D. Ushinsky-Russian pioneer of comparative education. *Comparative Education Review*, 5,162 – 166.

Hanson, E. M. (1998). Strategies of educational decentralization: Key questions and core issues. *Journal of Educational Administration*, 36(2),111 – 128.

Hanson, J., & Brembeck, C. (1966). *Education and the development of nations*. New York: Holt, Rinehart, and Winston.

Haraway, D. (1988). Situated knowledges: The science question in feminism and the privilege of partial perspective. *Feminist Studies*, 14(Fall).

Harbison, R. W., & Myers, C. (1964). *Education, manpower, and economic growth*. New York: McGraw Hill.

Harby, M., & El-Hadi Afff, M. (1958). Education in modern Egypt. *International Review of Education*, 4(4),423 – 437.

Harding, S. (1987). *Feminism and methodology*. Bloomington: Indiana University Press.

Harman, G., & Harman, K. (2008). Strategic mergers of strong Institutions to enhance competitive advantage. *Higher Education Policy*, 21,99 – 121.

Hawes, H. (1983). 'Once more unto the breach, dear friends' editorial introduction. *International Review of Education*, 29(2),123 – 137.

Hawkins, J. N. (2000). Centralization, decentralization, recentralization: Educational reform in China. *Journal of Educational Administration*, 38(5),442 – 454.

Hawkins, J. N. (2009). *Higher education and quality assurance: Trends and tensions in Asia*. Paper presented at the Association of Universities of Asia and the Pacifc Kuala Lumpur, Malaysia.

Hawkins, J., & Rust, V. (2001). Shifting perspectives on comparative research: A view from the USA. *Comparative Education*, 37(4),501 – 506.

Hazelkorn, E. (2014). Rankings and the global reputation race. In L. M. Portnoi & S. S. Bagley (Eds.), *Critical perspectives on global competition in higher education* (pp.13 – 26). [New Directions for Higher Education.] San Francisco: Jossey-Bass.

Hein, J. (1993). Refugees, immigrants, and the state. *Annual Review of Sociology*, 19, 43 – 59.

Held, D. (Ed.). (1991). *Political theory today*. Stanford: Stanford University Press.

Held, D., & McGrew, A. (Eds.). (2000). *The global transformations reader*. Cambridge: Polity Press.

Held, D., McGrew, A., Goldblatt, D., & Parraton, J. (1999). *Global transformations: Politics, economics and culture*. Stanford: Stanford University Press.

Heyman, R. (1979). Comparative education from an ethnomethodological perspective. *Comparative Education*, 15(1),241 – 249.

Hill, D., McLaren, P., et al. (2002). *Marxism against postmodernism in educational theory*. Lanham: Rowman and Littlefeld Publishing Groupp.

Hirsch, D. (1995). School choice and the search for an educational market. *International Review of Education*, 41(3 – 4), 239 – 257.

Hirst, P. , & Thompson, G. (1996a). Introduction. In P. Hirst & G. Thompson (Eds.), *Globalisation in question*. Oxford: Polity Press.

Hirst, P. , & Thompson, G. (1996b). *Globalization in question: The international economy and the possibilities of governance*. Cambridge: Polity Press.

Hobsbawm, E. (1994). *The age of extremes: A history of the world, 1914 – 1991*. New York: Pantheon.

Holland, T. (2010). *Human rights education in peace-building: A look at where the practice has come from, and where it needs to head*. New York: Vassar College. Retrieved from: http://www. du. edu/korbel/hrhw/workingpapers/2010/62-holland-2010. pdf.

Holmes, B. (1965). Rational constructs in comparative education. *International Review of Education*, 11(4), 466 – 476.

Holmes, B. (1984). Paradigm shifts in comparative education. *Comparative Education Review*, 28, 584 – 604.

Hoppers, W. (2000). Nonformal education, distance education and the restructuring of schooling: Challenges for a new basic education policy. *International Review of Education*, 46(1 – 2), 5 – 30.

Howes, D. (1996). *Cross-cultural consumption: Global markets, local realities*. London/New York: Routledge.

Howson, C. K. & Lall, M. (2020). *Higher education reform in Myanmar: Neoliberalism versus an inclusive developmental agenda*. Retrieved from https://www. tandfonline. com/doi/citedb y/10. 1080/14767724. 2019. 1689488?scroll = top & needAccess = true.

Hudson, C. , & Lindstrom, A. (Eds.). (2002). *Local education policies: Comparing Sweden and Britain*. New York: Palgrave.

Huisman, J. (2008). World class universities. *Higher Education Policy*, 21, 1 – 4.

Hung, W-J (Daisy). (2001). *Dialectic process of globalization and localization: Its implication for comparative education*. Comparative Education, Chi Nan University, Nanton, Taiwan.

Hunt, F. J. (1969). The study of education in society: Education and development. *Comparative Education Review*, 13, 217 – 220.

Huntington, S. (1971). The change to change. *Comparative Politics*, 3, 283 – 322.

Huntington, S. (1993). The clash of civilizations? *Foreign Affairs*, 72(3), 22 – 49.

Huntington, S. (1996). *The clash of civilizations and the remaking of world order*. New York: Simon & Schuster.

Husen, T. (1979). General theories in education: A twenty fve year perspective. *International Review of Education*, 25(2 – 3), 199 – 220.

Husen, T. (1988). Research paradigms in education. *Interchange*, 19, 2 – 13.

Inda, J. X. , & Rosaldo, R. (Eds.). (2002). *The anthropology of globalization*. Oxford:

Blackwell Publishing.

Inkles, A. , & Sirowy, L. (1984). Convergent and divergent trends in national educational systems. In G. Lenski (Ed.), *Current issues and research in macrosociology*. E. J. Brill: Leiden. International Monetary Fund. (2002). *Globalization: Threat or opportunity?* New York: IMF. http://www. imf. org/external/np/exr/ib/2000/041200to. htm.

Illich, I. (1971). *Deschooling society.* New York: Harper & Row.

International trends in higher education. (2015). The International Strategy Offce: Oxford.

Iriye, A. (2002). *Global community: The role of international organizations in the making of the contemporary world.* Berkeley: University of California Press.

Jacob, J. (2015). I globalisation and higher education policy reform. In J. Zajda. (2015). (Ed.). Second international handbook of globalisation, education and policy research. Dordrecht: Springer. http://www. springer. com/gp/book/9789401794923.

Jameson, F. (1983). Postmodernism and consumer society. In H. Foster (Ed.), *The anti-aesthetic: Essays on postmodern culture.* Seattle: Bay Press.

Jameson, F. (1991). *Postmodernism or the cultural logic of late capitalism.* Durham Duke University Press.

Jantsch, E. (1980). *The self-organizing universe.* Oxford: Pergamon.

Jarvis, P. (2002). Globalisation, citizenship and the education of adults in contemporary society. In M. Schweisfurth, L. Davies, & C. Harber (Eds.), *Learning democracy and citizenship: International experiences* (pp. 273 - 289). Oxford: Symposium Books.

Jayasuriya, J. (1962). Current educatioanl trends and controversies in Ceylon. *International Review of Education*, 8(3 - 4), 292 - 299.

Jennings, Z. (2000). Functional literacy of young Guyanese adults. *International Review of Education*, 46(1/2), 93 - 116.

Jensen, I. (2000). *The practice of intercultural communication.* Retrieved from http:// www. immi. se/intercultural/nr6/jensen. rtf

Jones, P. (2000). Globalisation and internationalism: Democratic prospects for world education. In N. Stromquist & K. Monkman (Eds.), *Globalisation and education: Integration and contestation across cultures.* Boulder: Rowman and Littlefeld.

Kabir, H. (1955). Education in India: A bird's-eye view. *International Review of Education*, 1(1), 48 - 65.

Kandel, I. (1933). *Comparative education.* Boston: Houghton Miffin.

Kandel, I. (1937). *Twenty-fifth yearbook.* Chicago: National Society of Colleges of Teacher Education: University of Chicago Press.

Kandel, I. (1956). Problems of comparative education. *International Review of Education*, 2(1), 1 - 15.

Kandel, I. (1957). Equalizing educational opportunities and its problems. *International Review of Education*, 3(1), 1 - 10.

Kane, K. (1993). Senegal. *The impact of structural adjustment on the population of*

Africa (A. Adepoju, Ed.). London: James Currey.

Kant, I. (1929). *Critique of pure reason*. New York: St. Martin's Press.

Kant, I. (1990). *The critique of pure reason; The Critique of practical reason, and other ethical treatises; The critique of judgement*. Chicago: Encyclopaedia Britannica.

Kazamias, A. (1962). History, science and comparative education: A study in methodology. *International Review of Education*, 8(3 – 4),383 – 397.

Kazamias, A. (1966). *Education and the quest for modernity in Turkey*. Chicago: University of Chicago Press.

Keane, J. (2003). *Global civil society?* Cambridge: Cambridge University Press.

Kellner D. (2005). Globalization, terrorism and democracy: 9/11 and its aftermath. In P. Hayden & C. el-Ojeili, (Eds.), *Confronting globalization. international political economy*. London: Palgrave Macmillan,

Kelly, G., & Nihlen, A. (1982). Schooling and the reproduction of patriarchy. In M. Apple (Ed.), *Cultural and economic reproduction in education*. London: Routledge and Kegan Paul.

Kenya. (1996). *The eighth national development plan 1997 – 2001*. Nairobi: Government Printers.

Ketsdever, N. (2019). *What are some good criticisms of postmodernism?*. Retrieved from https://www. quora. com/What-are-some-good-criticisms-of-postmodernism.

Khoi, L. T. (1986). Toward a general theory of education. *Comparative Education Review*, 30,12 – 29.

Khoo, G. (1994). *The role of assumptions in intercultural research and consulting: Examining the interplay of culture and confict at work*. Paper Presented at Simon Fraser University at Harbour Centre.

King, A. (Ed.). (1997). *Culture, globalization and the world system*. Minneapolis: University of Minnesota Press.

King, E., & McGrath, S. (2002). *Globalisation, enterprise, and knowledge: Education, training and development in Africa*. London: Symposium Books.

Kinsey, D.C. (1971). Efforts for educational synthesis under colonial rule: Egypt and Tunisia. *Comparative Education Review*, 15,172 – 187.

Kiwan, D. (2015). *Human rights and citizenship education*. Oxford: Routledge.

Klees, S. (2002). World bank education policy, new rhetoric, old ideology. *International Journal of Educational Development*, 22(5),451 – 474.

Kneller, G. (1963). The prospects of comparative education. *International Review of Education*, 9(4),396 – 404.

Knight, J. (2008). *Higher education in turmoil: The changing world of internationalization*. Rotterdam: Sense Publisher.

Knowles, R., Torney-Purta, J., & Barber, C. (2018). Enhancing citizenship learning with international comparative research: Analyses of IEA civic education datasets. *Citizenship Teaching & Learning*, 13 (1). Retrieved fromhttps://digitalcommons.

usu. edu/cgi/viewcontent. cgi?article = 3403 & context = teal_facpub

Kogan, M. , & Teichler, U. (Eds.). (2007). *Key challenges to the academic profession*. UNESCO Forum on Higher Education Research and Knowledge. Paris/ Kassel: Werkstattberichte. Retrievedfrom: http://portal. unesco. org/education/en/ fles/54977/11970234265Key _ Challanges _ Academic _ Profession _ REV. pdf/Key _ Challanges_Academic_Profession_REV. pdf

Kolb, D. (1984). *Experiential learning: Experience as the source of learning and development*. Englewood Cliffs New: Prentice-Hall.

Kovalchuk, S. , & Rapoport, A. (2019). *Democratic citizenship education in non-Western context*. Abington/Oxford: Routledge.

Kuhn, T. (1969). *The structure of scientifc revolutions*. Chicago: University of Chicago Press.

LaBelle, T. , & Hawkins, J. (Eds.). (1991). *Education and multiethnic integration*. New York: Praeger.

Lähdesmäki, T. , Koistinen, A. K. , & Ylönen, S. C. (2020). Data and methods: A conceptual approach to intercultural dialogue. In *Intercultural dialogue in the European education policies*. Palgrave Macmillan. https://doi. org/10. 1007/978-3-030-41517-4_2.

Langman, L. , & Morris, D. (2007). *Globalization, cyberspace and identity*. Unpublished paper.

Lash, S. (1990). *Sociology of Postmodernism*. New York/London: Routledge.

Lash, S. , & Urry, J. (1987). *The end of organised capitalism*. Cambridge: Polity Press.

Lauglo, J. (1995). Forms of decentralisation and their implications for education. *Comparative Education*, 31(1), 5 – 29.

Lechner, F.J. , & Boli, J. (Eds.). (2001). *The globalization reader*. Malden: Blackwell Publishers.

Lee, E. (2016). Intercultural dialogue in theory and practice: A review. *Journal of Multicultural Discourses*, 11(2), 236 – 242.

Lerner, D. (1958). *The passing of traditional society*. New York: Free Press.

Lerner, D. , & Lasswell, H. (Eds.). (1951). *The policy sciences: Recent developments in scope and method*. Stanford: Stanford University Press.

Levin, H. (1987). Work and education. In G. Psacharopoulos (Ed.), *Economics of education* (pp. 146-157). Oxford: Pergamon Press.

Levinas, E. (1998). *Entre nous: On thinking-of-the-other*. London: Athlone Press.

Levrau, F. , & Loobuyck, P. (2018). Introduction: Mapping the multiculturalism-interculturalism debate. *Comparative Migration Studies*, 6(13), 1 – 13.

Lipset, S. M. (1959). Some social requisites of democracy: economic development and political legitimacy. *American Political Science Review*, 53, 69 – 105.

Lipset, S. M. (1963). *Political man: The social bases of politics*. Garden City/New York: Doubleday

Litvack, J. (2003). *Education and decentralization*. New York: The World Bank.

Locke, W., Cummings, W., & Fisher, D. (Eds.). (2011). *Changing governance and management in higher education: The perspectives of the academy*. Dordrecht: Springer.

Love, M. C. (Ed.). (2003). *Beyond sovereignty: Issues for a global agenda*. Washington, DC: Thomson Wadsworth.

Lutatala, M., & Kintambu, M., et al. (1993). *Zaire. The impact of structural adjustment on the population of Africa* (A. Adepoju, Ed.). London: Currey.

Lyotard, J.-F. (1984). *The postmodern condition: A report on knowledge*. Minneapolis: University of Minnesota Press.

Lyotard, J.-F. (1988). *The differend: Phrases in dispute*. Minneapolis: University of Minnesota Press.

Macintosh, D. (1958). Thoughts on the education of Africans in a senior secondary school in Uganda. *International Review of Education*, 4(4), 460.

MacNaughton, G., & Koutsioumpas, K. (2017). Universal human rights education in the post-2015 Development Agenda Gillian. In J. Zajda & S. Ozdowski (Eds.), *Globalisation and human rights education*. Dordrecht: Springer.

Majhanovich, S. (2006). Immigrant Students and Canadian Education: Compromised Hopes. *Education and Society*, 24(1), 5 – 26.

Majhanovich, S. (2020). Neo-liberalism in a globalized world: The case of Canada. In J. Zajda (Ed.), *Globalisation, ideology and neo-liberal higher education reforms*. Dordrecht: Springer.

Malkova, Z. (1965). The American comprehensive high school today. *International Review of Education*, 11(3), 257 – 259.

Mander, J., & Goldsmith, E. (Eds.). (1992). *The case against the global economy: And for a turn toward the local*. San Francisco: Sierra Club Books.

Mann, H. (1844). Mr. Mann's seventh annual report: Education in Europe. *Common School Journal*, 6, 72.

Marginson, S. (2006). Dynamics of national and global competition in higher education. *Higher Education*, 52, 1 – 39.

Marginson, S. (2010). Global comparisons and the university knowledge economy. In V. D. Rust, L. M. Portnoi, & S. S. Bagley (Eds.), *Higher education, policy, and the global competition phenomenon*. New York: Palgrave Macmillan.

Marx, K., & Engels, F. (1848/1969). *Selected works* (Volume One, pp. 98 – 137). Moscow: Progress Publishers.

Masemann, V. (1976). Anthropological approaches to comparative education. *Comparative Education Review*, 20, 368 – 380.

Masemann, V. (1990). Ways of knowing. *Comparative Education Review*, 20, 465 – 473.

Massa, J. (2003). *Teaching and learning in a multicultural classroom*. Melbourne: James Nicholas Publishers.

Mattelart, A. (1976). Cultural imperialism in the multinationals age. *Instant Research on*

Peace and Violence, 6(4),160 - 174.

McClelland, D. (1961). *The achieving society*. New York: Free Press.

McDowell, D. (1980). The impact of the national policy on education on indigenous education in Nigeria. *International Review of Education*, 26(1),49 - 63.

McEwen, P. J., & Carnoy, M. (2000). The effectiveness and effciency of private schools in Chile's voucher system. *Educational Evaluation and Policy Analysis*, 22 (3), 213 - 239.

McGinn, N. (1997). The impact of globalization on national educational systems. *Prospects*, 28(1),41 - 54.

McGovern, S. (1999). *Education, modern development, and indigenous knowledge*. New York: Garland Press.

McInerney, V. (2015). *Multiculturalism in today's schools: Have teachers' attitudes changed over two decades*? Mercy Corps: SELF Research Centre. Retrieved from http://www. globalenvision. org/teachers.

McLaren, P. (2001). The role of critical pedagogy in the globalization era and the aftermath of September 11,2001. *Revista electronica de investigacion educative*, 3(2).

McLaren, P., & Farahmandpur, R. (2005). *Teaching against global capitalism and the new imperialism*. Lanham: Rowman & Littlefeld.

McLean, I. W. (1989). Growth in a small open economy: An historical view. In Bruce Chapman (ed.), *Australian economic growth* (pp. 7 - 33). Melbourne: Macmillan.

Mehrotra, S., & Delamonica, H. (1998). Household costs and public expenditure on primary education in low-income countries: A comparative analysis. *International Journal of Educational Development*, 18(1),41 - 61.

Meyer, J. W., et al. (1977). The world educational revolution, 1950 - 1970. *Sociology of Education*, 50,242 - 258.

Meyer, H.-D., & Benavot, A. (2013). *PISA, power, and policy. The emergence of global educational governance*. Oxford: Symposium Books.

Mieszalski, S. (1995). Polish education: Face to face with challenges and threats. In V. D. Rust, P. Knost & J. Wichmann (Eds.), *Education and the values crisis in Central and Eastern Europe*. Frankfurt am Main: Peter Lang.

Milanovic, B. (2012). *Global income inequality by the numbers: In history and now: An overview*. World Bank. Retrieved from: http://elibrary. worldbank. org/doi/book/10. 1596/1813-9450-6259.

Milanovic, B. (2013). *The winners and losers of globalization: Finding a path to shared prosperity*. Seminar presented on October, 25, 2013. Retrieved from: http://www. worldbank. org/en/news/feature/2013/10/25/. The-Winners-and-Losers-of-Globalization-Finding-a-Path-to-Shared-Prosperity.

Milanovic, B. (2016). *Global inequality: A new approach for the age of globalization*. Harvard: Harvard University Press.

Mitter, W. (1977). Challenges to comparative education: Between retrospect and expectation. *International Review of Education*, 43(5 – 6),401 – 412.

Mohrman, K., & Wang, Y. (2010). China's drive for world class universities. In V. D. Rust, L. M. Portnoi, & S. S. Bagley (Eds.), *Higher education, policy, and the global competition phenomenon*. New York: Palgrave Macmillan.

Mohrman, K., Ma, W., & Baker, D. (2008). The Research university in transition: The emerging global model. *Higher Education Policy*, 21,5 – 27.

Mok, K.-H. (2002). *Globalization and education: The quest for quality education in Hong Kong*. Hong Kong: Hong Kong University Press.

Mok, K. H. (2015). Higher education transformations for global competitiveness: Policy responses, social consequences and impact on the academic profession in Asia. *Higher Education Policy*, 28,1 – 15. https://doi.org/10.1057/hepp.2014.27.

Monaghan, C., & Spreen, C. A. (2017). From human rights to global citizenship education: Movement, migration, confict and capitalism in the classroom. In J. Zajda (Ed.), *Globalisation and Human Rights Education*. Dordrecht: Springer.

Morrow, R. A., & Torres, C. A. (2003). The state, social movement, and educational reform. In R. A. Morrow & C. A. Torres (Eds.), *Comparative education: The dialectic of the global and the local* (pp. 92 – 114). Lanham: Rowman and Littlefeld Publishers.

Moses, M., & Nanna, M. (2007). The testing culture and the persistence of high stakes testing reforms. *Education and Culture*, 23(1),55 – 72.

Mozo, S. M., & Basquez, J. (1988). *Salvadorian migration to the U. S.* Washington, DC: Center for Immigration Policy Refugee Assistance.

Murphy, C. (1994). *International organization and industrial change*. New York: Oxford University Press.

Murray, C. (2003). *Human accomplishment*. New York: Harper Collins Publishers.

Naik, J. (1979). Equality, quality and quantity: The elusive triangle in Indian education. *International Review of Education*, 25(2 – 3),41 – 59.

Nash, P. (1977). A humanistic gift from Europe: Robert Ulich's contribution to comparative education. *Comparative Education Review*, 21,147 – 150.

Neave, G. (2001). *Globalization: Threat, opportunity or both?* London: International Association of Universities.

Nehamas, A. (1985). *Nietzsche: Life as literature*. Cambridge: Harvard University Press.

Ninnes, P. (2000). Representations of Indigenous knowledges in secondary school science textbooks in Australia and Canada. *International Journal of Science Education*, 22(6), 603 – 617.

Ninnes, P., & Mehta, S. (Eds.). (2004). *Re-imagining comparative education*. New York/London: Routledge Falmer.

Nir, A., Kondakci, Y., & Emil, S. (2018). Travelling policies and contextual considerations: On threshold criteria. *Compare*, 48(1),21 – 38.

Nisbet, R. (1971). *The degradation of the academic dogma*. London: Heinemann.

Noah, H., & Eckstein, M. (1969). *Toward a science of comparative education*. London: Collier Macmillan.

Noguera, P. A. (1998). Confronting the challenge of privatization in public education. *Motion Magazine*. Retrieved from https://inmotionmagazine. com/pnpriv1. html

Noll, V. (1958). International cooperation in educational research. *International Review of Education*, 4(1), 77 – 85.

Ntshoe, I., & Letseka, M. (2010). Policy and practices on quality assurance and global competitiveness in higher education. In V. D. Rust, L. M. Portnoi, & S. S. Bagley (Eds.), *Higher education, policy, and the global competition phenomenon*. New York: Palgrave Macmillan.

Obasi, E. (2000). The impact of economic recession on UPE in Nigeria. *International Journal of Educational Development*, 20, 189 – 207.

OECD. (2001). *Education policy analysis: Education and skills*. Paris: OECD.

OECD. (2009). *Education at a glance. OECD Indicators*. Paris: OECD.

OECD. (2013). *Crisis squeezes income and puts pressure on inequality and poverty*. Retrieved from: http://www. oecd. org/els/soc/OECD2013-Inequality-and-Poverty-8pp. pdf

OECD. (2014). *OECD StatExtracts*. Paris: Organisation for Economic Co-operation and Development.

OECD. (2018a). *The OECD education policy outlook: Putting student learning at the centre*. Paris: OECD.

OECD. (2018b). *Inequality*. Retrieved from http://www. oecd. org/social/inequality. htm.

OECD. (2019a). *Education policy outlook: Working together to help students achieve their potential*. Paris: OECD.

OECD. (2019b). *Education at a glance. OECD indicators*. Paris: OECD. Retrieved from http://www. oecd. org/education/education-at-a-glance-19991487. htm/? refcode = 20190209ig.

Olssen, M. (2020). Globalisation, neoliberalism and laissez-faire: The retreat from naturalism. In J. Zajda (Ed.), *Globalisation, ideology and neo-liberal higher education reforms*. Dordrecht: Springer.

Omwami, E. (2010). *Relative-change theory: Examining the impact of patriarchy, paternalism, and poverty on the education of women in Kenya*. Retrieved from https://www. tandfonline. com/doi/abs/10. 1080/09540251003674105

Omwami, E. (2018). Devolution and public university infrastructure development in Kenya: A post-2000 rights-based development agenda. In J. Zajda (Ed.), *Globalisation and education reforms: Paradigms and ideologies*. Dordrecht: Springer.

Omwami, E., & Rust, V. (2020). Globalization, nationalism, and inclusive education for all: A refection on the ideological shifts in education reform. In J. Zajda (Ed.),

Globalisation, ideology and neo-liberal higher education reforms (book 21). Dordrecht: Springer.

Orata, P. (1960). Facts, problems and progress of education in the world of today. *International Review of Education*, 5(1), 10 – 13.

Ornstein, A. C. (1989). Centralization and decentralization of large public school districts. *Urban Education*, 24(2), 233 – 235.

Ozdowski, S. (2005). Human rights: A report card for Australia. *Political Crossroads*, 12(3), 1 – 88.

Ozdowski, S. (2009a). Human rights and the Beijing olympics. *Political Crossroads*, 16(1), 51 – 74.

Ozdowski, S. (2009b). An absence of human rights: Children in detention. *Political Crossroads*, 16(2), 39 – 72.

Ozdowski, S. (2015). Human rights education in Australia. In J. Zajda (Ed.), *Second international handbook on globalisation, education and policy research* (pp. 537 – 555). Dordrecht: Springer.

Paulston, R. (1993). Comparative education as an intellectual feld: Mapping the theoretical landscape. *Comparative Education*, 23(2), 101 – 114.

Paulston, R. (Ed.). (1997). *Social cartography: Mapping ways of seeing education and social change*. New York: Garland Publishing.

Paulston, R. (2000). *Imagining comparative education: Past, present, future*. British Association for International and Comparative Education.

Peirce, C. S. (1968). *How to make our ideas clear*. Frankfurt am Main: V. Klostermann.

Phillips, D. (1989). Neither a Borrower nor a Lender Be? The problems of cross-national attraction. *Comparative Education*, 25(3), 267 – 274.

Phillips, D. (2000). Learning from elsewhere in education: Some perennial problems revisited with reference to British interest in Germany. *Comparative Education*, 36(3), 297 – 307.

Phillips, D. (2004). *Educational borrowing policy: Historical and contemporary perspectives*. Comparative and International Education Society Annual Meeting, Salt Lake City, Utah.

Phillips, D. (2015). Policy borrowing in education: Frameworks for analysis. In J. Zajda (Ed.), *Second international handbook of globalisation, education and policy research*. Dordrecht: Springer.

Phillips, D., & Ochs, K. (2003). Processes of policy borrowing in education: Some explanatory and analytical devices. *Comparative Education*, 39(4), 451 – 461.

Plank, D., & Sykes, G. (1999). How choice changes the education system: A Michigan Case Study. *International Review of Education*, 45(5 – 6), 385 – 416.

Popkewitz, T. (Ed.). (1993). *Changing patterns of power: Social regulation and teacher education reform*. Albany: New York, State University of New York Press.

Portera, A. (2008). Intercultural education in Europe: Epistemological and semantic aspects. *Intercultural Education*, 19(6), 481 – 491.

Prakash, M., & Esteva, G. (1998). *Escaping education: Living as learning within grassroots cultures*. New York: Peter Lang.

Price, R. F. (2003). Comparative education redefned? In E. R. Beauchamp (Ed.), *Comparative education reader* (pp. 95 – 110). New York/London: Routledge Falmer.

Prigogine, I., & Stengers, I. (1984). *Order out of chaos: Man's new dialogue with nature*. New York: Bantam Books.

Psacharopoulos, G. (1989). Why educational reforms fail: A comparative analysis. *International Review of Education*, 35(2), 179 – 195.

Psacharopoulos, G. (1990). Comparative education: From theory to practice, or are you a:\neo. * or b:\ist? *Comparative Education Review*, 34, 369 – 380.

Psacharopoulos, G. (1995). Evaluation of education and training. *International Review of Education*, 41(3 – 4), 259 – 284.

Rabinow, P. (Ed.). (1984). *Foucault reader*. New York: Pantheon Books.

Rafoni, B. (2003). Interculturalities: Intercultural research. Balance sheet in France. *Question de Communication*, 2003(4), 13 – 26.

Rahman, A. (1962). Educational developments in Asia. *International Review of Education*, 8(3 – 4), 257 – 274.

Rama, G., & Tedesco, J. (1979). Education and development in Latin America. *International Review of Education*, 25(2 – 3), 61 – 85.

Ramirez, F., & Boli-Bennett, J. (1982). Global patterns of educational institutionalization. In P. Altbach, R. F. Arnove, & G. Kelly (Eds.), *Comparative education* (pp. 15 – 36). New York: McMillan.

Ramirez, F., & Rubinson, R. (1979). Creating members: The political incorporation and expansion of public education. In J. Meyer & M. T. Hannan (Eds.), *National development and the world system: educational, economic, and political change, 1950 – 1970* (pp. 72 – 84). Chicago/London: University of Chicago Press.

Rapoport, A. (2015). Challenges and opportunities: Resocialization as a framework for global citizenship education. In J. Zajda (Ed.), *Globalisation, ideology and politics of education reforms*. Dordrecht: Springer.

Rastegar, F. (1988). *The education of Afghan refugees in Pakistan education*. Los Angeles: University of California, Los Angeles.

Recum, H. (1984). The identity crisis of educational planning. *International Review of Education*, 30(2), 141 – 153.

Regnault, E. (2006). Good practices in intercultural education in Europe. *Education and Society*, 24(1), 45 – 56.

Rhoads, R., Torres, C., & Brewster, A. (2005). Neoliberalism, globalization, and Latin American Higher Education: The challenge to national universities. In J. Zajda (Ed.), *The international handbook of globalisation and education policy research* (pp. 131 –

145). Dordrecht: Springer.

Rikowski, G. (2000, April 10). *Education and Social Justice within the Social Universe of Capital*. Paper presented at the BERA day seminar on 'Approaching Social Justice in Education: Theoretical Frameworks for Practical Purposes', Faculty of Education, Nottingham Trent University.

Roberts, S. (1946). Intercultural research in the Americas. *American Journal of Economics and Sociology*, 5(4), 468 – 468.

Robertson, R. (1992). *Globalization: Social theory and global culture*. London: Sage.

Robertson, S. (2012). World-class higher education (for whom?). *Prospects*, 42(3), 237 – 245.

Robertson, R., & Khondker, H. (1998). Discourses of globalization: Preliminary considerations. *International Sociology*, 13(1), 25 – 40.

Roosens, E. (1994). Education for living in pluriethnic societies. Frontiers in the education of young adolescents. In P. Dalin (Ed.). *Towards schooling for 21st century*. London: Continuum.

Rorty, R. (1980). *Philosophy and the mirror of nature*. Princeton: Princeton University Press.

Rorty, R. (1989). *Contingency, irony, and solidarity*. Cambridge: Cambridge University Press.

Rorty, R. (1990). The dangers of over-philosophication: Reply to Archilla and Nicholson. *Educational Theory*, 40, 41 – 45.

Rorty, R. (2004). *Anti-terrorism and the national security state*. Retrieved from https://onlinelibrary.wiley.com/doi/abs/10.1111/j.2050-5876.2015.00861.x.

Rosenau, J. N. (2003). *Distant proximities: Dynamics beyond globalization*. Princeton/Oxford: Princeton University Press.

Roucek, J. (1964). Milestones in the history of the education of the Negro in the United States. *International Review of Education*, 10(2), 162 – 163.

Russell, B. (1931). *The scientifc outlook*. New York: W. W. Norton.

Russell, B. (1945). *A history of Western philosophy*. New York: Simon and Schuster.

Rust, V. (1968). The common school issue: A case of cultural borrowing. In W. Correll & F. Süllwold (Eds.), *Forschung und Erziehung* (pp. 86 – 97). Donauwoerth.

Rust, V. (1977). *Alternatives in education*. London: Sage.

Rust, V. (1989). *The democratic tradition and the evolution of Schooling in Norway*. Westport: Greenwood Press.

Rust, V. (1991). Postmodernism and its comparative education implications. *Comparative Education Review*, 35, 610 – 626.

Rust, V. (1992). Educational responses to reforms in East Germany, Czechoslovakia, and Poland. *Phi Delta Kappan*, 73(5), 390 – 394.

Rust, V. (1997). The German image of American Education through the Weimar Period. *Paedagogica Historica: International Journal of the History of Education*, 33(1),

25 – 44.

Rust, V. (2002). The meanings of the term comparative in comparative education. *World Studies in Education*, 3(1),53 – 68.

Rust, V. (2003a). Theory in comparative education. *World Studies in Education*, 4(1), 5 – 28.

Rust, V. D. (2003b). Globalisation. In D. Groux (Ed.), *Dictionnaire d'éducation comparée* (pp. 305 – 308). Paris: L'Harmattan.

Rust, V., & Jacob, J. (2005). Globalisation and its educational policy shifts. In J. Zajda (Ed.), *The international handbook of globalisation and education policy research* (pp. 235 – 252). Dordrecht: Springer.

Rust, V.D., & Kim, S. (2015). Globalisation and global university rankings. In J. Zajda (Ed.), *Second international handbook of globalisation, education and policy research*. Dordrecht: Springer.

Rust, V., & Rust, D. (1995). *The unifcation of German education*. New York: Garland.

Rust, V., & Wells, T. (Eds.). (2003). Educational reform in Western Europe. *Educational encyclopedia*. New York: Macmillan.

Rust, V., Knost, pp., et al. (Eds.). (1994). *Education and the values crisis in Central and Eastern Europe* (Komparatistische Bibliothek). Frankfurt am Main: Peter Lang.

Rust, V., Laumann, L., Henrickson, L., & Faison, S. (2000). *Theory in comparative education*. Paper presented at the Annual Conference of the Comparative and International Education Society, at Orlando, Florida.

Rust, V., Johnstone, B., & Allaf, C. (2009). Refections on the development of comparative education. In R. Cowen & A. Kazamias (Eds.), *International handbook of comparative education* (Vol. 22). Dordrecht: Springer.

Sabour, M. (2005). The impact of globalisation on the mission of the university. In J. Zajda (Ed.), *The international handbook of globalisation and education policy research* (pp. 189 – 205). Dordrecht: Springer.

Sabour, M. (2015). The impact of globalisation on the mission of the university. In J. Zajda (Ed.), *New international handbook of globalisation, education and policy research*. Dordrecht: Springer.

Saha, L. (2005). Cultural and social capital in global perspective. In J. Zajda (Ed.), *The international handbook of globalisation and education policy research* (pp. 745 – 755). Dordrecht: Springer.

Saijid, H., & Ashraf, A. (1979). *Crisis in Muslim education*. Jeddah: Hodder and Stoughton/King Abdulaziz University.

Samoff, J. (2003). Institutionalizing international infuence. In R. F. Arnove & C. A. Torres (Eds.), *Comparative education: The dialectic of the global and the local*. New York: Rowman and Littlefeld Publishers.

Samonte, Q. S. (1963). Some problems of comparison and the development of theoretical models in education. *Comparative Education Review*, 6, 177 - 181.

Sassen, S. (1998). *Globalization and its discountents*. New York: New York Press.

Saunders, D. (2010). Neoliberal ideology and public higher education in the United States. *Journal for Critical Education Policy Studies*, 8(1), 42 - 77.

Schieve, W., & Allen, P. (1982). *Self-organization and dissipative structures: Applications in the physical and social sciences*. Austin: Texas, University of Texas Press.

Schiller, H. (1976). *Communication and cultural domination*. White Plains: ME Sharpe.

Schiller, H. (1989). *Culture, Inc*. New York: Oxford University Press.

Schiller, H. (1992). *Mass communication and American empire* (2nd ed.). Boulder: Westview Press.

Schneider, F. (1943). *Geltung und Einfuesse der deutschen Paedagogik im Ausland*. Muenchen: R. Oldenbourg.

Schneider, F. (1961a). *Vergleichende Erziehungswissenschaft*. Heidelberg: Quelle und Meyer.

Schneider, F. (1961b). European education. *Comparative Education Review*, 36(3), 333 - 342.

Schultz, T. (1971). *Investment in human capital*. New York: Free Press.

Schriewer, J. (1999). *Coping with complexity in comparative methodology*. Retrieved from https://link. springer. com/book/10. 1007%2F978-1-4020-9547-4

Schwartz, K. (1971). Filipino education and Spanish colonialism: Toward an autonomous perspective. *Comparative Education Review*, 15, 202 - 218.

Schwarz, F., Hunger, A., & Werner, S. (2003). *Measures to improve the globalisation in higher education*.

Semali, L., & Kincheloe, J. (Eds.). (1999). *What is indigenous knowledge?* New York/London: Falmer Press.

Shaeffer, S. (1991). *School and community collaboration for educational change: Report of an IIEP seminar*. Paris: International Institute for Educational Planning.

Sheehan, P. (2005). Foreword. In J. Zajda (Ed.), *The international handbook of globalisation and education policy research* (pp. xiii). Dordrecht: Springer.

Sirota, S. (2017). The role of human rights education in social movements: Case studies in South Africa and the United States. In J. Zajda (Ed.), *Globalisation and human rights education*. Dordrecht: Springer.

SJTUIHE. (2008). *Academic ranking of world universities*. http://ed. sjtu. edu. cn/ranking. htm.

Sklair, L. (1991). *Sociology of the global system*. New York: Harvester/Wheatsheaf.

Sklair, L. (1999). Competing conceptions of globalization. *Journal of World-Systems Research*, 5, 143 - 162. http://csf. colorado. edu/jwsr/archive/vol5/vol5 _ number2/html/sklair/index. html.

Sklair, L. (2001). *The transnational capitalist class*. Oxford: Blackwell.

Sklair, L. (2002). *Globalization: Capitalism and its alternatives*. Oxford: Oxford University Press.

Slaughter, S., & Leslie, L. L. (1997). *Academic capitalism: Politics, policies, and the entrepreneurial university*. Baltimore: Johns Hopkins University Press.

Slaughter, S., & Rhoades, G. (2004). *Academic capitalism and the new economy*. Baltimore: Johns Hopkins University Press.

Smelser, N. J. (1976). *Comparative methods in the social sciences*. Englewood Cliffs: PrenticeHall, Inc.

Smith, A. (1991). *National Identity*. Penguin.

Smith, A. (2010). *The infuence of education on confict and peace building*. Background paper prepared for the Education for All Global Monitoring Report 2011. New York: UNESCO.

Smolicz, J. (2005). Globalisation, Cultural Diversity, and Multiculturalism: Australia. In J. Zajda (Ed.), *The international handbook of globalisation and education policy research* (pp. 207 – 220). Dordrecht: Springer.

Spreen, C. A. & Monaghan, C. (2015). Leveraging diversity to become a global citizen: Lessons for human rights education, In Bajaj, M (Ed.), *Human Rights Education: Theory, Research & Praxis*. London: Routledge.

Stations, Association of Public Television (2001). *Internet access statistics*. http://www. apts. org/html/digital/broadband/internet_stats. htm.

Statistics, National Center for Education. (2002). *Index of internet connectivity*. London/Portsmouth: National Statistics Education/Heinemann.

Steiner-Khamsi, G. (1999). Teacher education reform. *Comparative Education Review*, 43(3), 353 – 361.

Steiner-Khamsi, G. (2004). *Lessons from elsewhere: The politics of educational borrowing and lending*. New York: Teachers College Press.

Steiner-Khamsi, G. (Ed.). (2006). *Educational import in Mongolia: Local encounters with global forces*. New York: Palgrave Macmillan.

Stellwag, H. (1957). Problems and trends in Dutch education. *International Review of Education*, 3(1), 54 – 68.

Stenhouse, L. (1961). Educational decisions as units of study in an explanatory comparative education. *International Review of Education*, 35(2), 179 – 195.

Stenhouse, L. (1979). Case study in comparative education: Particularity and generalization. *Comparative Education*, 15(1), 5 – 10.

Stiglitz, J. (2002). *Globalization and its discontents*. New York: Penguin.

Stiglitz, J. E. (2003). *Globalization and its discontents*. London/New York: W. W. Norton and Company.

Stowe, C. (1930). Report on elementary public instruction in Europe. In E. Knight (Ed.), *Reports on European education*. New York: McGraw Hill.

Štrajn, D. (2018). The Intercultural dialogue: Preparing teachers for diversity. *International Review of Education*, 64(3), 411 - 413.

Stromquist, N. (1990). Gender inequality in education: Accounting for women's subordination. *British Journal of Sociology of Education*, 11, 137 - 154.

Stromquist, N., & Monkman, K. (Eds.). (2000). *Globalization and education: Integration and contestation across cultures*. Lanham: Rowman and Littlefeld.

Taylor, C. (1989). *Sources of the self: The making of modern identity*. Cambridge, MA: Harvard University Press.

Taylor, C. (2012). Interculturalism or multiculturalism? *Philosophy and Social Criticism*, 70(4 - 5), 413 - 423.

Templeton, R. G. (1958). Some refections on the theory of comparative education. *Comparative Education Review*, 2, 27 - 31.

Teune, H. (1998). *The concept of globalization*. Paper presented at Paper for Research Committee, Number 35, Committee on Conceptual and Terminological Analysis, 14th World Congress, International Sociological Association, August 1998, Montreal.

Teune, H. (2002). *Is globalization an American ideology?* Paper delivered at the XV World Congress, International Sociology Association, Brisbane, Australia, 2002.

The Human Rights Risk Atlas. (2015). Retrieved from: https://maplecroft. com/themes/hr/.

The Millennium Development Goals Report. (2015). New York: United Nations. Retrieved from: http://www. un. org/millenniumgoals/2015 _ MDG _ Report/pdf/MDG%202015%20rev%20(July%201). pdf

Thomas, R. M. (1986). Political rationales, human development theories, and educational practice. *Comparative Education Review*, 30, 299 - 320.

Tibbitts, F. (2008). Human rights education. In M. Bajaj (Ed.), *Encyclopedia of peace education*. Charlotte: Information Age Publishing. Retrieved from: http://www. tc. columbia. edu/centers/epe/entries. html.

Tibbitts, F. (2012). *Understanding what we do: Emerging models for human rights education*. Retrieved from: https://www. academia. edu/836925/Understanding_what_we_do_Emerging_models_for_human_rights_education.

Times. (2008). World university rankings. *Times Higher Educational Supplement*. Retreived from http://www. topuniversities. com/worlduniversityrankings/

Tjeldvoll, A., & Holmesland, I. (Eds.). (1997). *Globalization and education: Essays on quality of equality*. Oslo: University of Oslo.

Toffer, A. (1990). *Powershift*. New York: Bantam.

Tomlinson, J. (1999). *Globalization and culture*. Chicago: University of Chicago Press.

Tonelson, A. (2000). The race to the bottom. Boulder: Westview Press.

Tsyrlina-Spady, T., & Lovorn, M. (2015). Patriotism, history teaching, and history textbooks in Russia: What was old is new again. In J. Zajda (Ed.), *Globalisation, ideology and politics of education reforms*. Dordrecht, NE: Springer.

Tulasiewicz, W. (2015). The role of language awareness in promoting intercultural coexistence. In J. Zajda (Ed.), *Globalisation, ideology and politics of education reforms*. Dordrecht: Springer.

Tulasiewicz, W., & Zajda, J. (1998). *Language awareness in the school curriculum*. Melbourne: James Nicholas Publishers.

Turner, A., & Yolcu, H. (Eds.). (2014). *Neo-liberal educational reforms: A critical analysis*. London: Routledge.

Turner, D. (2020). Globalisation aand neo-liberal higher education reforms. In J. Zajda (Ed.), (2015) *Second international handbook of globalisation, education and policy research* (pp. 141 - 149). Dordrecht: Springer. http://www. springer. com/gp/book/9789401794923.

Understanding tomorrow: A research report on trends in higher education and their impact on UK. (2014). Retrieved from: http://uknow. uky. edu/sites/default/fles/trends_report_04.01.14. pdf.

UNESCO. (2017a). *World education report*. Paris: UNESCO.

UNESCO. (2017b). *UNESCO and education*. Paris: UNESCO.

UNESCO. (2017c). *Global education monitoring report 2017/8. Accountability in education: Meeting our commitments*. Paris: UNESCO.

UNESCO. (2018). *World development report. Learning to Realize education's promise*. Paris: UNESCO Publishing.

UNESCO. (2020). World report investing in cultural diversity and intercultural dialogue. Paris: UNESCO. Retrieved from: https://www. un. org/en/events/culturaldiversityday/pdf/Investing_in_cultural_diversity. pdf

UNICEF. (2011). *The role of education in peacebuilding: Literature review*. New York: United Nations Children's Fund.

United Nations. (1948). *The universal declaration of human rights*. New York: UN. Retrieved from https://www. un. org/en/universal-declaration-human-rights/

United Nations. (2015). *The Millennium Development Goals*. Retrieved from https://www. un. org/millenniumgoals/2015 _ MDG _ Report/pdf/MDG% 202015% 20rev% 20 (July%201). pdf

United Nations. (2020). *Inequality in a rapidly changing world*. New York: UN.

van Elteren, M. (2014). Reconceptualizing 'cultural imperialism' in the current era of globalization. In R. S. Fortner & P. M. Fackler (Eds.), *The handbook of media and mass communication theory* (pp. 400 - 419). New York: Wiley.

van Fraassen, B.C. (2002). *The Empirical Stance*. New Haven/London: Yale University Press.

van Vught, F. (2008). Mission diversity and reputation in higher education. *Higher Education Policy*, 21, 151 - 174.

Veugelers, W. (Ed.). (2011). *Education and humanism: Linking autonomy and humanity*. Rotterdam: Sense.

Walker, J. , & Evers, C. (1986). Theory, politics, and experiment in educational research methodology. *International Review of Education*, 32(4),373 – 387.

Wallerstein, I. (1974). *The modern world system: Capitalist agriculture and the origins of the European world economy in the sixteenth century*. New York: Academic.

Wallerstein, I. (1979). *The capitalist world-economy*. Cambridge: Cambridge University Press.

Wallerstein, I. (1980). *The modern world-system II: Mercantilism and the consolidation of the European world economy, 1600 – 1750*. New York: Academic.

Wallerstein, I. (1983). The three instances of hegemony in the history of the capitalist worldeconomy. *International Journal of Comparative Sociology*, 24,100 – 108.

Wallerstein, I. (1989). *The modern world-system III: The second great expansion of the capitalist world-economy*. New York: Academic.

Wallerstein, I. (1998). The rise and future demise of world-systems analysis. *Review*, 21, 103 – 112.

Waters, M. (1995). *Globalization*. London: Routledge.

Watson, K. (2000). Dependency vs. partnership: the paradoxes of educational aid and development in an age of globalisation. *World Studies in Education*, 1(2),123 – 143.

Weber, M. (1947). *The theory of social and economic organization*. New York: Oxford University Press.

Weber, M. (1949). *The methodology of the social sciences*. New York: The Free Press.

Weber, M. (1958). *The protestant ethic and the spirit of capitalism*. New York: Scribner.

Weber, M. (1969). "Objectivity" in social science policy. In E. A. Shils & H. A. Finch (Eds.), *The methodology of the social sciences*. New York: Free Press.

Wehler, H. (1975). *Modernisierungstheorie und Geschichte*. Goettingen: Vandenjoeck und Ruprecht.

Weiler, K. , & Maher, F. (2002). Teacher education and social justice. In *Radical Teacher*. Retrieved from http://www. fndarticles. com/p/articles/mi_m0JVP/is_2002_ Winter/ai_97483138.

Welch, A. (2001). Globalisation, post-modernity and the state: Comparative education facing the third millennium. *Comparative Education*, 37,475 – 492.

Welch, A. (2003a). Some problems of comparison and the development of theoretical models in education. *Comparative Education Review*, 6,177 – 181.

Welch, A. (2003b). Technocracy, uncertainty, and ethics. In by R. F. Arnove & C. A. Torres (Eds.), *Comparative education: The dialectic of the global and the local* (pp. 24 – 51). Lanham/Boulder: Rowman.

Welch, A. (2010). Vietnam, Malaysia, and the global knowledge system. In V. D. Rust, L. M. Portnoi, & S. S. Bagley (Eds.), *Higher education, policy, and the global competition phenomenon*. New York: Palgrave Macmillen.

Wells, R. , & Picou, J. S. (1981). *American sociology: Theoretical and methodological structure*. Washington, DC: University Press of America.

Whitener, S. D. (1997). *Characteristics of stayers, movers, and leavers: Results from the teacher followup survey: 1994 - 95. Schools and Staffng Survey*. Washington, DC: National Center for Education Statistics.

Whitty, G. (1999). Recent educational reform: Is it a postmodern phenomenon? In R. F. Farnen & H. Sunker (Eds.), *The politics, sociology, and economics of education*. London: Macmillan.

Wigginton, E. (Ed.)(1972 - 1982). *The Foxfre books*. Garden City/New York: Anchor Books.

Wilber, K. (1996). *A brief history of everything*. Shambhala: Boston/London.

Wilber, K. (1999). *One taste: The Journals of Ken Wilber*. Boston/London: Shambhala.

Wilk-Wos, Z. (2010). The role of intercultural dialogue in the EU policy. *Journal of Intercultural Management*, 2(1), 78 - 88.

Williams, C. (2000). Education and human survival: The relevance of the global security framework to international education. *International Review of Education*, 46(3 - 4), 183 - 203.

Willis, P. (1977). *Learning to labor*. Lexington: D. C. Heath.

Wilms, W. (1996). *Restoring prosperity: How workers and managers are forging a new culture of cooperation*. New York: Random House.

Winn, I. (1971). Strategies for the implementation of educational plans in developing countries. *International Review of Education*, 17(2), 265 - 274.

Wittgenstein, L. (1958). *Philosophical investigations*. Englewood Cliffs: Simon and Schuster.

Wittgenstein, L. (1961). *Tractatus Logico-Philosophicus* (Trans. by D. Pears, & B. McGuinness). London Routledge & Kegan Paul.

Wolf, D. (Ed.). (1996). *Feminist dilemmas in feldwork*. Boulder: Colorado.

World Economic Forum. (2019). *Exploring the anti-globalization bias and the public policy it creates*. Retrieved from https://www. weforum. org/agenda/2017/01/. globalization-has-left-people-behind-this-is-what-we-should-do-about-it.

World Inequality Database on Education. (2017). New York: United Nations Development Programme.

Young, R. (1997). Comparative methodology and postmodern relativism. *International Review of Education*, 43(5 - 6), 497 - 505.

Zajda, J. (2003). Why education reforms fail? *European Education*, 35(1), 58 - 88.

Zajda, J. (2004). Cultural transferability and cross-cultural textbook development. *Education and Society*, 22(1), 83 - 95.

Zajda, J. (Ed.). (2005a). *The international handbook of globalisation and education policy research*. Dordrecht: Springer.

Zajda, J. (2005b). Globalisation, education and policy research. In J. Zajda (Ed.), *The international handbook of globalisation and education policy research*. Dordrecht: Springer.

Zajda, J. (Ed.). (2006). *Decentralisation and privatisation in education: The role of the state*. Dordrecht: Springer.

Zajda, J. (2007). Credentialism in the 21st century: The importance of qualifcations. *Educational Practice and Theory*, 29(2), 61 – 79.

Zajda, J. (2008a). Experiential learning. In G. McCulloch & D. Crook (Eds.), *The international encyclopedia of education*. London: Routledge.

Zajda, J. (2008b). Globalisation and implications for equity and democracy in education. In J. Zajda, L. Davies, & S. Majhanovich (Eds.), *Globalisation, comparative and policy research: Equity, access and democracy in education* (pp. 3 – 13). Dordrecht: Springer.

Zajda, J. (2008c). Technodeterminism. In G. McCulloch & D. Crook (Eds.), *The international encyclopedia of education*. London: Routledge.

Zajda, J. (2008d). *Schooling the New Russians: Transforming Soviet students to capitalist entrepreneurs*. Melbourne: James Nicholas Publishers.

Zajda, J. (2008e). Globalisation and implications for equity and democracy in education. In J. Zajda, L. Davies, & S. Majhanovich (Eds.), *Comparative and global pedagogies: Equity, Access and democracy in education* (pp. 3 – 12). Dordrecht: Springer.

Zajda, J. (2009a). Globalisation, nation-building, and cultural identity: The role of intercultural dialogue. In J. Zajda, H. Daun, L. Saha, & L. (Eds.), *Nation-building, identity and citizenship education: Cross-cultural perspectives* (pp. 15 – 24). Dordrecht: Springer.

Zajda, J. (2009b). Globalisation, and comparative research: Implications for education. In J. Zajda & V. Rust (Eds.), *Globalisation, policy and comparative research* (pp. 1 – 12). Dordrecht: Springer.

Zajda, J. (2010a). Globalisation, ideology and education policy reforms. In J. Zajda (Ed.), *Globalisation, ideology and education policy reforms* (pp. xiii – xxii). Dordrecht: Springer.

Zajda, J. (Ed.). (2010b). *Globalization, education and social justice*. Dordrecht: Springer.

Zajda, J. (Ed.). (2010c). *Global pedagogies*. Dordrecht: Springer. http://www.springer.com/education/comparative + education/book/978-90-481-3616-2.

Zajda, J. (2012). Globalisation, credentialism and human capital. *Educational Practice and Theory*, 34(2), 45 – 60.

Zajda, J. (2014a). Ideology. In D. Phillips (Ed.), *Encyclopedia of educational theory and philosophy*. Thousand Oaks: Sage.

Zajda, J. (2014b). Globalisation and neo-liberalism as educational policy in Australia. In H. Yolcu & D. Turner (Eds.), *Neoliberal education reforms: A global analysis* (pp.

164 - 183). New York: Taylor & Francis/Routledge.

Zajda, J. (Ed.). (2015) *Second international handbook of globalisation and education policyresearch*. Dordrecht: Springer. Retrieved from: http://www. springer. com/ education + %26 + language/book/978-94-017-9492-3.

Zajda, J. (2016). Reforms in higher education in the Russian federation: Implications for equity and social justice. In J. Zajda & V. Rust (Eds.), *Globalisation and higher education reforms* (pp. 149 - 160). Dordrecht: Springer.

Zajda, J. (2017). *Globalisation and national identity in history textbooks: The Russian Federation*. Dordrecht: Springer.

Zajda, J. (2018). *Globalisation and education reforms: Paradigms and ideologies*. Dordrecht: Springer.

Zajda, J. (Ed.). (2020a). *Globalisation, ideology and neo-liberal higher education reform*. Dordrecht: Springer.

Zajda, J. (Ed.). (2020b). *Human rights education globally*. Dordrecht: Springer.

Zajda, J. (Ed.). (2020c). *Globalisation, ideology and education reforms: Emerging paradigms*. Dordrecht: Springer.

Zajda, J. (2020d). Globalization, education and reforms. In G. Ritzer & C. Rojek (Eds.), *WileyBlackwell's Encyclopaedia of Sociology*.

Zajda, J. (2021). Discourse analysis as a qualitative methodology. *Curriculum and Teaching*.

Zajda, J., & Freeman, K. (Eds.). (2009). *Race, ethnicity and gender in education: Cross-cultural understandings*. Dordrecht: Springer.

Zajda, J., & Geo-JaJa, M. (2005). Rethinking globalisation and the future role of education in Africa. In J. Zajda (Ed.), *The international handbook of globalisation and education policy research*. Dordrecht: Springer.

Zajda, J., & Gibbs, D. (Eds.). (2009a). *Comparative information technology: Languages, societies and the internet*. Dordrecht: Springer.

Zajda, J., & Gibbs, D. (2009b). Comparative information technology: Languages, societies and the internet. In J. Zajda & D. Gibbs (Eds.), *Comparative information technology: Languages, societies and the internet* (pp. 1 - 12). Dordrecht: Springer.

Zajda, J. & Majhanovich, S. (Eds.)(2020). *Globalisation, cultural identity and nation-building: The changing paradigms*. Dordrecht: Springer.

Zajda, J., & Ozdowski, S. (2017). *Globalisation, human rights education and reforms*. Dordrecht: Springer. http://www. springer. com/gp/book/9789402408706.

Zajda, J., & Rust, V. (Eds.). (2009). *Globalisation, policy and comparative research: Discourses of globalisation*. Dordrecht: Springer.

Zajda, J., & Rust, V. (Eds.). (2016a). *Globalisation and higher education reforms*. Dordrecht: Springer.

Zajda, J., & Rust, V. (2016b). Current research trends in globalisation and neo-liberalism in higher education. In J. Zajda & V. Rust (Eds.), *Globalisation and higher education reforms* (pp. 1 - 22). Dordrecht: Springer.

Zajda, J., & Rust, V. (2020). *Globalisation and comparative education*. Dordrecht: Springer.

Zajda, J., & Zajda, R. (2007). Marketing school quality and effectiveness in a global culture. In J. Zajda (Ed.), *Education and society* (pp. 97 - 108). Melbourne: James Nicholas Publishers.

Zajda, J., Majhanovich, S., & Rust, V. (Eds.). (2006) *Education and social justice*. Dordrecht: Springer.

Zapata-Barrero, R. (2016). Theorising intercultural citizenshipp. In N. Meer, T. Modood, & R. Zapata-Barrero (Eds.), *Multiculturalism and interculturalism: Debating the dividing lines* (pp. 53 - 76). Edinburgh: Edinburgh University.

索 引①

---

① 本书索引信息按词句英文首字母顺序排序，其后标注译文首次在正文中出现的页码。

译 后 记

　　2013 年,在面向江南大学教育学研究生开设"全球化与教育变革"选修课程之时,我就开始关注到澳大利亚天主教大学墨尔本校区的教授约瑟夫·佐伊道博士主编的"全球化、比较教育与政策研究"书系。该丛书旨在满足对比较教育研究深入发展感兴趣的科研需要,并以全球视野关注政策和比较教育研究的发展及变化,介绍最新学术研究的全球发展趋势。丛书力求将比较教育、政策与全球化力量联系起来,提供来自各主要学科和全球各地区的新视角与观点,旨在探讨解决比较教育政策以及全球化的力量之间的关系。

　　《全球化与比较教育:范式的转变》,是约瑟夫·佐伊道博士主编的 24 卷丛书"全球化、比较教育与政策研究"的第 24 册,由施普林格·自然(Springer Nature)于 2021 年出版。本书探讨了多维度全球化及其对比较教育研究的不同层面的作用与影响,是关于全球化与教育变革关系在学科层面上展开探讨的重要研究成果。近年来,福建师范大学比较教育学科重点开展面向当代全球化时代的全球教育研究,努力在全球化与全球教育领域拓展我国比较教育研究新的增长点。在福建师范大学教育学院的支持下,为促进该学院比较教育学科的发展,我决定推出该译著,作为我们策划的"全球化与教育变革译丛"的第二部。

　　本书的翻译工作最初由参与研究生课程"全球化与教育变革"的 2020 级与 2021 级 7 位比较教育学硕士研究生完成。他们是:高云、滑子颖、喻滢、王帅杰、姚慧杰、程婷婷、张辉。2022 级比较教育学专业博士研究生王明与博士后陆胜蓝,参与了译稿后期的翻译与校对工作。最后,由我审校、补充序言与译后记而最终定稿。

本书的版权引进与出版,得到了福建师范大学教育学院学科建设经费的大力支持。同时,特别感谢上海交通大学出版社编辑们的辛勤工作,使这本译著得以顺利出版。

由于译者的学识与语言能力水平的有限,译文可能存在错漏与不妥之处,敬请读者批评与指正。

杨启光

2024 年 12 月于福州